DREHEN AUF DER SCHEIBE FÜR EINSTEIGER

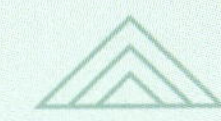

Ein kompletter Kurs für die Töpferscheibe

JULIA CLAIRE WEBER

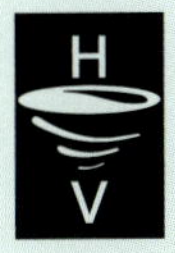

Titel der englischen Originalausgabe:
The beginner's guide to wheel throwing
A complete course for the potter's wheel

Julia Claire Weber
Drehen auf der Scheibe für Einsteiger
Ein kompletter Kurs für die Töpferscheibe
aus dem amerikanischen Englisch
von Rita Kloosterziel

1. Auflage 2022

ISBN 978-3-936489-67-5

Hanusch Verlag
Martin Kring
Emser Straße 3
56112 Lahnstein
www.hanusch-verlag.de
info@hanusch-verlag.de

Design: Allison Meierding
Umschlagfotos: Jack Sorokin Photography
Seitenlayout: Allison Meierding
Fotos: Jack Sorokin Photography

Printed in China

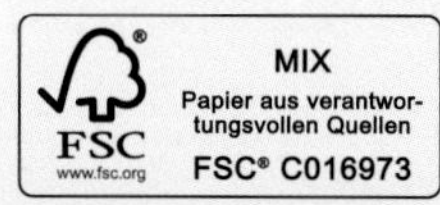

Für meine Tochter Olive.
Mögest du immer den Mut haben, deinen Träumen zu folgen!

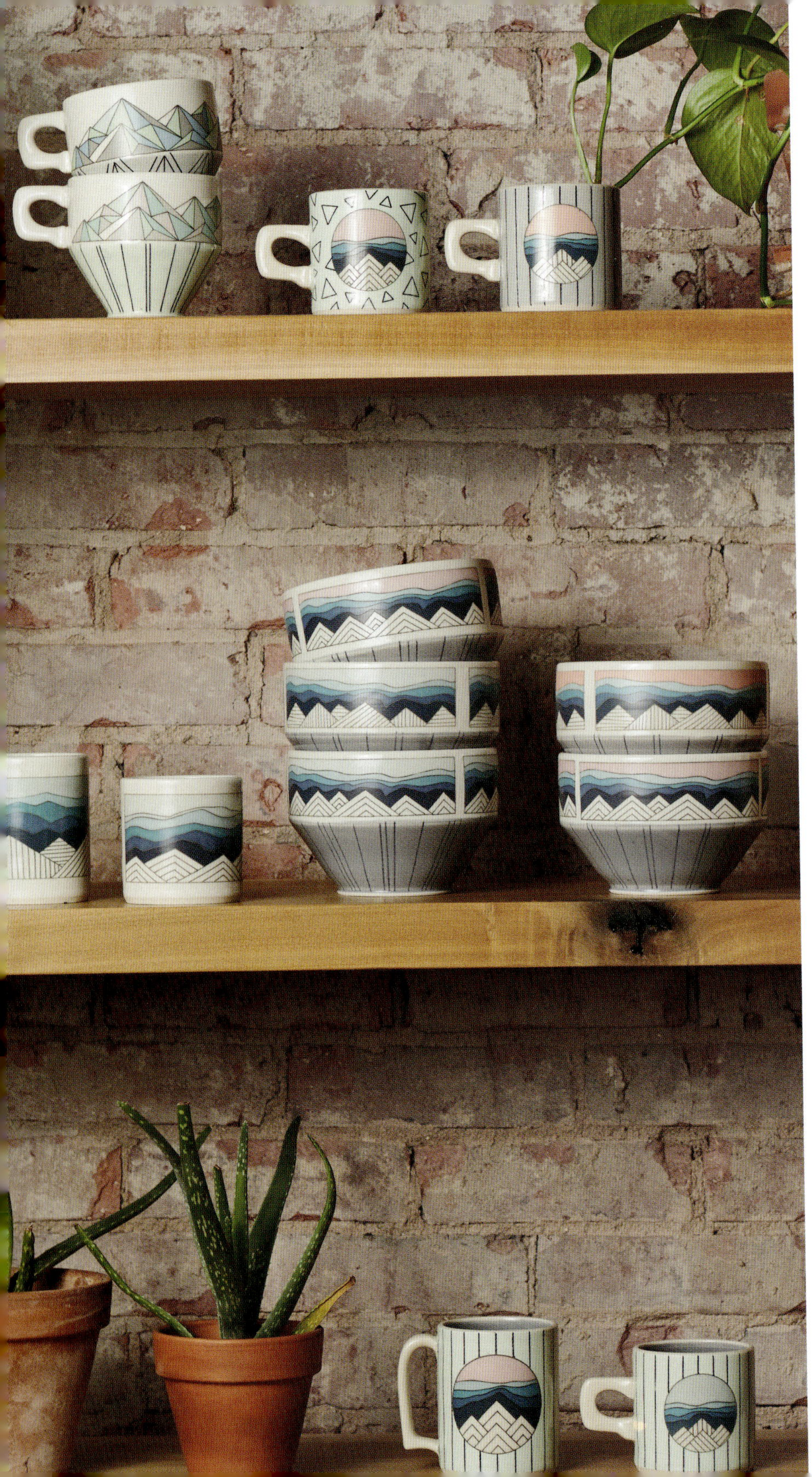

INHALT

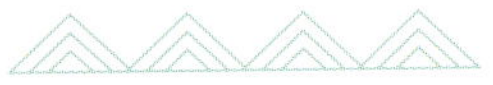

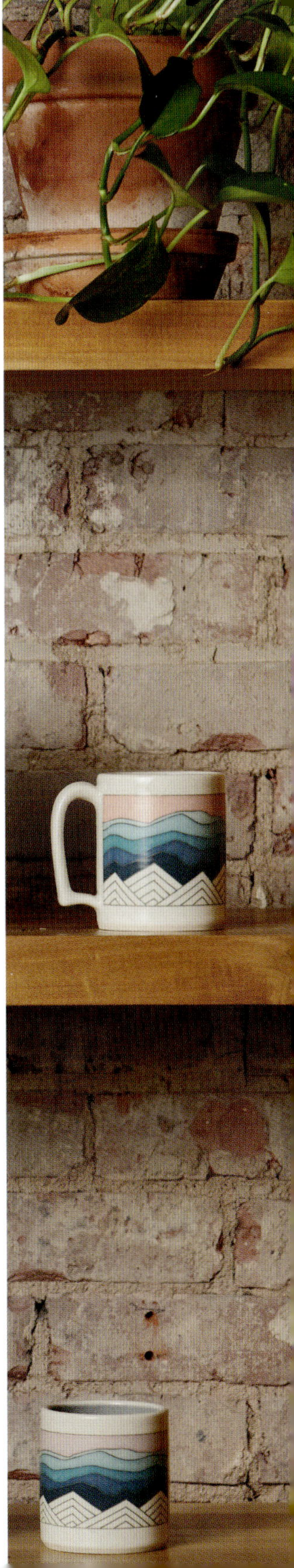

VORWORT

Seit ich mit dem Töpfern angefangen habe, bin ich bemüht, meine Kenntnisse ständig zu vergrößern und lese jedes Buch über Keramik, das ich in die Hände bekomme. In einem Notizbuch habe ich Ideen skizziert und die Namen von Künstlern vermerkt, die mich inspiriert haben. Mit der Zeit rückte der Prozess in den Mittelpunkt meiner Tätigkeit als Töpfer und nun interessiere ich mich vor allem dafür, die einzelnen Arbeitsschritte aufzuschlüsseln, Details hervorzuheben, die Oberfläche meiner Stücke mit alltäglichen Gegenständen zu bearbeiten und einfache oder auch komplexe Techniken abzuwandeln, etwa das Eindrehen auf der Töpferscheibe, den Aufbau texturierter Zylinder aus Tonplatten.

Ich habe Julia im Jahr 2010 während meines ersten Studienjahres an der Edinboro University kennengelernt. Sie hatte gerade ihren Abschluss gemacht und war für die technische Leitung der Werkstatt verantwortlich. Ihre ansteckende Art, ihr handwerkliches Können und ihre unbeirrbar positive Einstellung machten die Keramikwerkstatt für mich zu einem der schönsten und aufregendsten Orte. Ihre Disziplin und Arbeitsmoral motivierten mich, mich selbst und meine Fähigkeiten als Töpfer weiterzuentwickeln. Julia war immer offen für Exerimente, arbeitete ständig an neuen Formen und Ideen und probierte neue Techniken aus.

Als sie nach Asheville in North Carolina zog, schien es, als würde sich alles wie ein großes Puzzle zu einem Ganzen zusammenfügen. Ihre Werke spiegelten die Geschichte ihrer Reise als Künstlerin wider und zeigten an, wo sie in einem bestimmten Moment stand.

Mit seinen klar gegliederten Informationen stellt *Drehen auf der Scheibe für Einsteiger* ein praktisches Werkzeug für jeden Töpfer dar. Die Informationen sind klar und übersichtlich gegliedert. Zunächst werden die Werkzeuge und Techniken vorgestellt, die man für erfolgreiches Arbeiten an der Töpferscheibe braucht. Dabei führt Julia den Leser mit der gleichen Begeisterung durch die einzelnen Schritte, die sie selbst ihrem Handwerk entgegenbringt.

Großzügig teilt sie ihr Wissen, ihre Ideen und ihre Erfahrung. Die Fotos von Werken zahlreicher Künstlerkollegen ergänzen ihre Ausführungen.

Mark Arnold, Töpfer

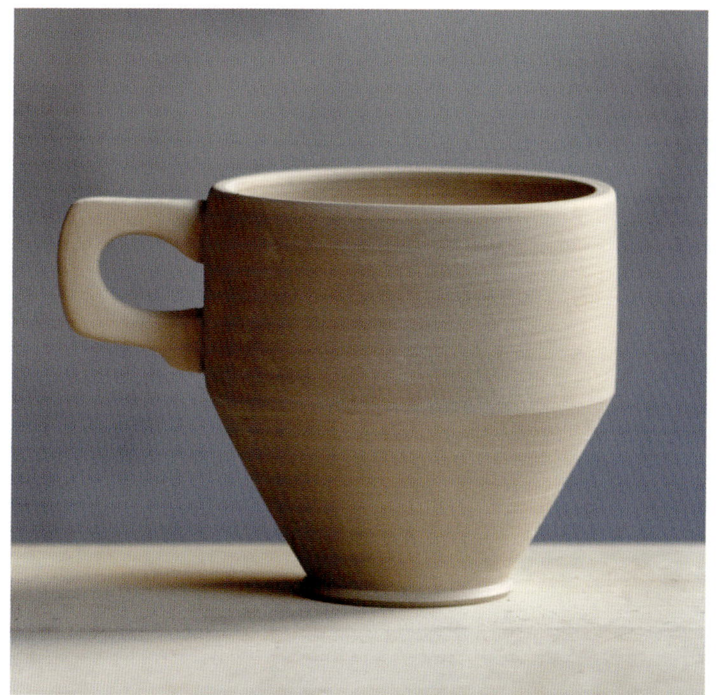
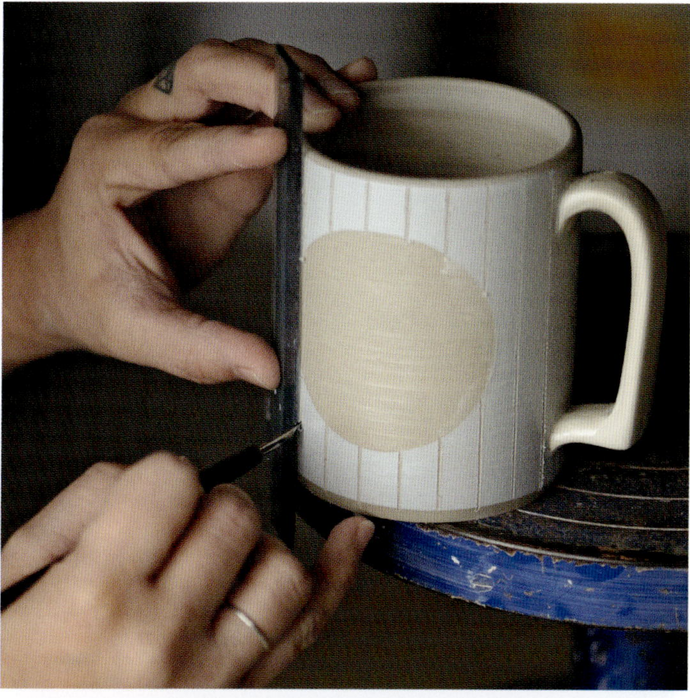
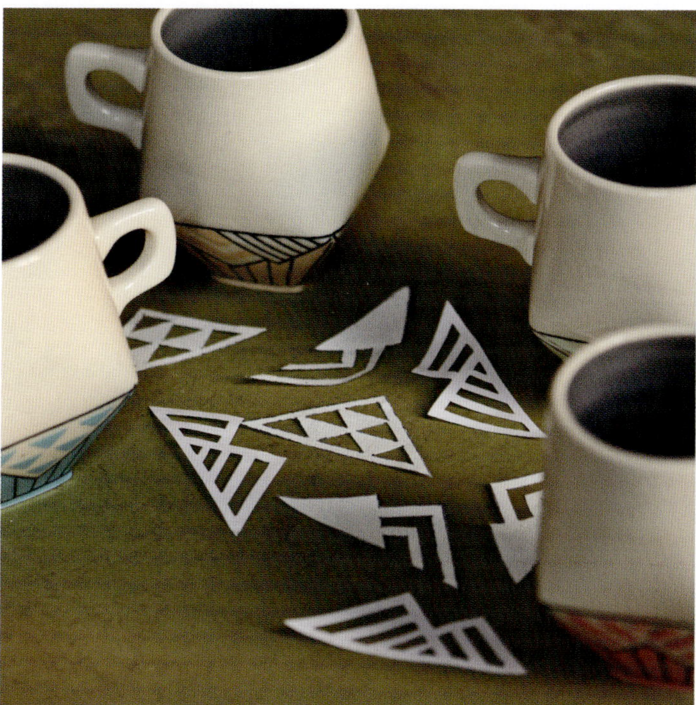
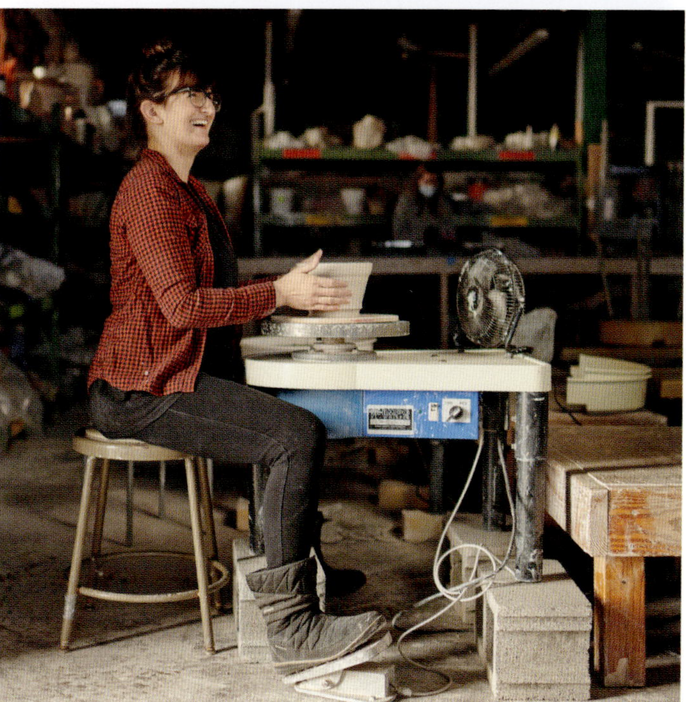

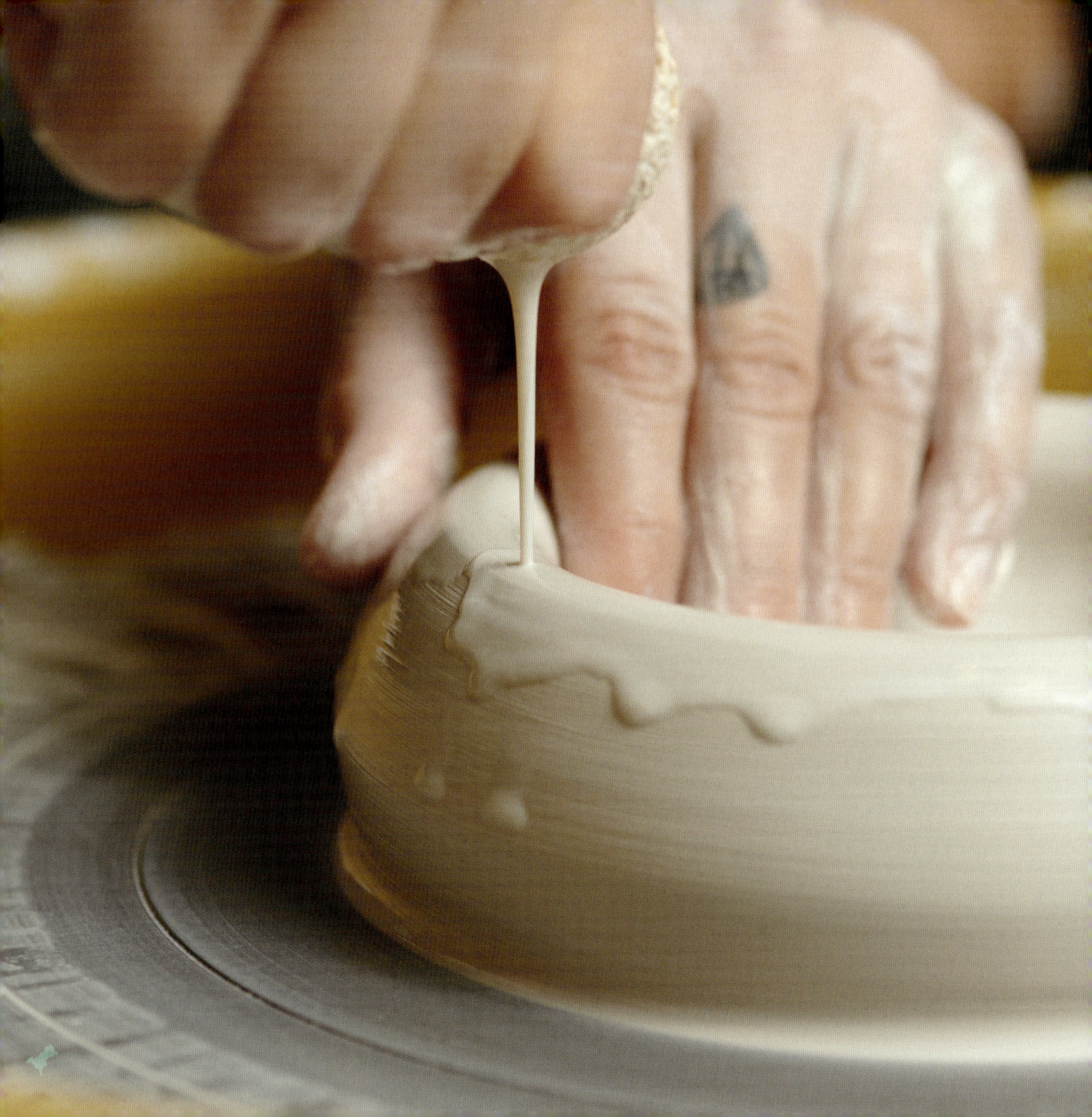

1

DEN MITTELPUNKT FINDEN

Wenn Sie zum ersten Mal töpfern, ist es nur verständlich, dass Sie sich sofort an die Drehscheibe setzen wollen. Das ist großartig! Begeisterung ist der Schlüssel zum Erfolg. Motivation und Enthusiasmus sind eine Sache – eine andere sind die Grundlagen, die bei aller Leidenschaft durchaus hilfreich sind. In diesem Kapitel gebe ich Ihnen Tipps für die Wahl des richtigen Tons, erkläre Ihnen die Unterschiede zwischen den Massen und erläutere, welche Werkzeuge und Materialien Sie brauchen. Außerdem möchte ich Ihnen ans Herz legen, die Sicherheitsempfehlungen für die Arbeit in einer Keramikwerkstatt unbedingt zu beachten, damit sich keine ungesunden und gefährlichen Gewohnheiten einschleichen. Wenn Sie dieses Kapitel durchblättern, denken Sie immer daran, dass Sie die Wahl zwischen einigen Alternativen haben und viele Wege einschlagen können. Abgesehen von den Sicherheitsvorkehrungen, an denen nicht zu rütteln ist, möchte ich Ihnen helfen, die für Sie besten Optionen und Praktiken zu finden. Also los! Machen wir uns die Hände schmutzig!

TON

Ton entsteht durch die physikalische und chemische Verwitterung von Gestein. Die theoretische Formel von Ton lautet Al_2O_3 $2SiO_2$ $2H_2O$, d. h. er besteht aus Aluminiumoxid, Siliziumdioxid und Wasser. In der Schmelzphase der Erde sanken die schweren Materialien nach unten, Mineralien stiegen nach oben. Mit der Zeit wurden vulkanische Tiefengesteine von Wind und Wasser zersetzt und es entstand Ton. Er kann also in der Natur vorkommen, Sie können ihn in bestimmten Regionen sogar selbst abbauen, er muss jedoch vor der Verwendung aufbereitet werden. Heute beziehen die meisten Töpfer lieber fertig gemischten Ton über den Fachhandel. Es gibt verschiedene keramische Massen für unterschiedliche Verwendungszwecke, aber alle bestehen aus den drei Grundbestandteilen Ton, Magerung und Flussmittel. Bei der Entscheidung für einen bestimmten Ton spielen die Eigenschaften der einzelnen Tonsorten eine wichtige Rolle.

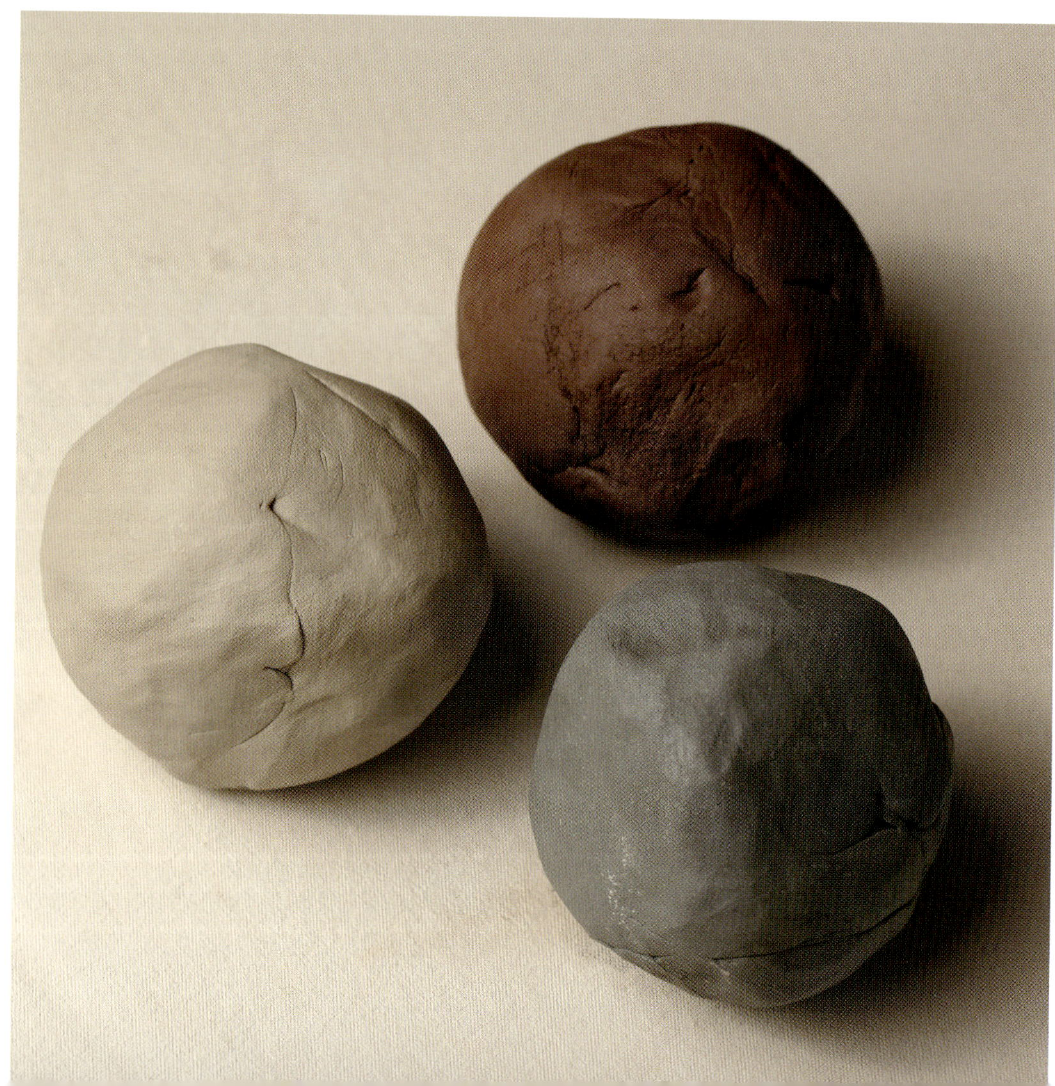

Tonsorten

Irdenware ist eine Masse mit einer niedrigen Brenntemperatur. Sie hat im Allgemeinen die geringste Festigkeit, da sie in der Regel nicht bis zur Versinterung gebrannt wird. Blumentöpfe sind ein gutes Beispiel. Der Brennbereich liegt zwischen 980 und 1150 °C (Kegel 08 bis 4). Der Ton kann weiß oder sandfarben sein, doch roter Steingutton ist am weitesten verbreitet. Er hat einen hohen Eisengehalt, wodurch der Ton beim Brand eine rostrote Farbe annimmt. Steingutton ist ideal für Anfänger, da er sich nicht verzieht, bei der Plattentechnik die Form hält und angesetzte Elemente gut haften. Der Scherben hat eine Wasseraufnahme von 5 bis 10 Prozent.

Steinzeugton hat einen mittleren bis hohen Brennbereich zwischen 1150 und 1300 °C (Kegel 5 bis 12). Beim Brand wird er gesintert und ist dadurch haltbarer. Steinzeugmassen lassen sich hervorragend verarbeiten und sind daher für Anfänger geeignet. Die Wahl des richtigen Tons hängt von Ihren spezifischen Bedürfnissen ab. Der Scherben hat eine Wasseraufnahme von 1 bis 5 Prozent.

Porzellan ist eine hochbrennende Masse. Er ist der reinste der Tone mit einer feinen Textur und einem dichten, glänzenden Scherben. Einige, aber nicht alle Porzellane sind durchscheinend, wenn die Wandung dünn genug ist. Der Brennbereich liegt bei 1250 bis 1350 °C (Kegel 6 bis 12). Porzellan ist ein ausgesprochen launischer Ton. Er lässt sich gut bearbeiten, verzeiht aber keine Fehler und weist eine hohe Schwindung auf, was zu Verformungen und Rissen führen kann. Er ist für Anfänger nicht zu empfehlen.

Wissenswerte Begriffe

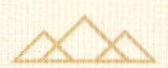

Was bedeuten **Versinterung** und **Wasseraufnahme**? Wenn ein Scherben bei seiner Garbrandtemperatur sintert oder verglast, kann er kein Wasser mehr aufnehmen. Daher bezieht sich der Begriff **Wasseraufnahme** auf die Wassermenge, die der Ton nach dem Glasurbrand aufnehmen kann, was auf seine Festigkeit schließen lässt. Im Allgemeinen gilt: Je höher die Wasseraufnahme, desto geringer ist die Festigkeit.

Der Begriff **Plastizität** bezieht sich auf die allgemeine Formbarkeit von Ton. Je plastischer ein Ton ist, desto flexibler ist er. Plastischer Ton lässt sich im Allgemeinen gut auf der Töpferscheibe bearbeiten, da er seine Form leicht ändern kann, ohne zu reißen. Frisch gemischter Ton ist nicht so plastisch wie Ton mit einer längeren Lagerzeit, weil die Partikel noch nicht genügend Zeit hatten, sich miteinander zu verbinden. Sie können sie sich wie Puzzleteile vorstellen, die ineinandergreifen. Um die Plastizität Ihres eigenen Tons zu testen, formen Sie einen Wulst und biegen ihn.

Kegel werden in der Keramik zur Bestimmung von Temperaturbereichen verwendet. Man sagt nicht: „Ich brenne meinen Ton bei 1222 Grad Celsius“, sondern: „Ich brenne meine Arbeit bis Kegel 6“. Kegel sind kegelförmige Tongebilde, die so zusammengesetzt sind, dass sie bei einer bestimmten Temperatur schmelzen. Sie werden beim Brand in den Ofen gestellt. Mit ihrer Hilfe lässt sich die Temperatur überwachen und feststellen, ob ein Ofen gleichmäßig brennt.

Auch beim Glasurbrand unterscheidet man zwischen niedrigen, mittleren und hohen Brenntemperaturen. **Niedrigtemperaturglasuren** brennt man meist bei Kegel 06 bis 1, ein **mittlerer Brennbereich** entspricht den Kegeln 4 bis 7 und **Hochtemperaturglasuren** bewegen sich im Kegelbereich 8 bis 14.

Mit **Flussmittel** wird der Schmelzpunkt von Ton und Glasuren gesenkt.

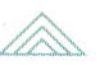

WERKZEUGE UND MATERIALIEN

Bei der Arbeit mit Ton sind Ihre Hände zweifelsohne die besten Werkzeuge. Daneben gibt es jedoch eine Auswahl praktischer Gerätschaften, die Ihnen viele Arbeitsschritte erleichtern und Ihnen helfen, erfolgreich zu töpfern. Schauen wir uns die Werkzeuge an, denen Sie in der Werkstatt am ehesten begegnen.

Die Töpferscheibe

Bei Töpferscheiben hat jeder Töpfer seine eigenen Vorlieben. Um die perfekte Scheibe zu finden, sollten Sie einen Töpferkurs besuchen. Meist stehen den Kursteilnehmern mehrere Modelle unterschiedlicher Hersteller zur Verfügung, sodass Sie ausprobieren können, was Ihnen am besten gefällt. Hier sind einige Tipps, worauf Sie bei der Suche nach der idealen Töpferscheibe achten sollten.

- Wie viel Ton lässt sich auf der Töpferscheibe verarbeiten? Das hängt vom Motor und der Größe des Scheibenkopfes ab. Wenn Sie große Gefäße formen oder professionell töpfern wollen, sollten Sie ein entsprechendes Modell wählen.

- Soll sich die Drehscheibe in beide Richtungen drehen können? In der westlichen Welt werden vor allem Töpferscheiben verwendet, die sich gegen den Uhrzeigersinn drehen (die bevorzugte Richtung für Rechtshänder). Linkshänder kommen vielleicht besser mit einem Modell zurecht, das sich im Uhrzeigersinn dreht, was nicht alle Scheiben können. Denken Sie beim Drehen im Uhrzeigersinn daran, dass alle Handhaltungen für die in diesem Buch vorgestellten Techniken aus der Perspektive eines Rechtshänders beschrieben werden. Ich persönlich bevorzuge eine Töpferscheibe mit beiden Drehrichtungen. Zum Malen mit Unterglasur drehe ich sie am liebsten im Uhrzeigersinn, aus welchem Grund auch immer.

- Soll sich die Töpferscheibe bei ausgeschaltetem Motor frei drehen können? Töpferscheiben ohne Riemenantrieb können sich wie Ränderscheiben frei drehen, sodass sie sich leicht mit der Hand in die gewünschte Position bringen lassen. Ein Riemenantrieb sorgt für Spannung, und das Drehen von Hand kann dem Motor schaden. Die Art des Antriebs bestimmt auch, wie schnell die Scheibe stoppt, wenn Sie den Fuß vom Pedal nehmen. Töpferscheiben ohne Riemen halten sofort an, während solche mit Riemen ein paar zusätzliche Umdrehungen machen, bevor sie zum Stillstand kommen.

Die wichtigsten Werkzeuge

SCHWAMM – Ein Schwamm wird normalerweise zum Befeuchten des Tons während des Drehens benutzt und ist auch beim Saubermachen nützlich. Beim Drehen dient mir ein Schwamm als Puffer zwischen meinen Fingern. Ich liebe meinen Schwamm!

SCHNEIDEDRAHT – Mit dem Abschneidedraht löst man das fertige Gefäß von der Töpferscheibe und schneidet die benötigte Tonmenge vor dem Kneten vom Batzen.

HOLZMESSER – Mit diesem Messer wird nach dem Drehen überschüssiger Ton am Fuß des Gefäßes entfernt.

TÖPFERNADEL – Für das Nadelwerkzeug gibt es viele Einsatzbereiche, vor allem kann man damit aber den Rand eines Gefäßes auf der Töpferscheibe begradigen.

DREHSCHIENEN – Es gibt Drehschienen oder Nieren aus Holz, Metall, Kunststoff und anderen Materialien. Sie werden normalerweise zum Glätten des Tons und zum Herausarbeiten der Form verwendet, sind aber auch bei der Oberflächengestaltung und der abschließenden Bearbeitung von Nutzen.

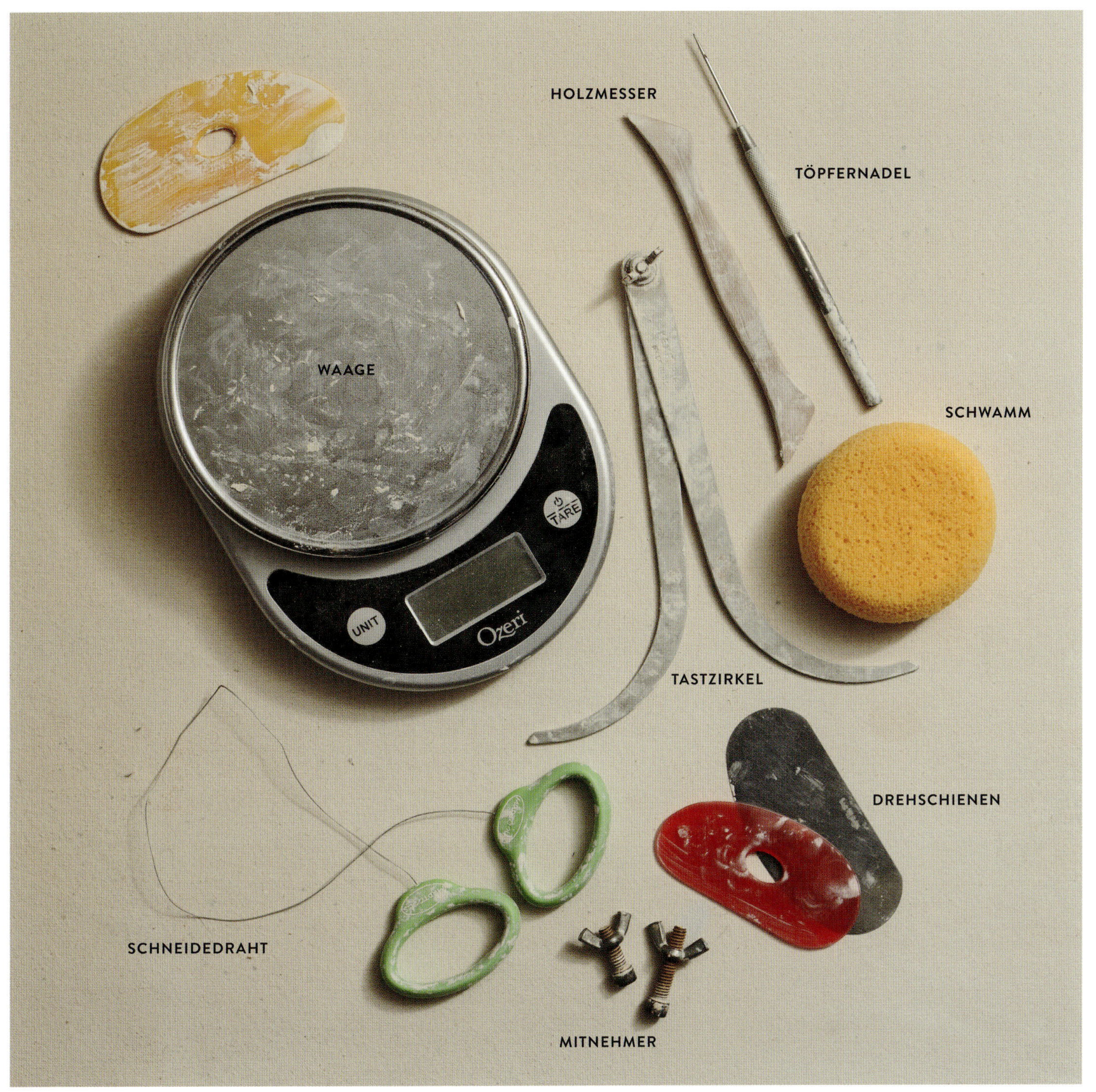
HOLZMESSER
TÖPFERNADEL
WAAGE
SCHWAMM
TARE
UNIT
Ozeri
TASTZIRKEL
DREHSCHIENEN
SCHNEIDEDRAHT
MITNEHMER

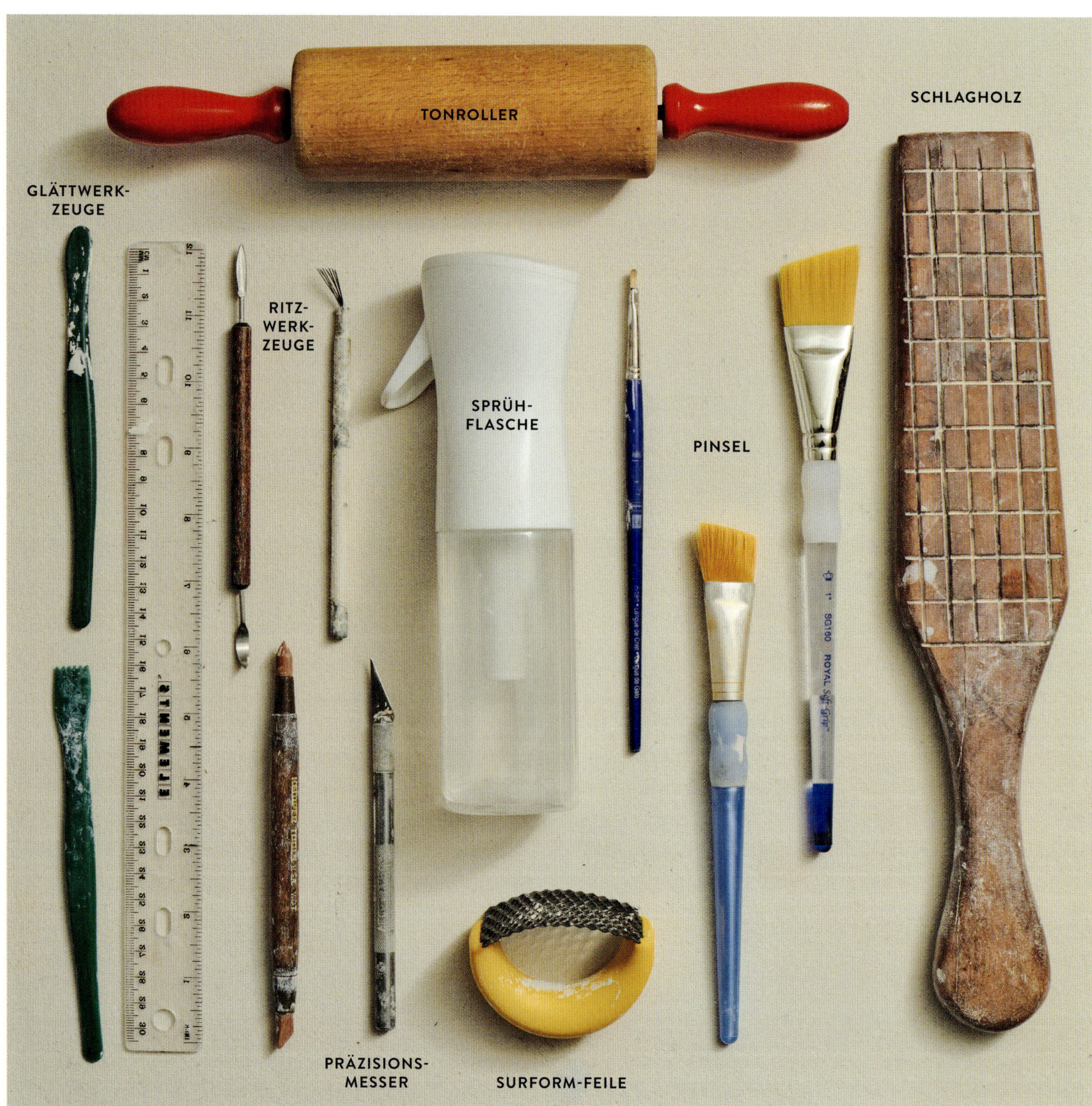
TONROLLER
SCHLAGHOLZ
GLÄTTWERK-
ZEUGE
RITZ-
WERK-
ZEUGE
SPRÜH-
FLASCHE
PINSEL
PRÄZISIONS-
MESSER
SURFORM-FEILE

TASTZIRKEL – Damit misst man beim Drehen auf der Töpferscheibe den Durchmesser von Gefäßen und Deckeln. Auf Deckelgefäße gehe ich in diesem Buch nicht ein, ein Tastzirkel ist jedoch auch nützlich, wenn Sie ein Set aus gleich großen Gefäßen drehen wollen.

WAAGE – Eine Waage ist unerlässlich beim Mischen von Engoben und Glasuren.

EIMER – Beim Drehen stelle ich mir einen Eimer mit Wasser neben die Töpferscheibe, aber natürlich sind Eimer in der Werkstatt vielseitig verwendbar.

SCHEIBENAUFSÄTZE – Dies sind flache runde oder quadratische Platten, die am Scheibenkopf befestigt werden. Man benutzt sie, um Gefäße von der Töpferscheibe abnehmen zu können, ohne sie berühren zu müssen. Beim Drehen von flachen oder ausladenden Gegenständen sind sie eine große Hilfe.

BAT PINS – Mit Bat Pins oder Mitnehmern werden Scheibenaufsätze am Scheibenkopf befestigt.

TOPFHEBER – Mit ihrer Hilfe lässt sich ein Gefäß problemlos vom Scheibenkopf heben.

TRAGEBRETTER – Auf Tragebrettern werden mehrere Gefäße getragen, wie eine Kellnerin Teller auf einem Tablett trägt. Töpfer nehmen oft Holz oder andere Materialien, aber ich nehme am liebsten Gipskarton, weil er Feuchtigkeit aus dem Gefäß zieht, ohne dass es daran klebt. Wichtig ist, die Kanten mit Gewebeklebeband abzukleben, damit sie nicht krümeln oder abbrechen.

Werkzeuge für die Bearbeitung

MODELLIERSCHLINGEN – Mit diesen Werkzeugen, die es in vielen Formen und Größen gibt, wird überschüssiger Ton abgetragen. Je nach Form der Schlinge entstehen unterschiedliche Profile.

ABDREHEISEN – Mit dem L-förmigen Ende des Abdreheisens lassen sich größere Oberflächen glätten oder mit dem sogenannten Springfederdekor versehen, bei dem beim Abdrehen rhythmische Muster entstehen.

SPRÜHFLASCHE – Damit lassen sich Gefäße mühelos feucht halten.

ATEMMASKE – Atemmasken schützen Ihre Lungen vor Tonstaub und giftigen Materialien, die nicht nur beim Mischen von Glasuren freigesetzt werden, sondern auch beim Saubermachen in der Werkstatt. Tragen Sie die Maske immer, wenn Staub aufgewirbelt wird, z. B. wenn Sie Grünware schmirgeln oder mit ähnlichen Werkzeugen bearbeiten.

Werkzeuge zur abschließenden Bearbeitung

PRÄZISIONSMESSER – Ich benutze ein X-ACTO-Messer und liebe es! Es eignet sich bestens, um Henkel oder Tonplatten zuzuschneiden und spitz zulaufende „Abnäher" im Ton anzubringen, die, wenn man die Kanten zusammenfügt, eine winkelige Form ergeben.

SURFORM-FEILE – Sie hat Ähnlichkeit mit einer Käsereibe und wird benutzt, um überschüssigen Ton von Hand zu entfernen.

WERKZEUGE ZUM GLÄTTEN – Vor allem beim Angarnieren von Henkeln oder ähnlichen Elementen helfen Glättwerkzeuge, jeden noch so verborgenen Winkel zu erreichen.

WERKZEUG ZUM RITZEN – Mehr als dieses Werkzeug (und Wasser) brauchen Sie nicht, um Tonflächen aneinanderzufügen: aufrauen, schlickern, ansetzen.

PINSEL – Gute Pinsel sind Gold wert! Engoben und Unterglasurfarbe lassen sich mit einem hochwertigen weichen Pinsel besser auftragen.

TONROLLER – Sehr nützlich, um Ton gleichmäßig auszuwalzen, was vor allem bei der Arbeit mit Tonplatten oder anderen Aufbautechniken wichtig ist.

RÄNDERSCHEIBE – Auf der drehbaren Ränderscheibe können Sie ein Gefäß von allen Seiten bearbeiten, ohne es in die Hand nehmen zu müssen. Sie ist sehr nützlich beim Modellieren, Verzieren, Ritzen und beim Angarnieren von Henkeln.

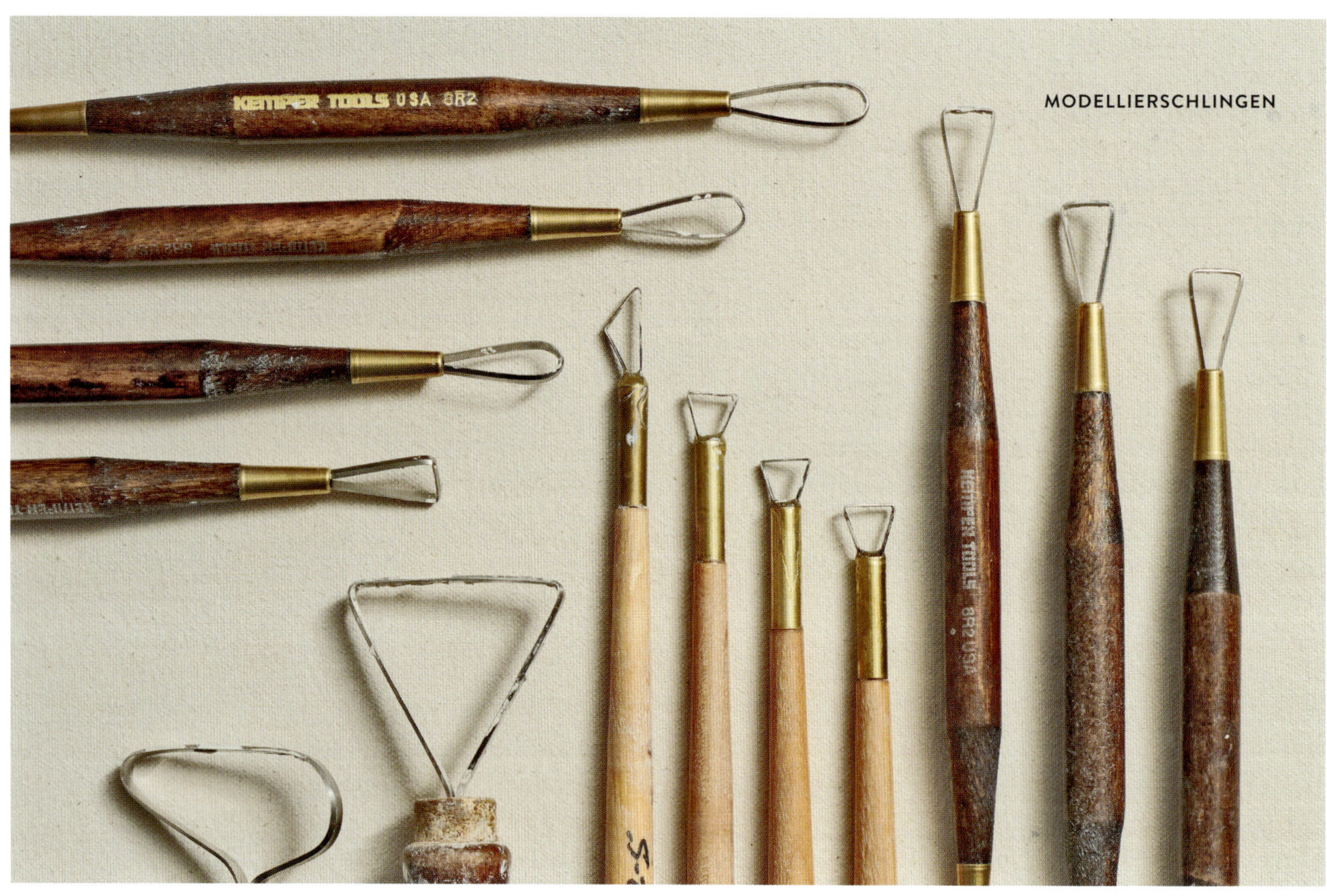

Werkzeuge für die Oberflächengestaltung

TEILUNGSSCHABLONEN – Mithilfe dieser Schablonen lassen sich Muster gleichmäßig auf der Wandung verteilen. Sie sind auch bei der Planung regelmäßiger Verformungen eines Gefäßes nützlich.

SCHERE – Zum Ausschneiden von Transfers und Mustern; siehe Kapitel 5.

TRANSPARENTPAPIER – Zum Planen von Mustern aus Abziehbildern; siehe Kapitel 5.

FINELINER – Zum Zeichnen von Abziehbildern; siehe Kapitel 5.

BLEISTIFT UND PAPIER – Die Klassiker, die für so viele Aspekte der Planung und Gestaltung von Töpferware unerlässlich sind.

SICHERHEIT IN DER WERKSTATT

Egal ob Sie die Töpferei professionell oder als Hobby betreiben wollen, sollten Sie von Anfang an für Sicherheit in der Werkstatt sorgen, bevor sich schlechte Angewohnheiten einschleichen.

Lange Haare müssen zu einem Pferdeschwanz zusammengebunden und hochgesteckt werden. (Ich habe einmal den oberen Rand einer schönen hohen Vase mit einer einzigen Haarsträhne abgetrennt und bin sogar mit meinem Zopf in einen Glasurmischer geraten!)

Tragen Sie am besten bequeme Kleidung: Hemden, bei denen Sie die Ärmel hochkremeln können, und Hosen, die Sie nicht in Ihren Bewegungen einschränken. Auf diese Weise können Sie sich auf das konzentrieren, was auf der Töpferscheibe passiert. Legen Sie größere Ringe und alle Armreifen oder Armbanduhren ab. Baumelnde Halsketten könnten beschädigt werden oder im Weg sein.

Versuchen Sie, die nassen Tonhände nicht an der Kleidung abzuwischen, weil der Ton trocknet und staubt. Ich hatte große Mühe, mir das abzugewöhnen! Am besten spülen Sie die Hände in einem Wassereimer ab oder wischen sie an einer Schürze ab, bevor Sie sie an der Kleidung trockenwischen.

Saubermachen

Feuchter Ton ist insofern ungefährlich, als er nicht staubt. Sobald er trocken ist, besteht die Gefahr, dass Sie Siliziumdioxidpartikel einatmen, ein Risiko, das für professionelle Keramiker und Hobbytöpfer gleichermaßen besteht und im Laufe der Zeit zu Silikose führen kann. Diese Krankheit verursacht Symtome wie ein Lungenemphysem. Ich will Ihnen damit keine unnötige Angst machen, sondern nur klarmachen, warum Sie die Sicherheitsregeln von Anfang an beachten sollten.

Fegen Sie Ton oder Glasur im trockenen Zustand nicht auf, weil dadurch Siliziumdioxidstaub und -partikel aufgewirbelt werden und sich in der Werkstatt verteilen. Reinigen Sie stattdessen alles mit einem feuchten Schwamm oder Mopp. Noch besser ist es, wenn Sie Tonreste beiseiteräumen, bevor sie trocknen. Wann immer die Gefahr besteht, dass Sie Siliziumdioxidstaub einatmen könnten (z. B. beim Saubermachen, beim Schmirgeln von Grünware, beim Glasurmischen usw.), sollten Sie eine Atemschutzmaske tragen. Neben Siliziumdioxid lauern in der Werkstatt noch andere Gefahren. Lesen Sie sich immer durch, welche Inhaltsstoffe in Ton und trockenen Materialien enthalten sind. Tragen Sie beim Anrühren von Glasuren mit giftigen Substanzen wie Chrom, Mangan, Kupfer und Vanadium Handschuhe und Atemschutzmaske und bewahren Sie die Glasurpulver an einem sicheren Ort auf. Tragen Sie zur Vorsicht immer eine Maske, wenn Sie sich nicht sicher sind, was in Ihren Materialien enthalten ist.

Grundsätzlich gilt, dass Lebensmittel in einer Töpferwerkstatt nichts zu suchen haben, weil die Gefahr einer gegenseitigen Verunreinigung besteht. Waschen Sie sich immer die Hände, bevor Sie etwas außerhalb der Werkstatt essen.

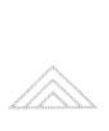

TON KNETEN

Wenn Sie sich für eine Tonmasse entschieden haben, ist es an der Zeit, sich die Hände schmutzig zu machen. Eine gute Vorbereitung des Tons ist der Schlüssel zum erfolgreichen Arbeiten an der Töpferscheibe und stärkt auf diese Weise Ihr Selbstbewusstsein. Zunächst muss der Ton geknetet werden, um eine gleichmäßige und glatte Konsistenz zu bekommen. Manche Leute sagen, dass vom Fachhändler abgepackter Ton nicht geknetet werden muss, aber ich empfehle es trotzdem, da man nie weiß, wie lange der Ton in der Packung war. Die äußere Schicht des Batzens kann schon etwas fester sein als der Kern. Durch das Kneten zwingen Sie die Moleküle, wieder zusammenzuarbeiten.

Das Kneten von Ton ähnelt dem Kneten von Teig, verfolgt aber ein anderes Ziel: Beim Kneten von Ton beseitigen Sie Lufteinschlüsse. Wahrscheinlich haben Sie Schauergeschichten gehört, dass Luftblasen im Ton ein Gefäß beim Brand explodieren lassen können. Die Lufteinschlüsse sind nicht der Grund für die Explosionen, aber sie können beim Drehen stören und ein ansonsten perfektes Gefäß zunichtemachen.

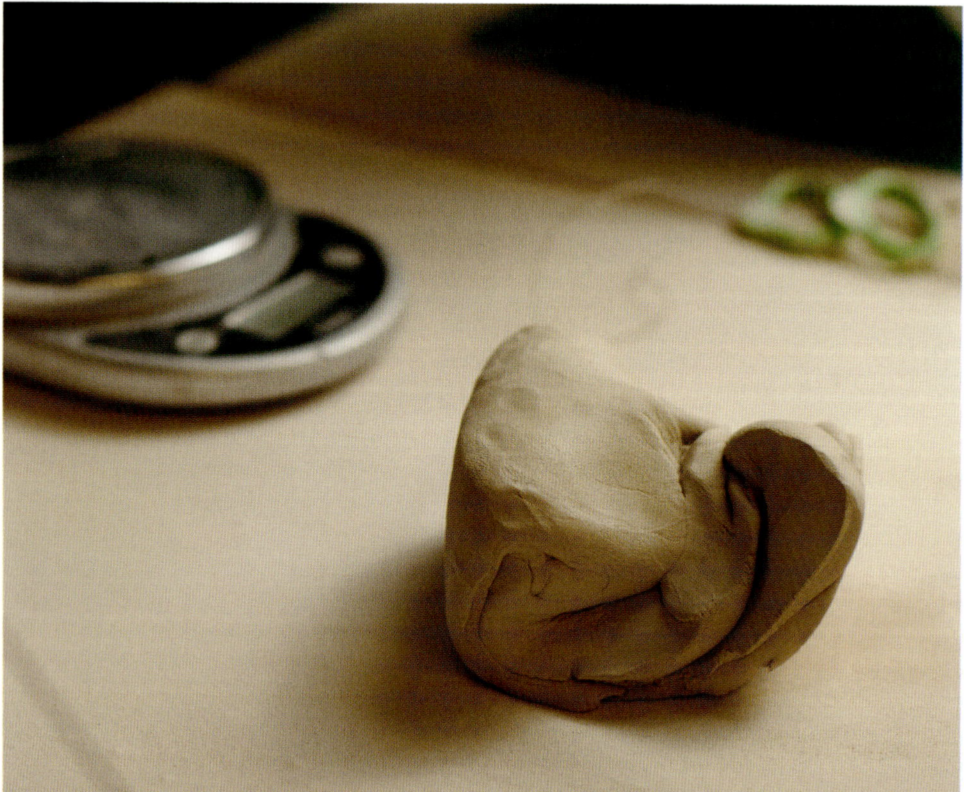

WERKZEUGE UND MATERIALIEN

Schneidedraht
Waage
Arbeitsfläche
Ton

HINWEIS *Schneiden Sie mit dem Tonschneidedraht genügend Ton für ein gedrehtes Gefäß ab. Für den Anfang empfehle ich zwischen 600 und 900 g Ton. Das reicht für eine große Tasse oder eine mittelgroße Schale. Näheres zu den nötigen Mengen für unterschiedliche Gefäße finden Sie im nächsten Kapitel.*

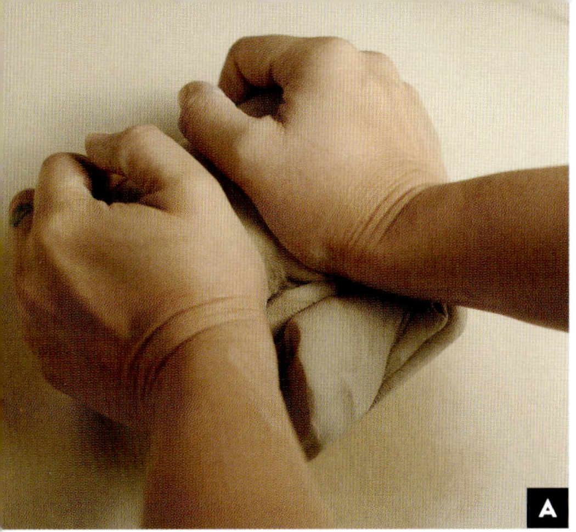
A

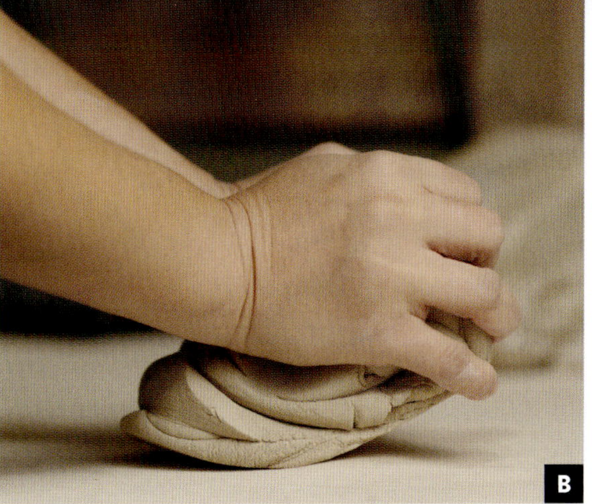
B

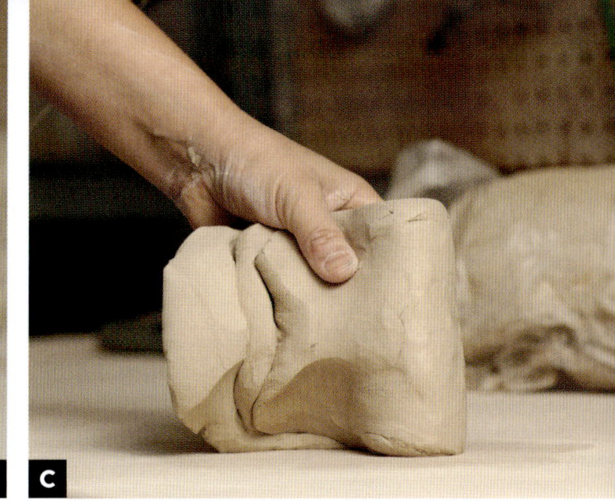
C

Knettechniken

SCHRITT 1 Klopfen Sie Ihren Tonklumpen zu einer locker geformten Kugel. Dann drücken Sie ihn mit den Handballen im 45-Grad-Winkel auf die Arbeitsfläche. Gleichzeitig halten Sie ihn mit den Fingerspitzen fest. **[A]**

SCHRITT 2 Schieben Sie die Hände nach oben, ohne die Fingerspitzen vom Ton zu lösen. Wiederholen Sie die drückende Bewegung. **[B]** Drücken Sie nicht zu fest, damit der Ton nicht auf die Arbeitsfläche gepresst und gefaltet wird. Dadurch wird Luft eingeknetet, nicht beseitigt.

SCHRITT 3 Damit sich der Ton nicht immer mehr in die Länge zieht, klopfen Sie ihn zwischendurch mit den Seiten auf die Arbeitsfläche. Wenn er sich durch die Knetbewegungen dem Rand nähert, können Sie ihn jederzeit in die Mitte der Fläche zurückholen. **[C]**

> **TIPP** *Als Anfänger fällt es Ihnen vielleicht schwer einzuschätzen, ob Sie richtig kneten oder genug geknetet haben. Um sicherzugehen, halbieren Sie den Tonklumpen mit dem Schneidedraht. Wenn Sie Luftblasen entdecken, sollten Sie nach der oben beschriebenen Methode weiterkneten. Fügen Sie die beiden Hälften zusammen und wiederholen Sie die Schritte 1 bis 3.* **[D]**

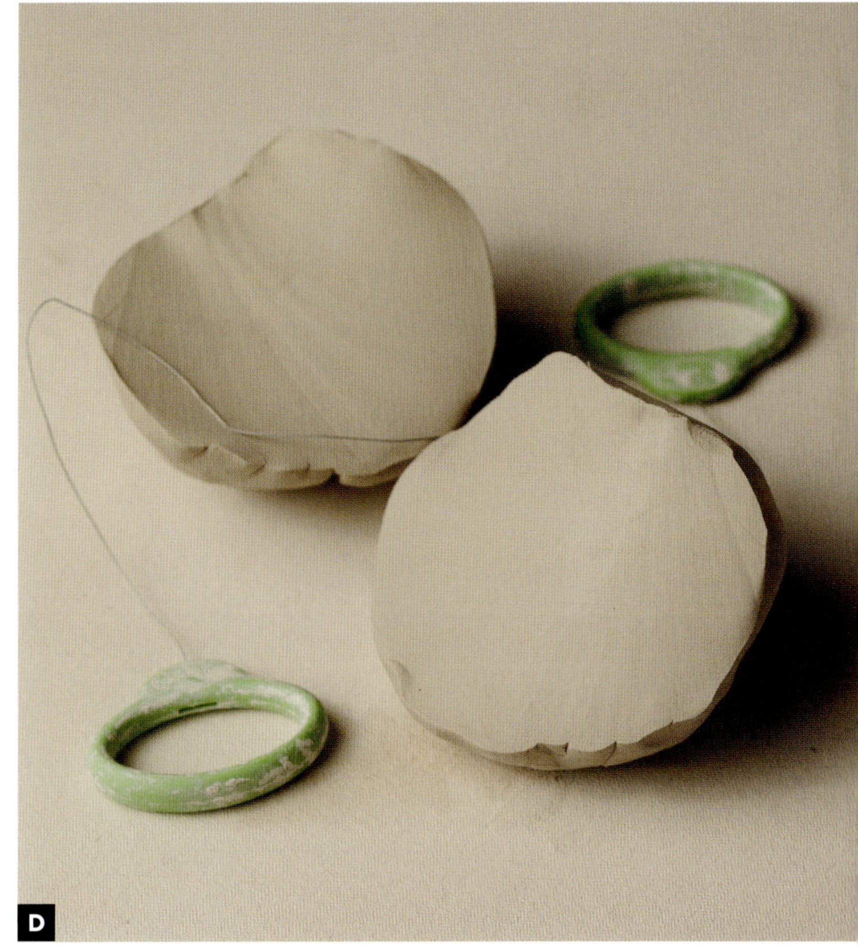
D

Spiralkneten

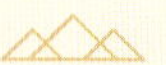

Beim Spiralkneten handelt es sich im Grunde um den gleichen Prozess, allerdings sind die Bewegungsabläufe ein wenig komplizierter. Der wesentliche Unterschied besteht darin, dass man mit einer Hand fester drückt und der Tonklumpen eine Kreisbewegung vollführt, sodass das Spiralmuster einer Muschel entsteht.
Auf den Fotos benutze ich die rechte Hand.

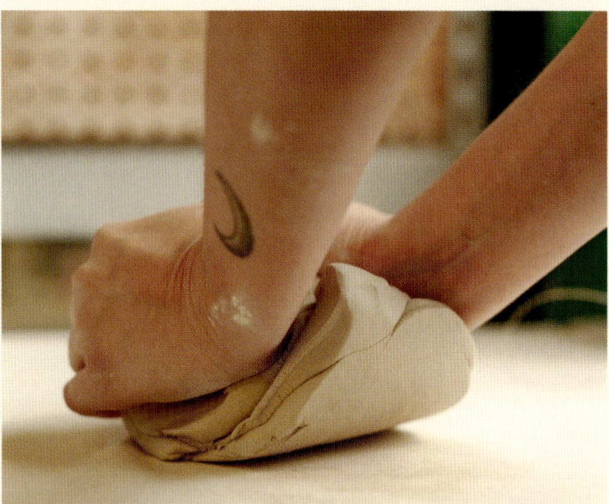

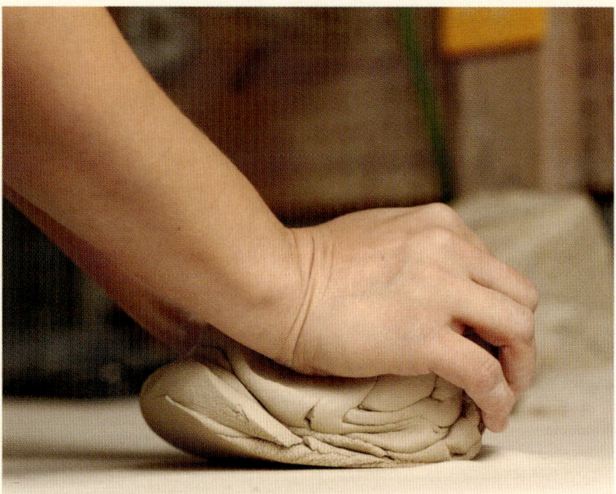

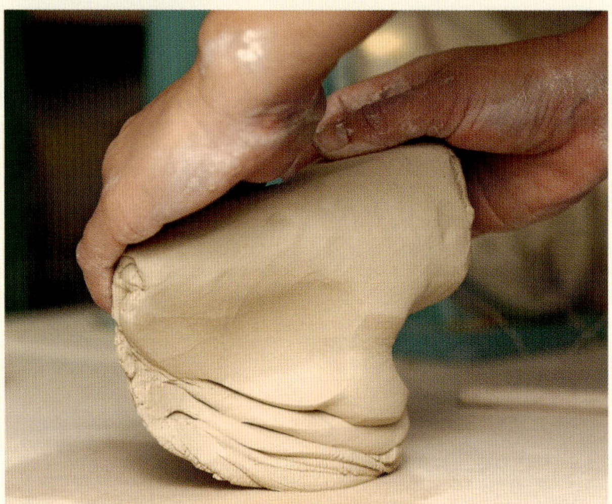

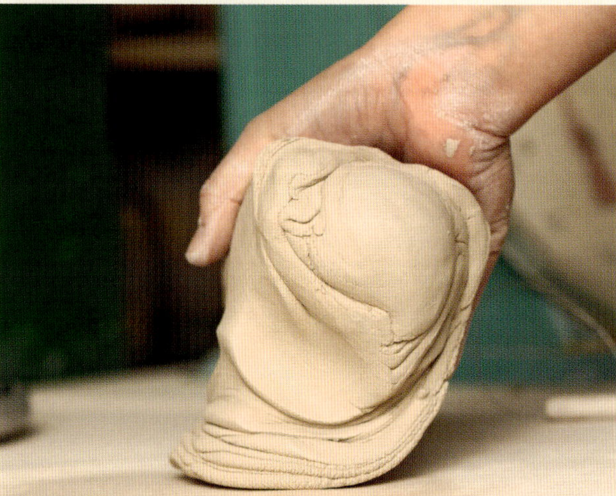

EIN GEFÄSS FORMEN

Die Töpferkunst hat viel mit dem Leben gemein. Das Zentrieren des Tons mag zunächst mühevoll erscheinen, aber aus einem anderen Blickwinkel betrachtet, ist dieser Prozess mehr als eine bestimmte Technik. Egal ob Sie mithilfe des Tons inmitten vom Chaos zentriert bleiben oder glauben, dass Ihre Zentriertheit im Leben unmittelbar mit Ihrer Fähigkeit zusammenhängt, den Ton auf dem Scheibenkopf zu zentrieren – es gibt eine spirituelle Verbindung zu Ihrer Kreativität! Also – holen wir tief Luft, öffnen wir uns dem Lernen und zentrieren uns.

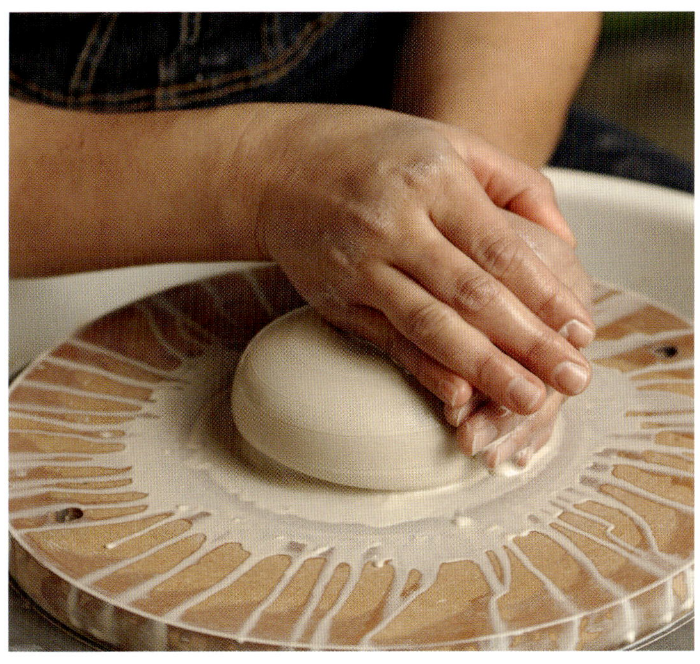

WERKZEUGE UND MATERIALIEN

Eimer mit Wasser
Schwamm
ca. 600 g Ton, zu einer Kugel geformt
Holzmesser

Zentrieren

Bevor Sie an der Töpferscheibe mit Ton arbeiten, empfehle ich einen Probelauf ohne Ton. Schalten Sie den Motor ein, drücken Sie das Pedal bis zum Anschlag durch und lassen die Scheibe dann allmählich langsamer werden. Es ist sehr wichtig, sich mit der Funktionsweise der Töpferscheibe vertraut zu machen.

Auf die Körperhaltung achten

Von Anfang an sollten Sie auf die richtige Körperhaltung achten. Setzen Sie sich so nah wie möglich an die Töpferscheibe und richten Sie Hüften und Beine gerade aus.

Am besten stellen Sie die Töpferscheibe auf ein paar Ziegelsteine oder benutzen einen verstellbaren Stuhl, sodass der Rand der Scheibe knapp oberhalb Ihres Bauchnabels liegt. Auf diese Weise schonen Sie Rücken und Nacken, weil die Kraft beim Drehen aus dem gesamten Körper kommt und nicht nur aus den Armen. Alternativ können Sie die Töpferscheibe auf einen Tisch oder auf Porenbetonsteine stellen und im Stehen drehen. Nehmen Sie sich die Zeit, die richtige Position zu finden, um eine gesunde Ergonomie zu entwickeln.

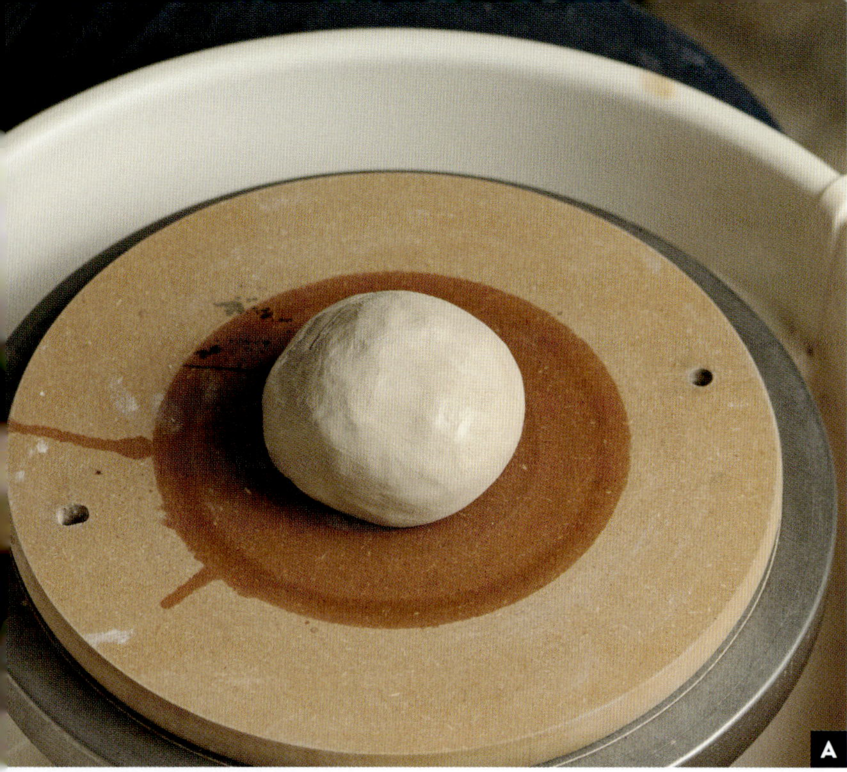

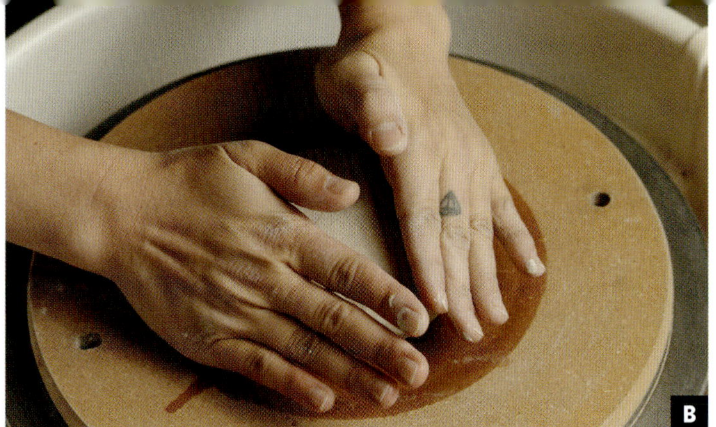

SCHRITT 1 Schlagen Sie den Tonklumpen so mittig wie möglich auf den Scheibenkopf. Wenn er ein bisschen daneben landet, schieben Sie ihn weiter in die Mitte. **[A]**

SCHRITT 2 Setzen Sie die Scheibe langsam in Gang. Klopfen oder schlagen Sie auf den Ton, indem Sie die Handflächen gleichmäßig nach unten und zur Mitte hin bewegen. **[B]** Wenn Sie diesen Schritt auslassen, fliegt Ihnen der Ton beim Zentrieren von der Scheibe.

SCHRITT 3 Eine Kuppel formen: Benetzen Sie den Ton mit dem Schwamm und lassen Sie die Scheibe bei mittlerer Geschwindigkeit laufen. Wölben Sie beide Hände seitlich um den Tonklumpen. Die linke Handfläche steht bei 9 Uhr, die rechte bei 3 Uhr. Während sich die Töpferscheibe dreht, bewegen sich die Hände wie von Magneten angezogen auf den Ton zu. Schieben Sie sie zur Mitte und gleichzeitig nach oben, um einen schönen, gleichmäßigen Kegel zu formen. **[C]**

TIPP *Es gilt, den Kraftaufwand zu dosieren und mit beiden Händen gleich viel Kraft aufzuwenden. Drückt eine Hand stärker als die andere, entsteht eine Spirale, keine Kuppel. Drücken beide Hände gleichmäßig, aber zu fest, kann es sein, dass Sie den Tonklumpen zerteilen. Bei zu wenig Kraft passiert gar nichts. Der Schlüssel zur erfolgreichen Kuppelbildung liegt wie bei allen Drehtechniken im Üben. Mit der Zeit entwickeln Sie ein Gefühl dafür, wann die Drehgeschwindigkeit und die Geschwindigkeit Ihrer Bewegungen zusammenpassen.*

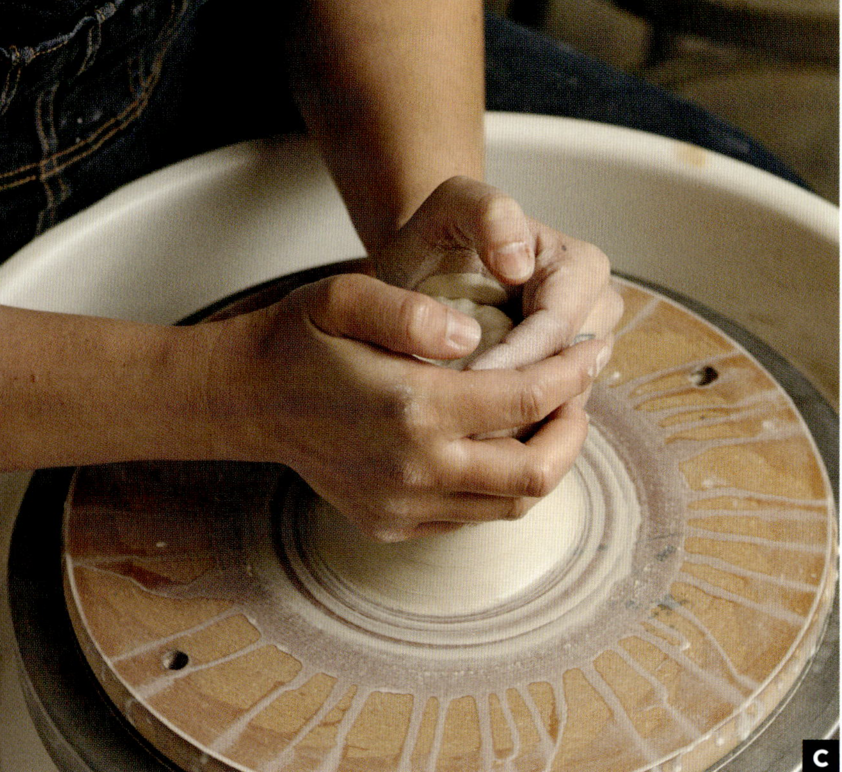

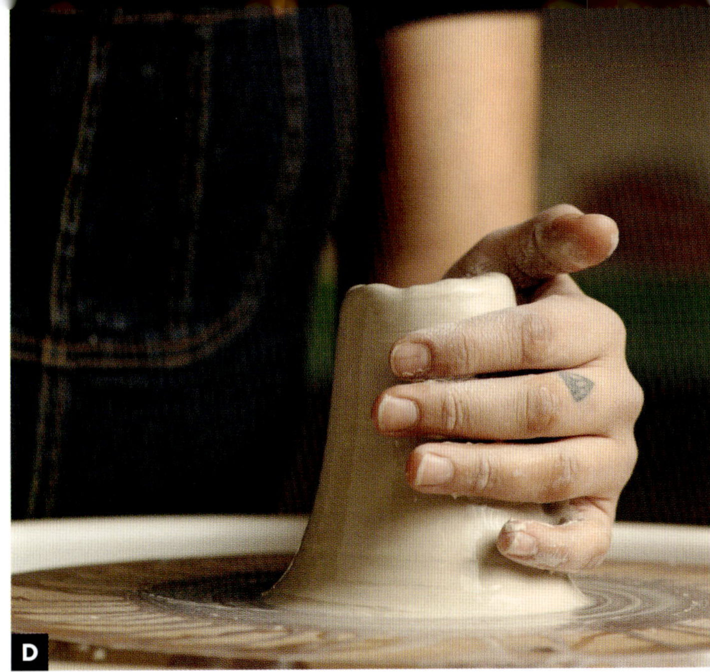
D

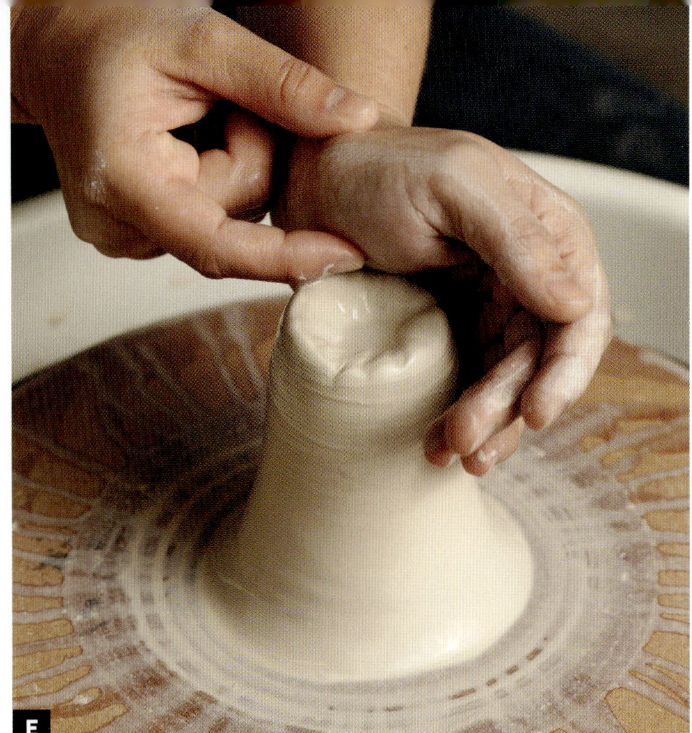
E

SCHRITT 4 Die Kuppel abflachen: Drehen Sie die Scheibe bei mittlerer Geschwindigkeit und bringen Sie Ihre Hände zur Spitze der Kuppel. Legen Sie die linke Hand so, als wollten Sie dem Ton die Hand schütteln. Ihre Handfläche steht zwischen 8 und 9 Uhr. Mit dem fleischigeren Teil der rechten Handfläche in der Nähe des kleinen Fingers bewegen Sie sich auf die Spitze der Kuppel zu. **[D]** Drücken Sie mit der rechen Hand nach unten, mit der linken Hand Richtung Mitte. **[E]**

> **TIPP** *Der folgende Tipp hat bei mir den Ausschlag gegeben: Als Rechtshänder konzentrieren Sie sich darauf, die linke Hand stillzuhalten. Man kann tatsächlich allein mit einer Hand zentrieren. Lassen Sie sich nicht vom Ton herumkommandieren. Es ist hilfreich, die Ellenbogen dicht an die Taille gepresst zu halten. So bewegen Sie den ganzen Körper und mindern den Druck auf die Arme.*

SCHRITT 5 Wiederholen Sie die Schritte 3 und 4, bis Sie den Tonklumpen mittig auf der Scheibe haben. Er ist zentriert, wenn der Ton gleichmäßig und ohne Unebenheiten durch Ihre Hände gleitet. **[F]**

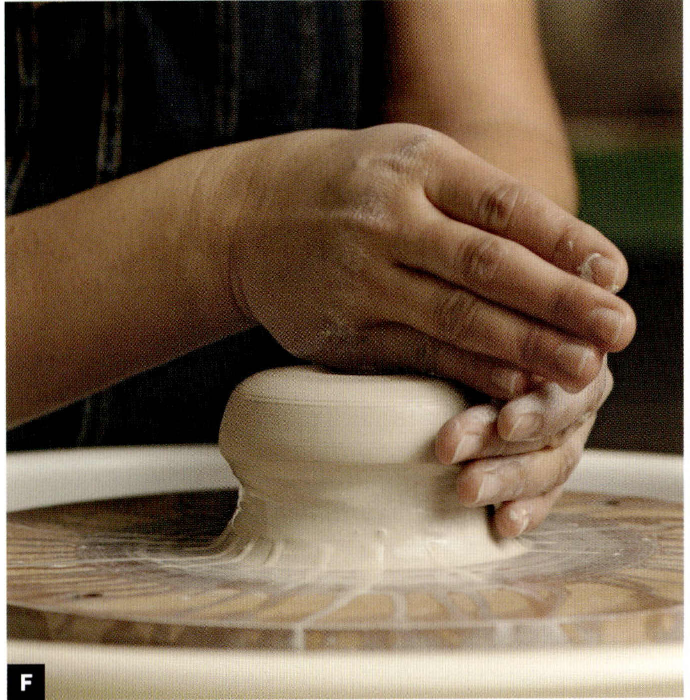
F

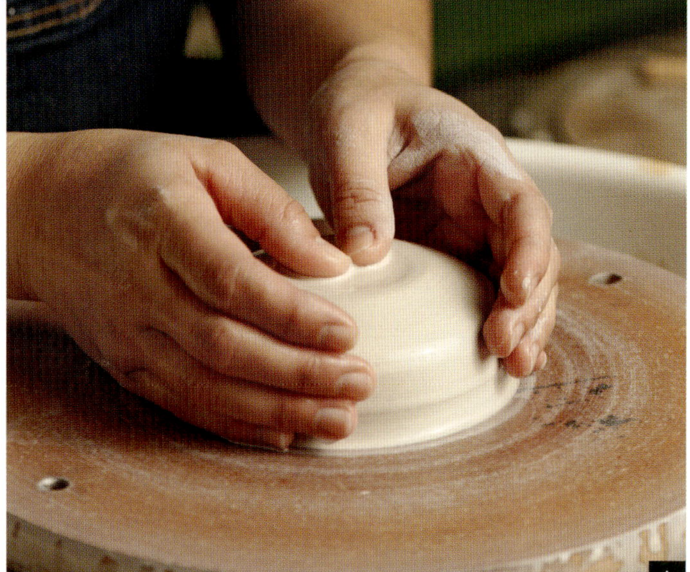

A

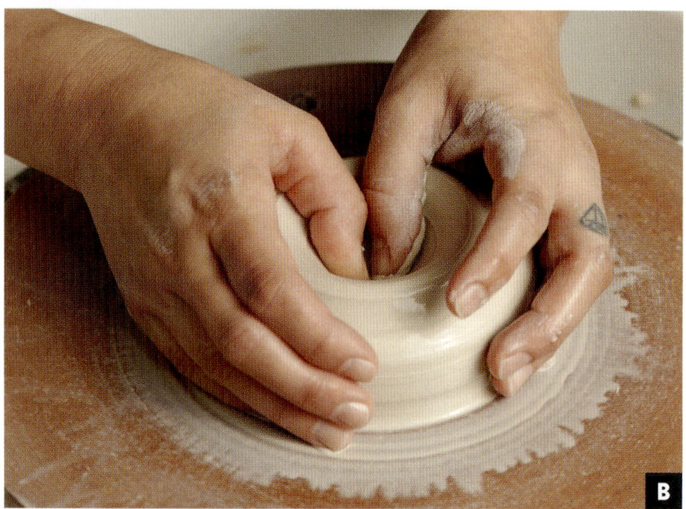

B

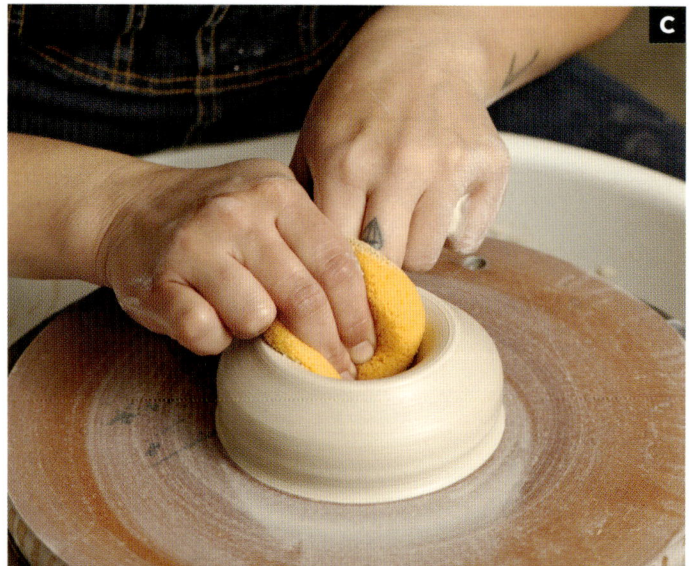

C

Den Ton aufbrechen

Nachdem Sie Ihren Ton zentriert haben, kommt nun das Innere Ihres künftigen Gefäßes an die Reihe. Die Bewegungen bei den nächsten Schritten hängen oft von der Form des Gefäßes ab, das Sie planen. Eine Schüssel hat meist einen gerundeten Boden. Mehr dazu in Kapitel 2. Um sich die Grundlagen anzueignen, ist eine zylindrische Form ideal – und sie bildet den Anfang eines Bechers.

SCHRITT 1 Setzen Sie die Scheibe in Bewegung und wölben Sie beide Hände. Der Ton muss feucht sein, damit Ihre Hände darüber gleiten und nicht kleben bleiben. Legen Sie beide Daumen parallel nebeneinander. Wenn ich mit Kindern arbeite, beschreibe ich dies immer als die Schmetterlingsmethode, aber ich denke, das Bild funktioniert auch bei Erwachsenen. **[A]** Suchen Sie sich mit den Daumenspitzen die Mitte des Tonklumpens und fangen Sie an, gleichmäßigen Druck nach unten auszuüben. Wenn der Ton trocken wird oder Sie einen Widerstand verspüren, nehmen Sie die Hände vorsichtig vom Ton und feuchten ihn erneut an.

SCHRITT 2, ALTERNATIVE 1 Schieben Sie die Daumen bei rotierender Scheibe weiter nach unten, bis Sie etwa 1,5 cm vom Scheibenkopf entfernt sind. **[B]**

SCHRITT 2, ALTERNATIVE 2 Im Laufe der Jahre habe ich für mich eine Methode entwickelt, die von der der meisten anderen Töpfer abweicht. Vielleicht probieren Sie sie einmal aus: Behandeln Sie Ihre beiden Hände wie eine einzige Hand. Legen Sie die rechte über die linke Hand, Daumen und Zeige-/Mittelfinger der rechten halten den Schwamm. Bei rotierender Scheibe beginnen Sie, die Finger mittig mit gleichmäßigem Druck nach unten zu schieben, bis noch etwa 1,5 cm Ton zwischen Fingern und Scheibe verbleiben. **[C]**

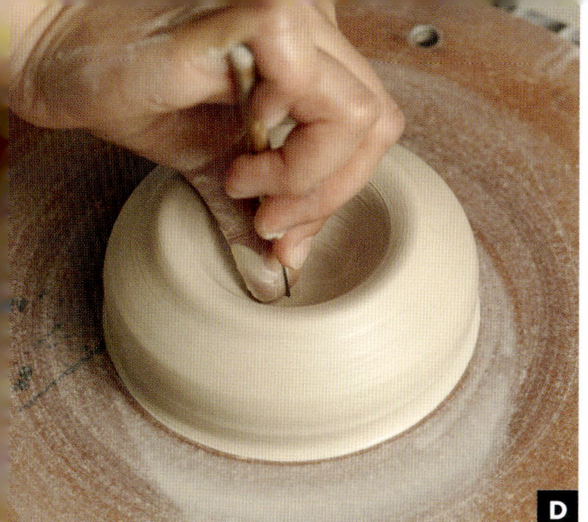
D

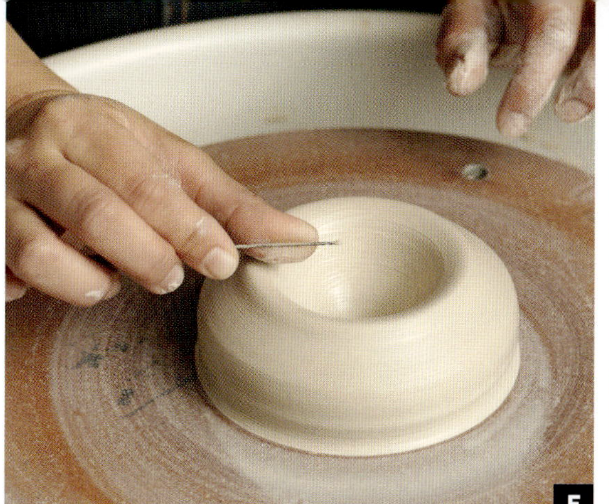
E

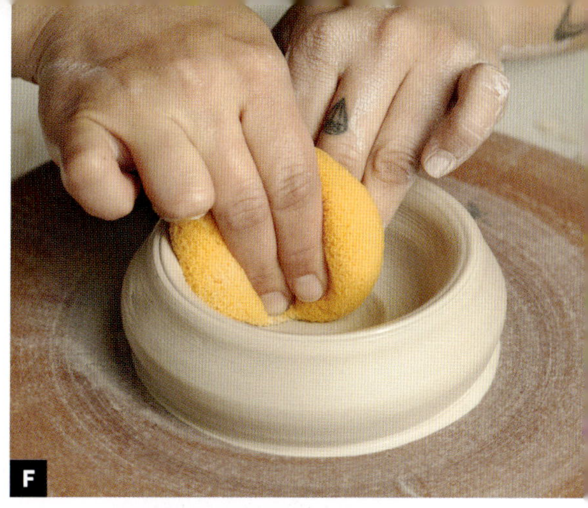
F

TIPP *Es ist nicht leicht, sich den Abstand zum Scheibenkopf vorzustellen. Um die Bodenstärke zu prüfen, stechen Sie mit der Töpfernadel in den Boden und schieben den Daumen daran entlang, bis Sie den Ton berühren.* **[D]** *Ziehen Sie die Töpfernadel vorsichtig heraus, ohne den Daumen zu bewegen. Wenn der Abstand stimmt, schließen Sie das Nadelloch mit leichtem Druck bei rotierender Scheibe. Wenn der Boden noch zu dick ist, wiederholen Sie Schritt 2. Dabei wird das Loch automatisch verschlossen.* **[E]**

SCHRITT 3 Wenn Sie mit der Bodenstärke zufrieden sind, geht es an den Aufbau der Wandung. Dabei mache ich den Ton nicht nass, sondern ich verwende einen feuchten Schwamm. Bei rotierender Scheibe führen Sie die Hände wieder in die Mitte. Dabei liegt die linke Hand auf der rechten und der Schwamm zwischen der rechten Hand und dem Ton. Beginnen Sie, mit leichtem Druck auf den Boden die Hände zur rechten Körperseite zu ziehen. **[F]**

TIPP *Achten Sie darauf, dass der Ton feucht bleibt und dass sich Ihre Hände nicht schneller bewegen als die Scheibe. Oft gibt man vor lauter Begeisterung dem Drang nach, die Hände sehr rasch zu bewegen – und schiebt dabei das Gefäß aus der Mitte!*

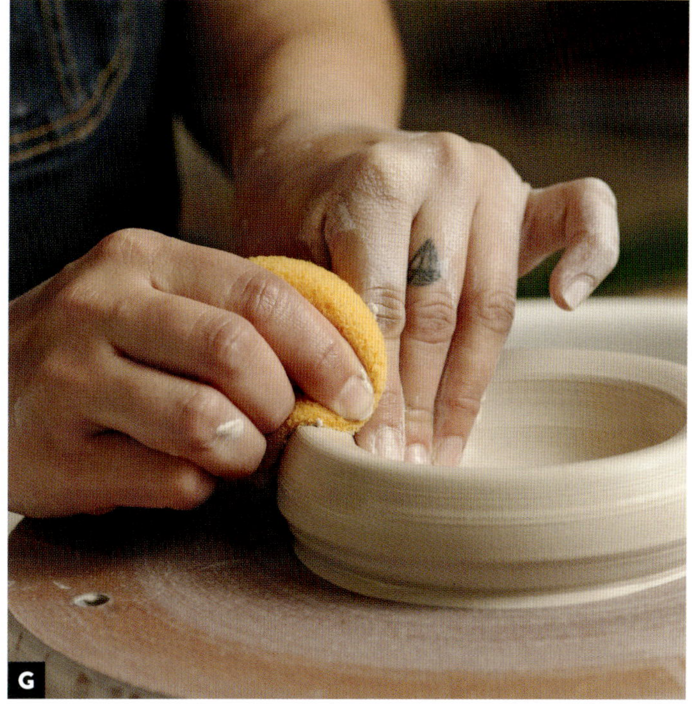
G

SCHRITT 4 Bei rotierender Scheibe und mit feuchtem Schwamm komprimieren Sie die Tonwandung mit dem Schwamm. Dazu zwicke ich die Wandung mit den Fingern der linken Hand im Krabbengriff, während die rechte Hand Druck ausübt. **[G]** Auf diese Weise sorgen Sie dafür, dass das Gefäß zentriert bleibt und der Rand nicht zu viel Druck abbekommt.

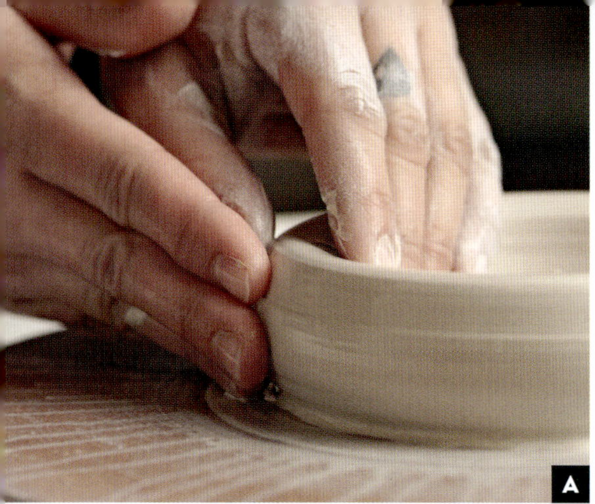
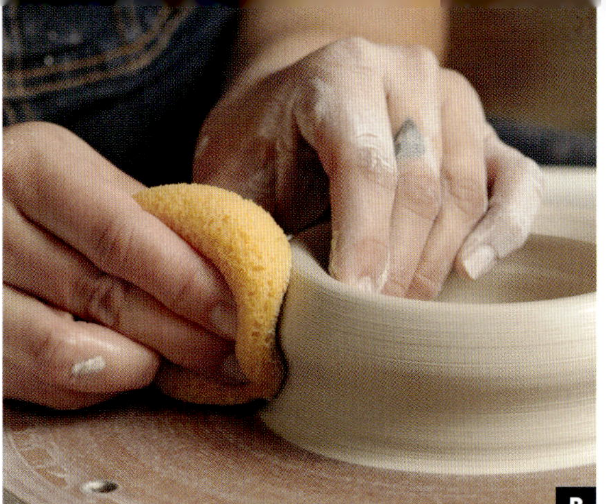
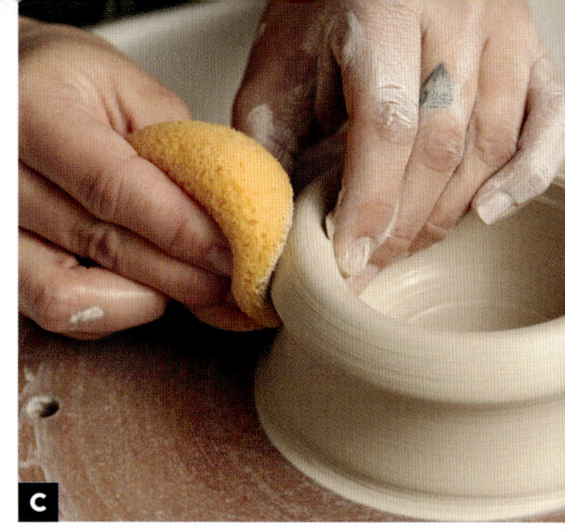

Die Wandung hochziehen

SCHRITT 1 Befeuchten Sie den Ton. Er muss glitschig, aber nicht tropfnass sein. Ich lasse die Scheibe dabei rotieren, damit sich die Feuchtigkeit gleichmäßig verteilt. Platzieren Sie an der rechten Seite des Gefäßes die linke Hand auf die Innenseite, die rechte auf die Außenseite. Bei mittlerer Rotationsgeschwindigkeit schieben Sie die Finger sanft gegeneinander, als seien sie Magnete, dann beginnen Sie, mit gleichmäßigem Druck nach oben zu ziehen. [A] [B]

> **TIPP** *Hier geht es vor allem um Druck, wie beim Formen des Kegels. Bei zu viel Druck, wenn die magnetische Anziehungskraft zu groß ist, schneiden Sie möglicherweise einen Ring von Ihrem Gefäß ab. Bei zu geringem Druck verändert sich Ihr Gefäß nicht, egal wie lange Sie es bearbeiten.*

SCHRITT 2 Am Rand der Wandung angekommen, komprimieren Sie bei leichter Rotationsgeschwindigkeit den Rand. Wiederholen Sie diesen Schritt nach jedem Durchgang. So bleibt Ihr Gefäß zentriert und der Rand bekommt eine gleichmäßige Stärke. Üben Sie nicht zu viel Druck aus, sonst machen Sie all Ihre Fortschritte zunichte.

SCHRITT 3 Wiederholen Sie das Hochziehen von Schritt 1. Diesmal konzentrieren Sie sich aber darauf, mit den Händen gerade nach oben zu fahren. Vielleicht haben Sie dabei das Gefühl, die Wandung zur Mitte zu ziehen. [C] Durch die Zentrifugalkraft der Rotation liegt es nahe, beim Hochziehen der Wandung die Hände nach außen zu führen. Daher beginnen viele Kurse mit dem Drehen einer Schale, aber ich ziehe das Drehen eines Zylinders vor. Von Anfang an auf die Bewegung zu achten, ist Ihr Schlüssel zum Erfolg. [D]

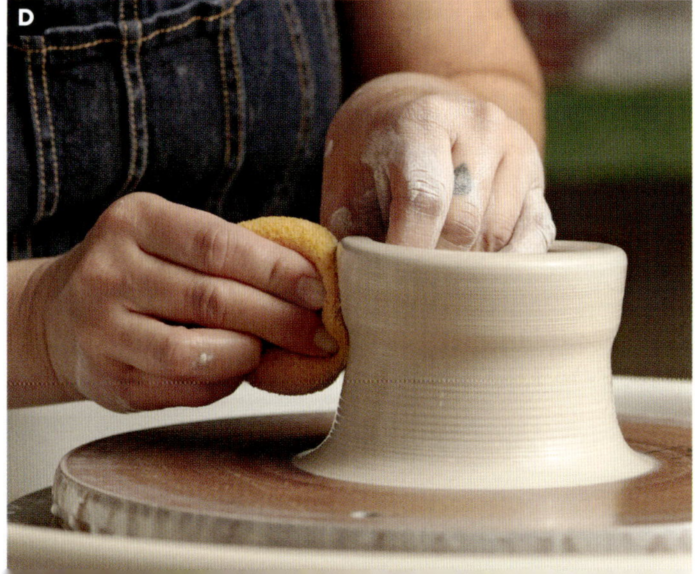

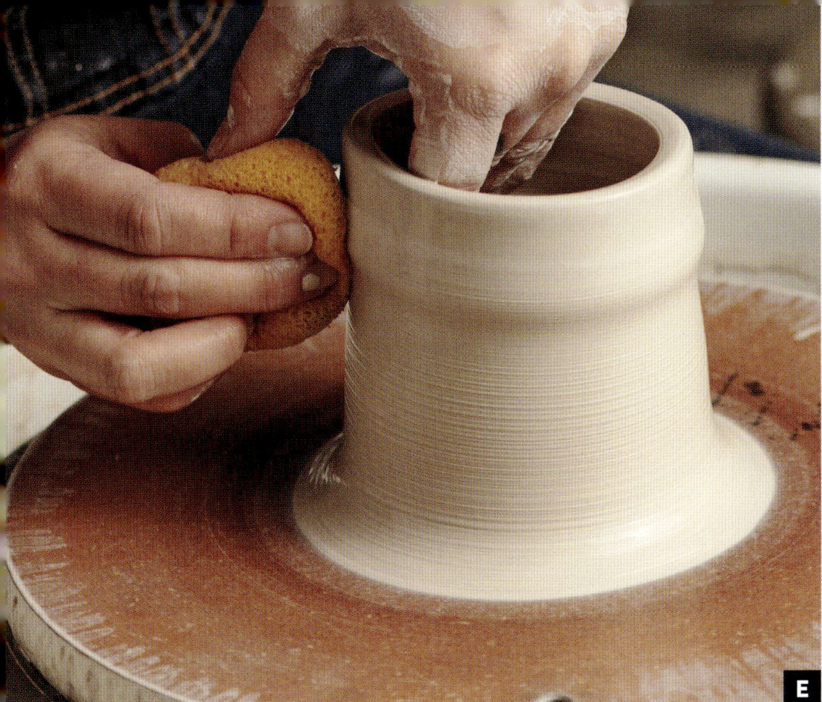

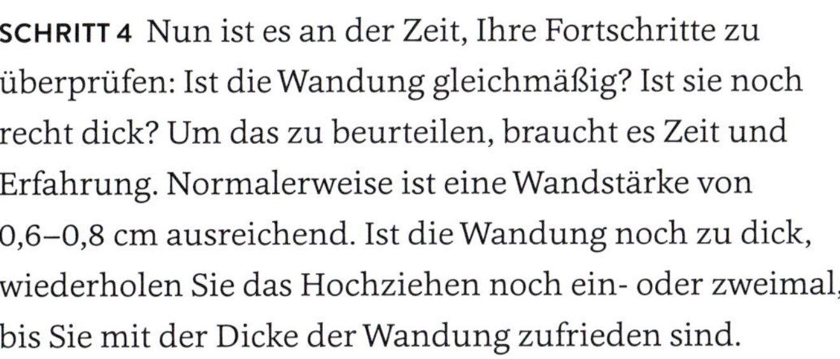

SCHRITT 4 Nun ist es an der Zeit, Ihre Fortschritte zu überprüfen: Ist die Wandung gleichmäßig? Ist sie noch recht dick? Um das zu beurteilen, braucht es Zeit und Erfahrung. Normalerweise ist eine Wandstärke von 0,6–0,8 cm ausreichend. Ist die Wandung noch zu dick, wiederholen Sie das Hochziehen noch ein- oder zweimal, bis Sie mit der Dicke der Wandung zufrieden sind.

SCHRITT 5 Oft ist am Fuß des Gefäßes überschüssiger Ton, der mit einem Holzmesser abgetragen werden kann. Bei rotierender Scheibe halten Sie das Werkzeug schräg wie einen Bleistift und schneiden nach und nach durch den Ton, bis Sie auf den Scheibenkopf kommen. **[F]** Dann halten Sie das Holzmesser bündig mit dem Scheibenkopf, und während die Töpferscheibe rotiert, fahren Sie mit der Spitze einmal rund um den Fuß unter den Ton. **[G]** Dann entfernen Sie den Tonring. **[H]** Dieser Schritt erfordert einige Übung. Geben Sie nicht auf, wenn es nicht beim ersten Mal klappt.

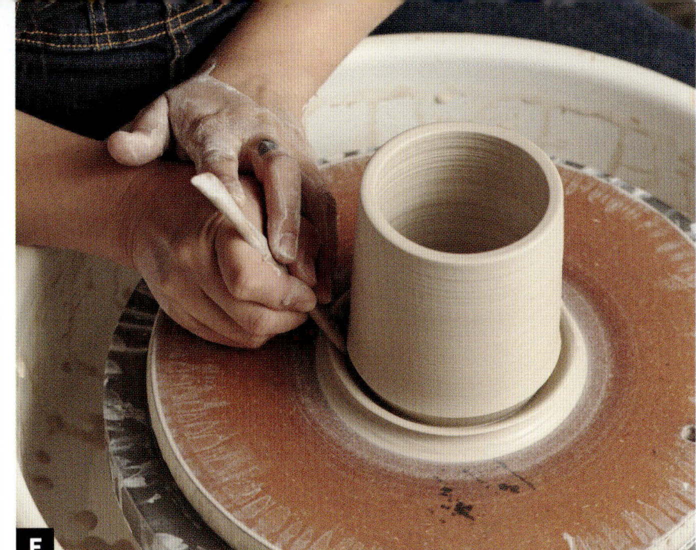

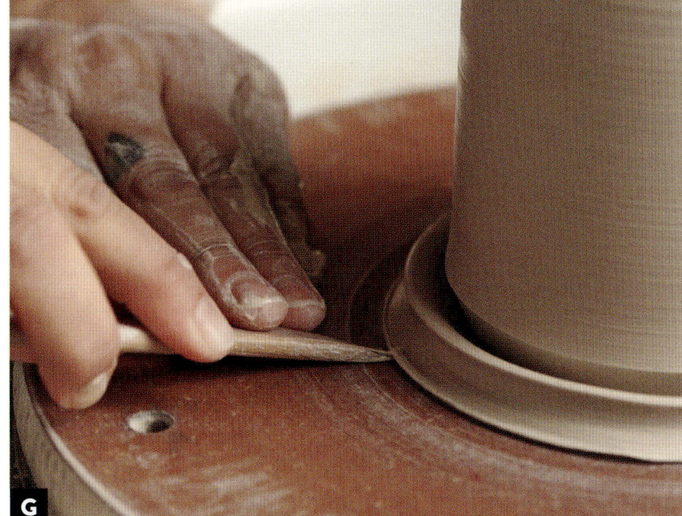

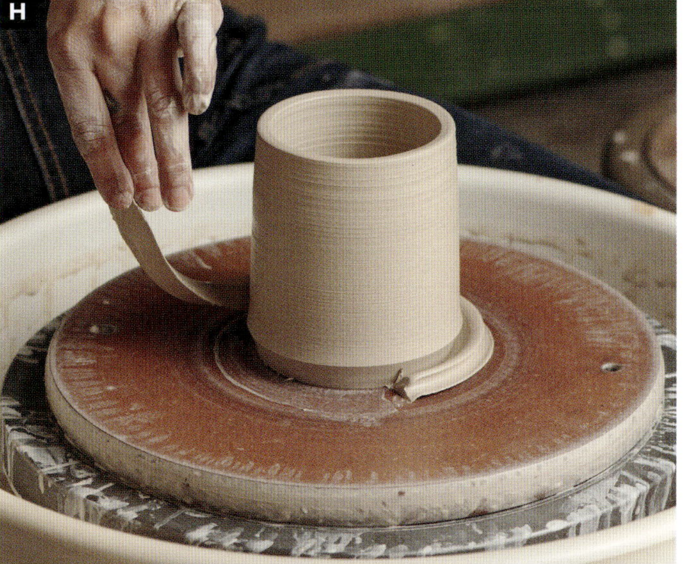

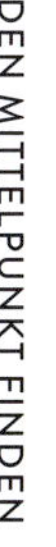

DAS GEFÄSS VON DER TÖPFERSCHEIBE NEHMEN

Das Drehen eines Gefäßes erfordert Geduld und Fingerspitzengefühl. Beides brauchen Sie auch, um das Gefäß von der Töpferscheibe zu nehmen. Es gibt mehrere Methoden; ich zeige Ihnen hier, wie ich es mache und wie die meisten Teilnehmer meiner Kurse es machen.

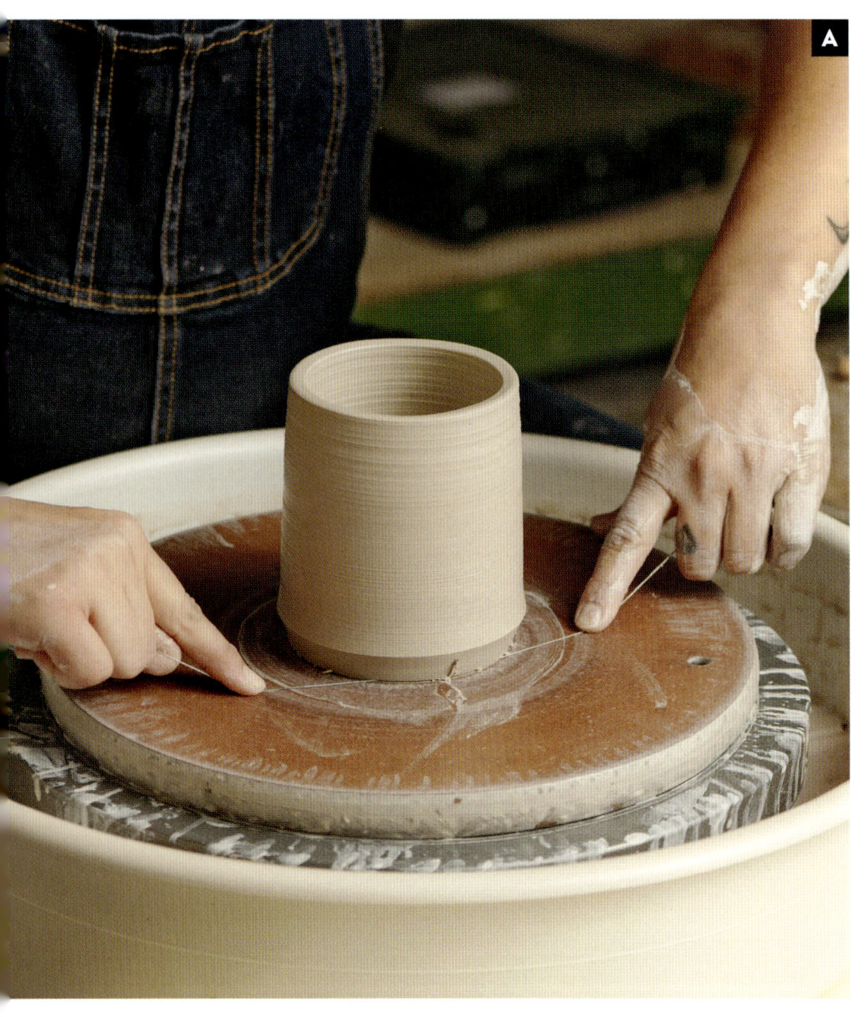

WERKZEUGE UND MATERIALIEN

Abschneidedraht
Abheber
Schwamm
Tragebrett oder eine andere Abstellmöglichkeit

Anleitung

SCHRITT 1 Legen Sie Ihren Abschneidedraht vorsichtig hinter Ihr Gefäß und drücken Sie die Enden mit den Daumen auf den Scheibenkopf. **[A]**

SCHRITT 2 Ziehen Sie den Schneidedraht unter dem Gefäß durch, bis er vorne zum Vorschein kommt. Achten Sie darauf, dass Sie die Hände dabei nicht anheben.

> **TIPP** *Falls dies ein Übungsstück ist und Sie prüfen wollen, ob die Wandung gleichmäßig ist, ziehen Sie den Abschneidedraht auf halber Strecke nach oben und halbieren auf diese Weise Ihr Gefäß.*

SCHRITT 3 Tropfen Sie Wasser hinter dem Gefäß auf den Scheibenkopf. Dann ziehen Sie den Schneidedraht erneut unter dem Boden durch. Sie dürfen den Draht nicht zu früh anheben, der Daumendruck ist hier ganz wichtig! Die Feuchtigkeit und der erneute Schneidevorgang erleichtern das Abheben des Gefäßes.

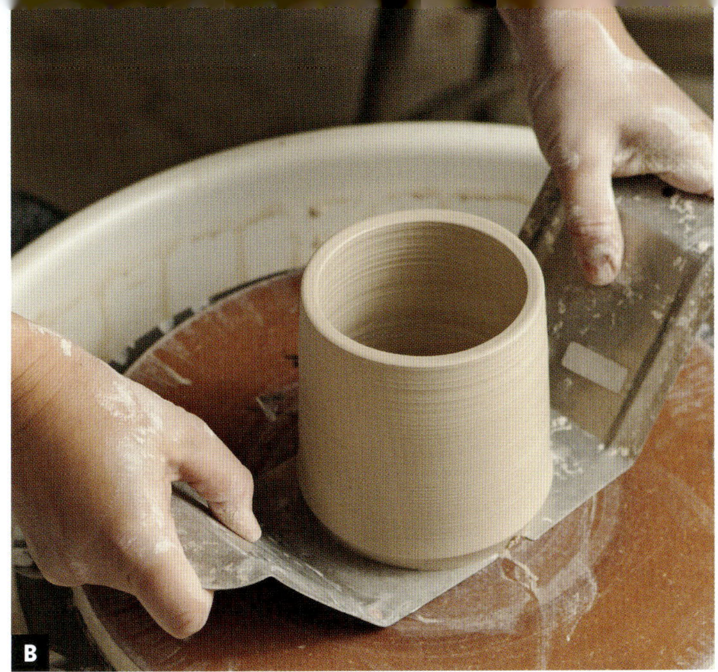

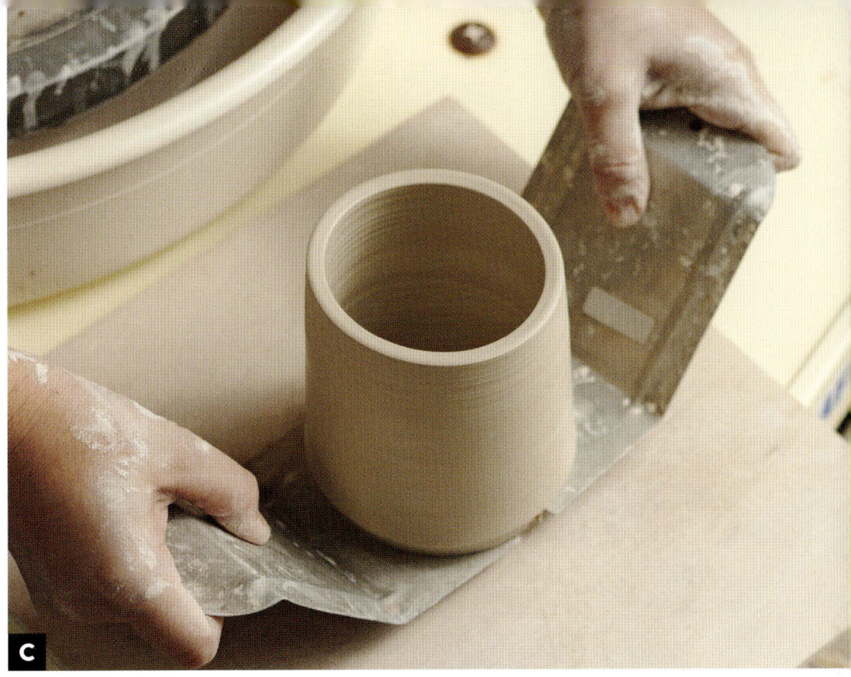

SCHRITT 4 Nehmen Sie Ihre Abheber, einen in jede Hand, und schieben Sie sie wie Spachtel unter das Gefäß. **[B]** Heben Sie das Gefäß mit beiden Händen gleichzeitig vom Scheibenkopf. Das sieht gefährlich aus, braucht Ihnen aber keine Angst zu machen. Wenn Sie die Abheber vor dem Anheben sanft hin- und herbewegen, spüren Sie, wie das Gefäß ein wenig wackelt. Dabei ist Vorsicht geboten: Bei zu viel Kraftaufwand fliegt Ihr Gefäß durch den Raum. **[C]**

TIPP *Halten Sie Ihr Tragebrett oder eine andere Abstellmöglichkeit in erreichbarer Nähe bereit, bevor Sie das Gefäß von der Scheibe heben. In fast jedem Töpferkurs gibt es einen Teilnehmer, der mit dem Gefäß auf den Abhebern um Hilfe ruft, weil er vergessen hat, dass er das Gefäß irgendwo abstellen muss. Das hört sich lustig an – bis das Gefäß auf den Boden fällt!*

SCHRITT 5 Stellen Sie die Abheber mit dem Gefäß auf das Tragebrett. Drücken Sie die Abheber vorsichtig nach unten und gleichzeitig nach außen und schon steht das Gefäß sicher auf dem Brett und kann in Ruhe trocknen. Tipps zum erfolgreichen Trocknen finden Sie auf Seite 70.

GALERIE

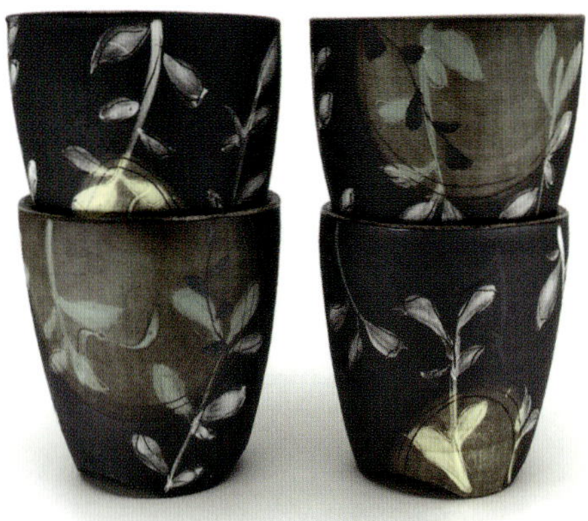

Heather Spontak, Becher-Set
Gedrehter schwarzer Ton mit farbiger Terra Sigillata, Engobe, Sgraffito-Technik, Oxidation bei Kegel 4

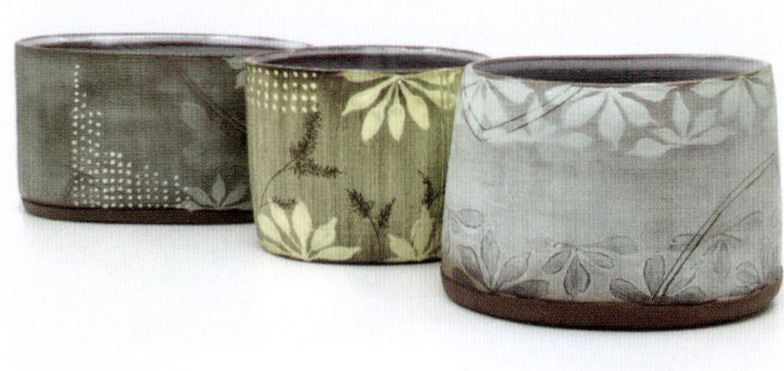

Heather Spontak, Ovale Vasen
Gedrehter und bearbeiteter roter Ton mit farbiger Terra Sigillata, Engobe, Schablonen, Sgraffito-Technik, Oxidation bei Kegel 4

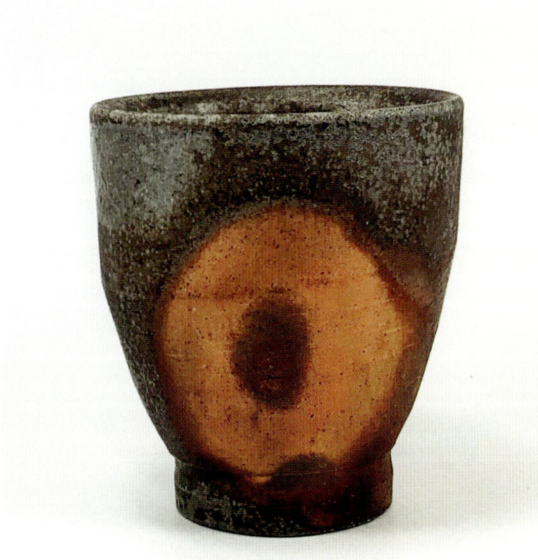

Gillan Doty, Becher Holzbrand

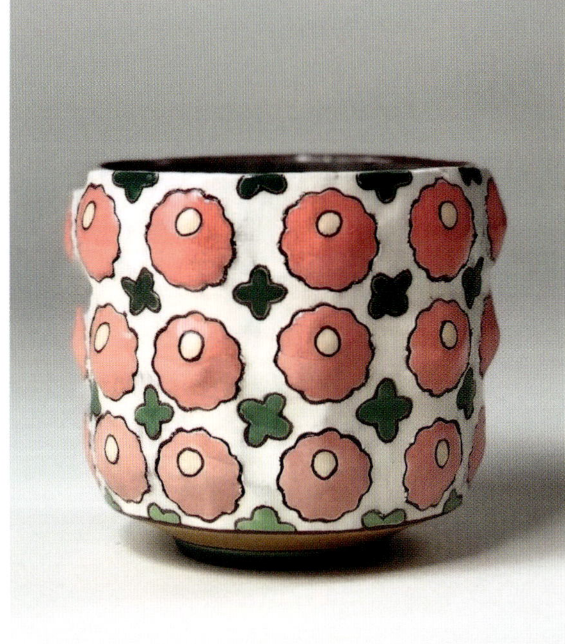

Sara Ballek, Becher mit Blasen
Earthen-Red-Ton, gedreht und gepincht, weiße Engobe, Amaco Velvet Unterglasur, Sgraffito-Technik, Kegel 4

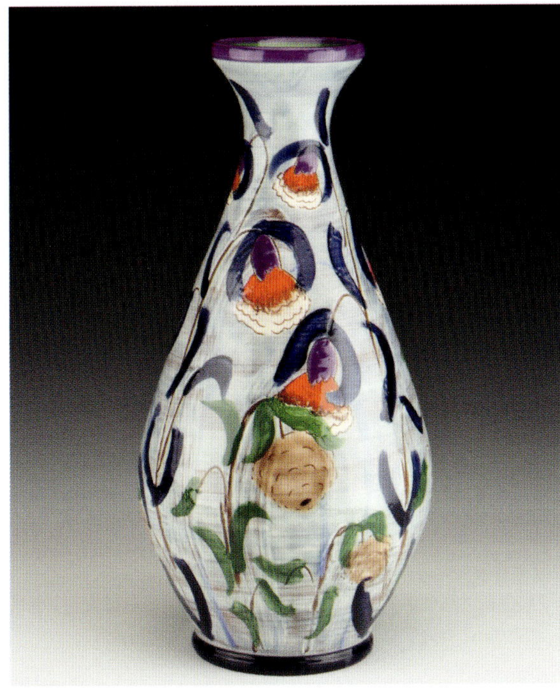

Ben Carter, Vase für den Garten
Gedreht, vor dem Brand bis Kegel 4 im Elektroofen mit Engobe, Unterglasur, Sgraffito-Technik und Glasur gestaltet

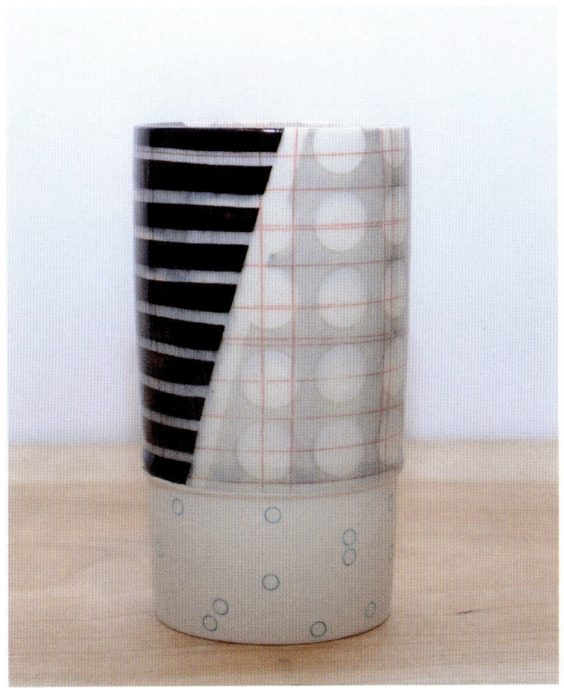

Rachel Donner, Becher

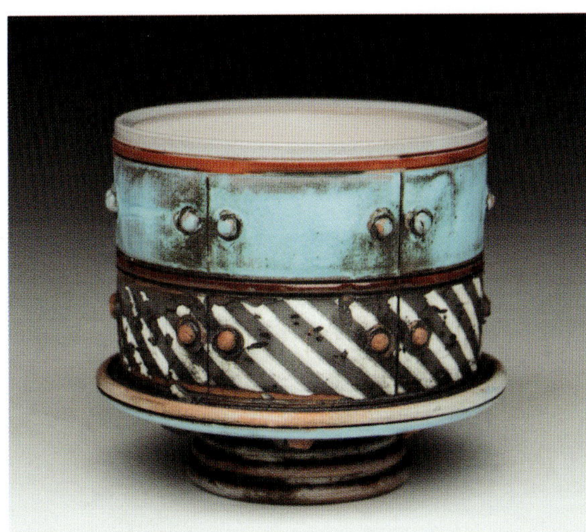

Mike Cinelli, Becher

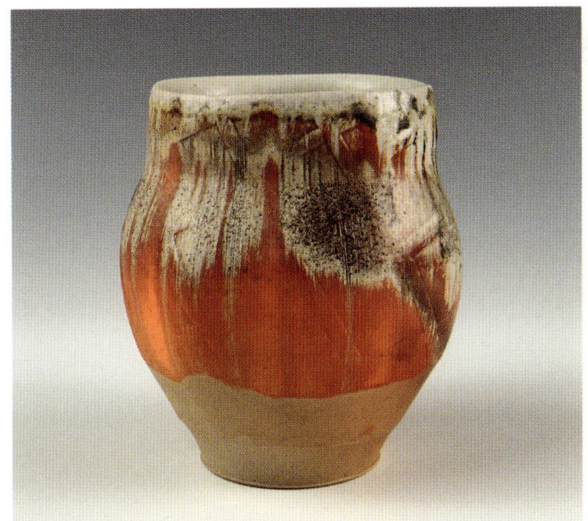

Simon Levin, Yunomi Holzbrand

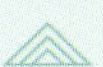

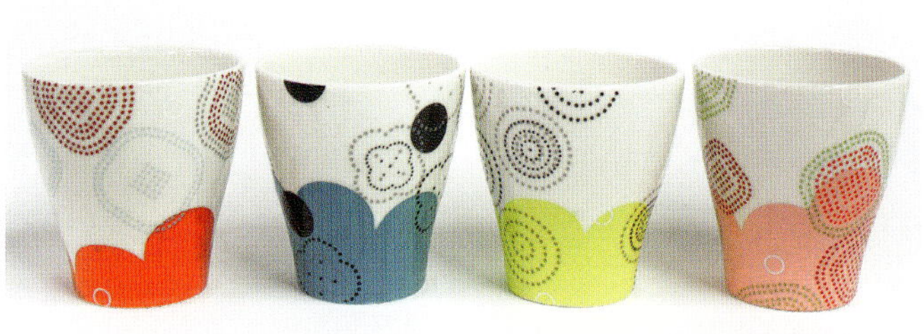

Meredith Host, Punkt Punkt Strich, Becher

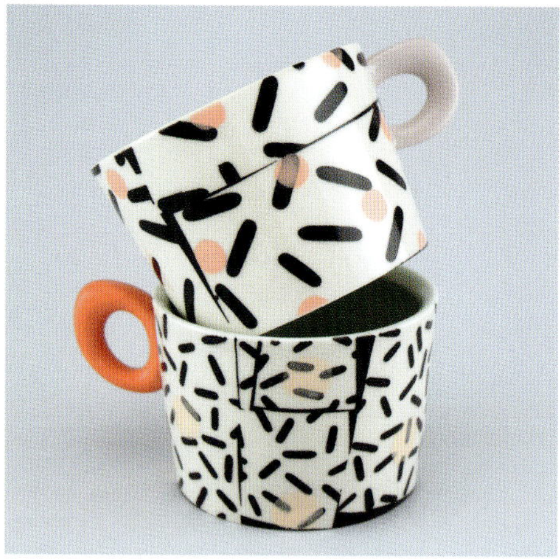

Adrienne Eliades, Henkelbecher
Porzellan, gedreht, mit pigmentierten Schlickergusshenkeln, Unterglasur- und Glasurdekor, Oxidation bei Kegel 7

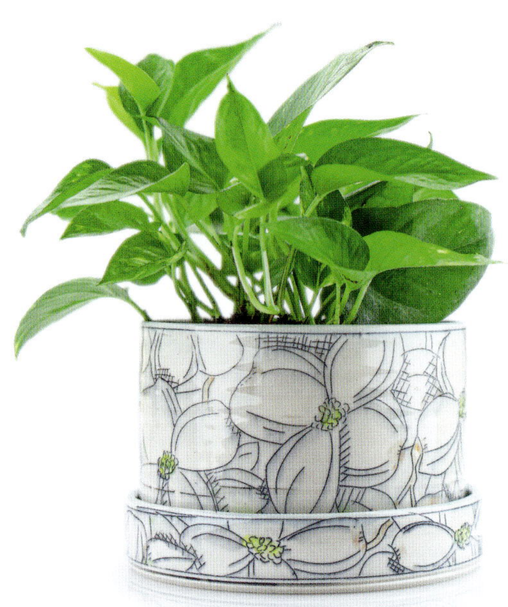

Laurie Caffery, Pflanztopf
Porzellan, Unterglasur und Mishima-Technik, Oxidation bei Kegel 6

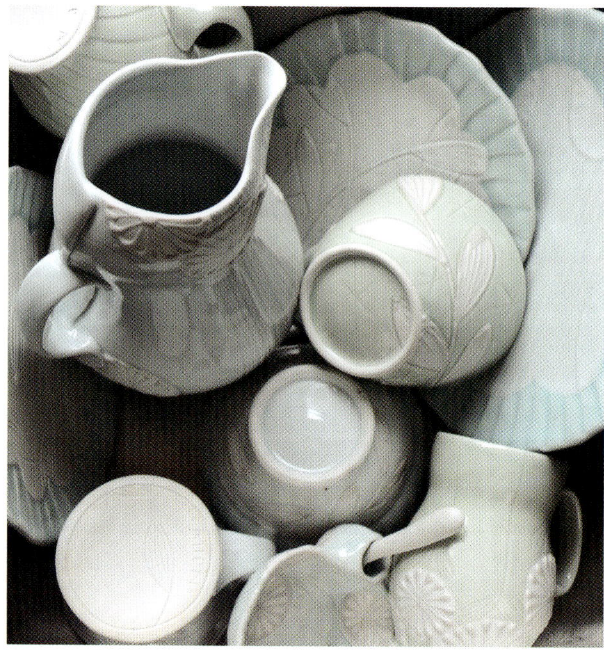

Jen Allen, Geschirr im Spülbecken
Porzellan, gedreht

Auf der Töpferscheibe zu drehen, mag schwieriger sein, als es aussieht, aber mit ein wenig Beharrlichkeit können Sie Ihr eigenes Spülbecken mit selbst gedrehtem Geschirr füllen!

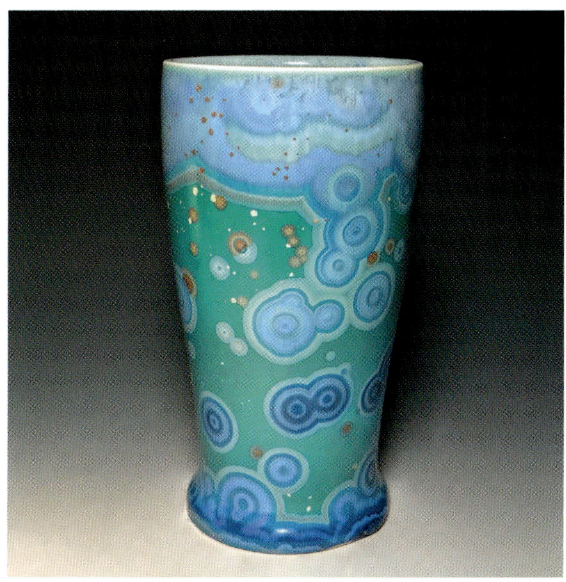

Ian Childers, Becher mit grüner Kristallglasur
Porzellan

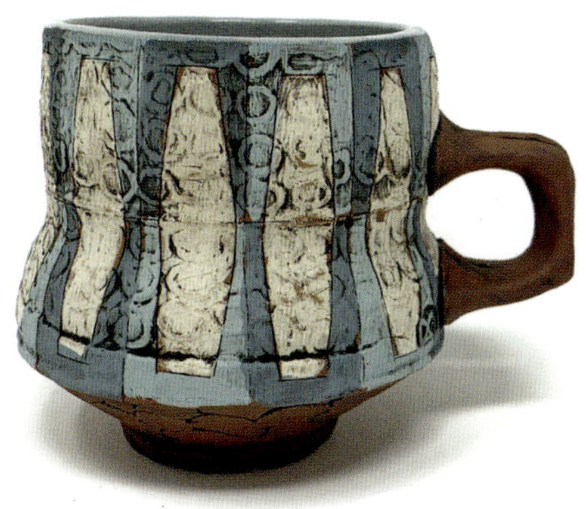

Mark Arnold, Becher
Roter Ton, farbige Terra Sigillata, Unterglasur und Glasur, eingedreht und frei gedreht

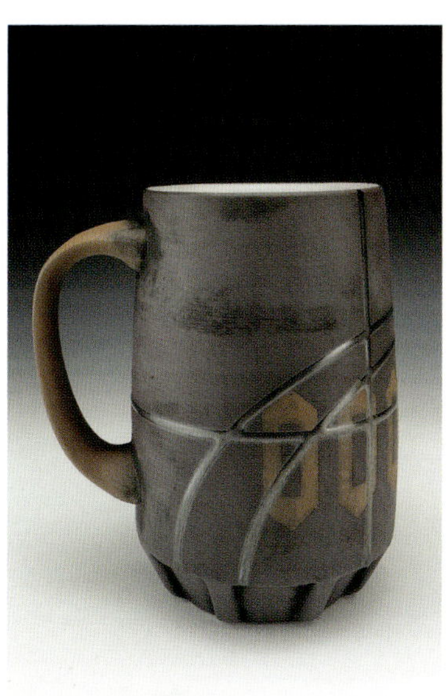

Eric Herspink, Henkelkrug

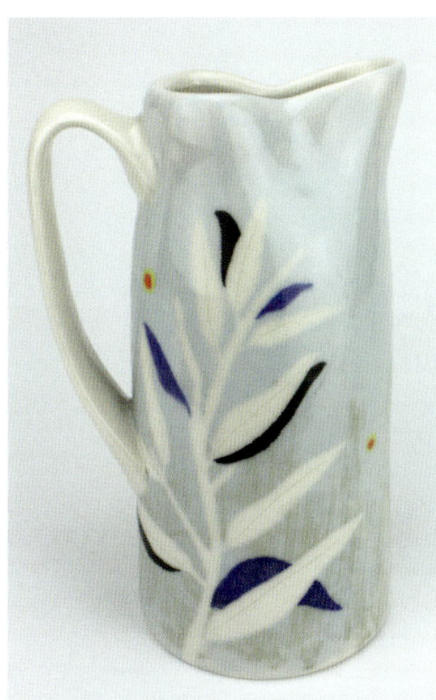

Liana Agnew, Krug

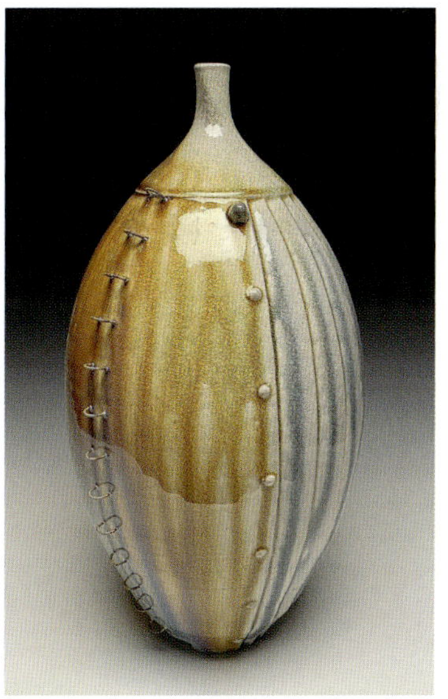

Luke Doyle, Flasche
Sodabrand im Holzbrandofen bei Kegel 12

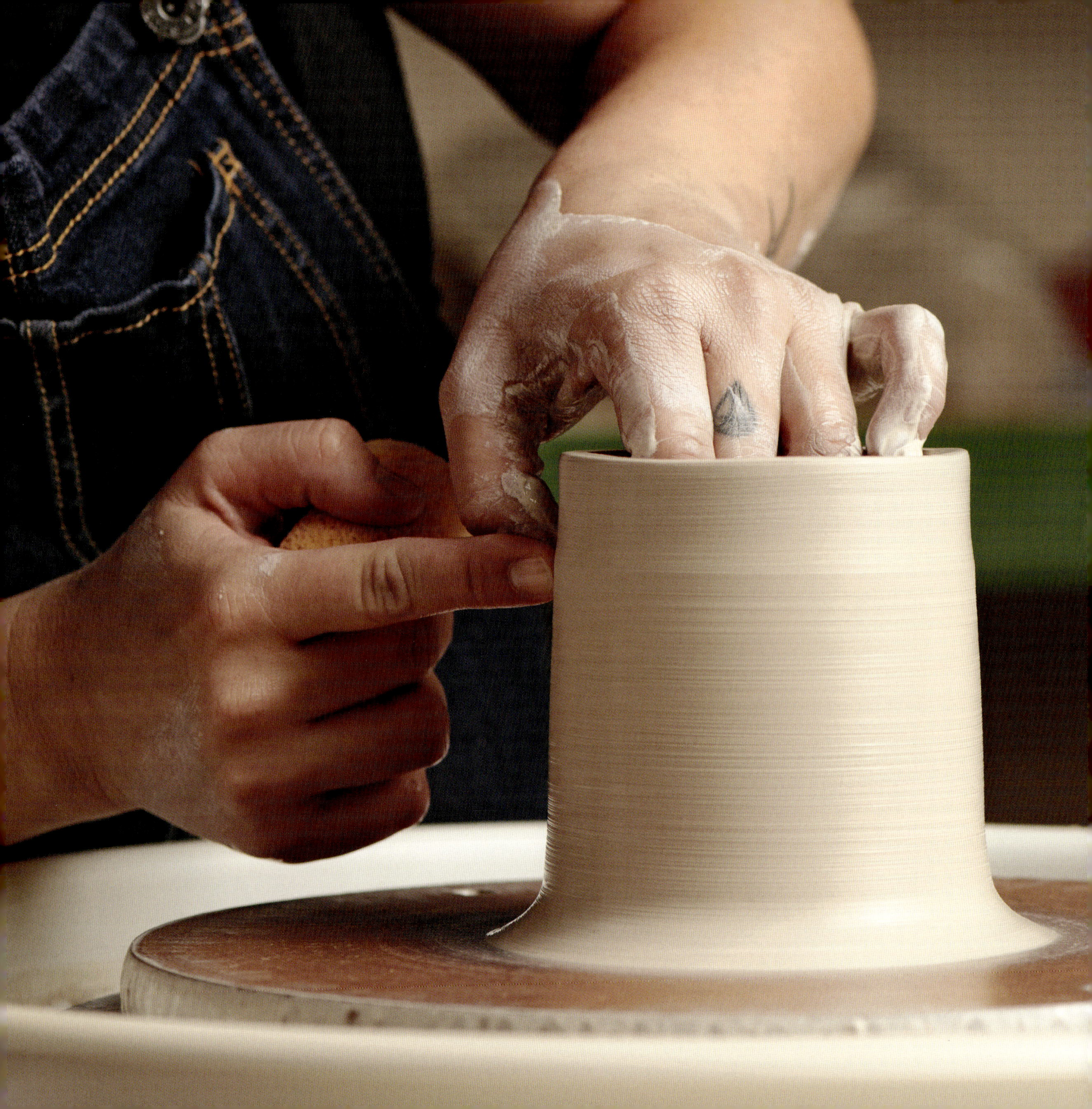

2

DREHEN DER GRUNDFORMEN

Zu Beginn eines Anfängerkurses an der Töpferscheibe frage ich die Teilnehmer, was sie am liebsten drehen würden. In diesem Kapitel gehen wir die Hitliste der beliebtesten Gefäße durch. Dabei stelle ich Ihnen jeweils zwei Alternativen für Schalen, Becher und Teller vor. Es gibt mehrere Möglichkeiten, ein Gefäß auf der Töpferscheibe zu drehen. Ich zeige Ihnen die Methoden, die für mich und die Mehrheit meiner Kursteilnehmer am besten funktionieren und verrate Ihnen allerlei Tipps und Tricks. Wenn Sie mit einer leicht abgewandelten Technik besser zurechtkommen oder wenn Sie bereits eine andere Vorgehensweise gelernt haben, ist das natürlich in Ordnung.

Vor der Arbeit atmen Sie tief durch, machen vielleicht ein paar Dehnübungen und entspannen sich. Erwarten Sie nicht zu viel: Ein perfektes Gefäß ist bei den ersten Versuchen eher unwahrscheinlich. Hauptsache, Sie glauben an sich und versuchen es immer wieder. Wenn Sie Geduld mit sich haben, werden Sie dieses Kapitel meistern.

KLASSISCHE SCHALE

Wenn Sie das Zentrieren und Hochziehen beherrschen, bietet sich eine klassische Schale als Projekt an. Das Rotieren der Töpferscheibe und die sich daraus ergebende Zentrifugalkraft sind ideal für die Schalenform – selbst wenn Sie gar keine Schale drehen wollen! Sie werden feststellen, dass Ihre ersten Gefäße allesamt wie Schalen aussehen. Irgendwann werden Sie jedoch in der Lage sein, Ihre Bewegungen besser zu steuern. Bis dahin bleiben Sie locker und üben, üben, üben.

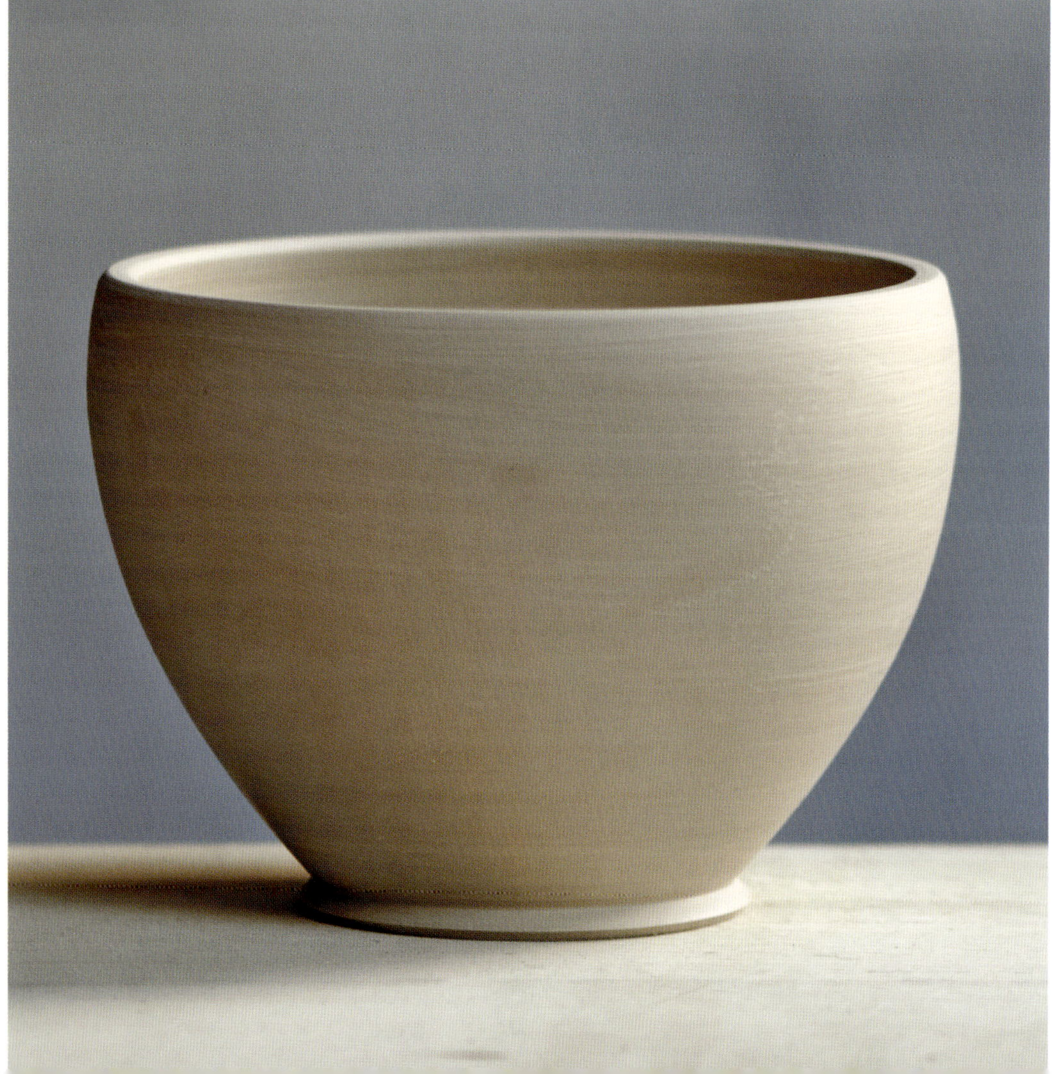

WERKZEUGE UND MATERIALIEN

ca. 900 g Ton
Töpferscheibe
Eimer mit Wasser
Schwamm
Holzmesser
Drahtschlinge

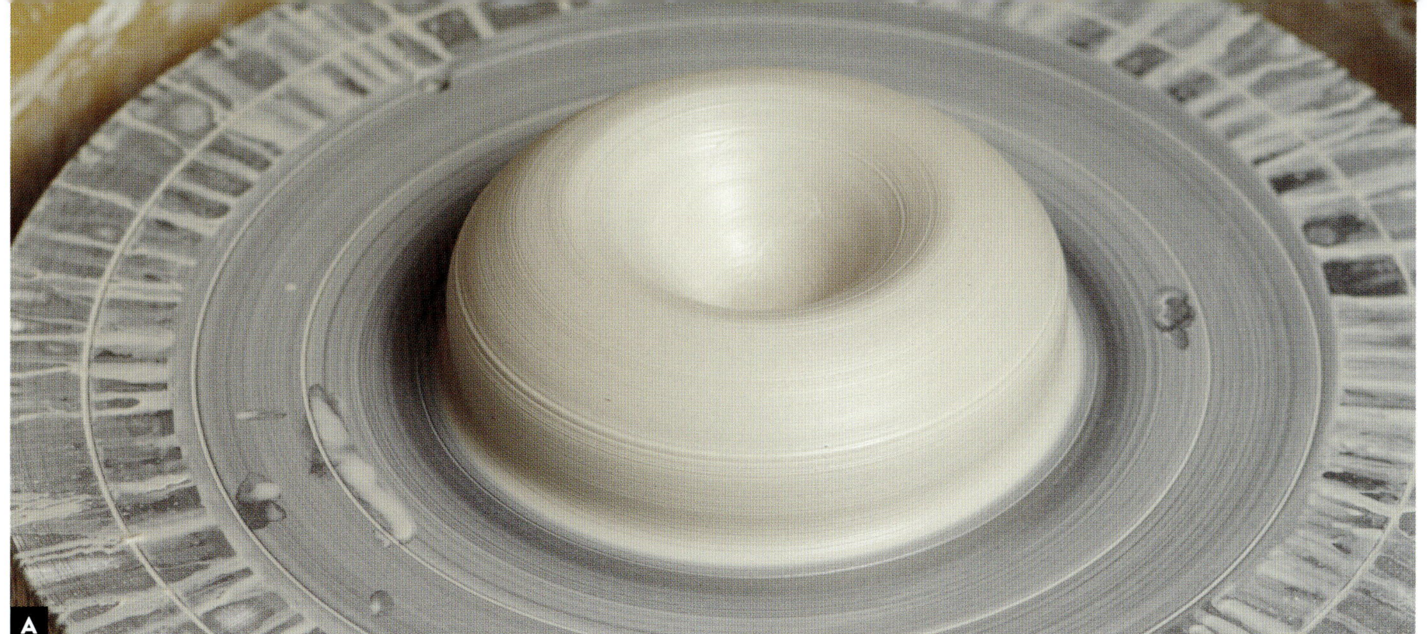

Anleitung

SCHRITT 1 Zentrieren Sie den Ton auf dem Scheibenkopf. Nutzen Sie beim Abflachen der Tonkuppel die Stützfunktion der linken Hand. Wenn Sie das Innere der Schale formen, gehen Sie ähnlich vor wie beim Drehen des Zylinders, allerdings mit leichten Abweichungen. Bei rotierender Scheibe wölben Sie die Hände um den feuchten Ton, führen die Daumen zusammen, finden die perfekte Mitte und drücken Sie sie vorsichtig um etwa 2,5 cm nach unten.

SCHRITT 2 Fügen Sie bei rotierender Scheibe etwas Wasser hinzu. Halten Sie die Hand wie in Kapitel 1 gezeigt (siehe Seite 21), befeuchten Sie den Ton und beginnen Sie, ihn nach unten zu drücken, bis Sie etwa 1,5 cm vom Scheibenkopf entfernt sind. Das Ergebnis sollte wie eine sehr klobige Schale aussehen. **[A]**

SCHRITT 3 Bei rotierender Scheibe drücken Sie den Rand mit dem Schwamm vorsichtig zusammen. Das muss nach jeder Bewegung passieren, weil der Ton auf diese Weise zentriert bleibt. Außerdem entfernen Sie so auch sehr feuchten Ton und verhindern, dass der Rand zu instabil oder zu dünn wird. **[B]**

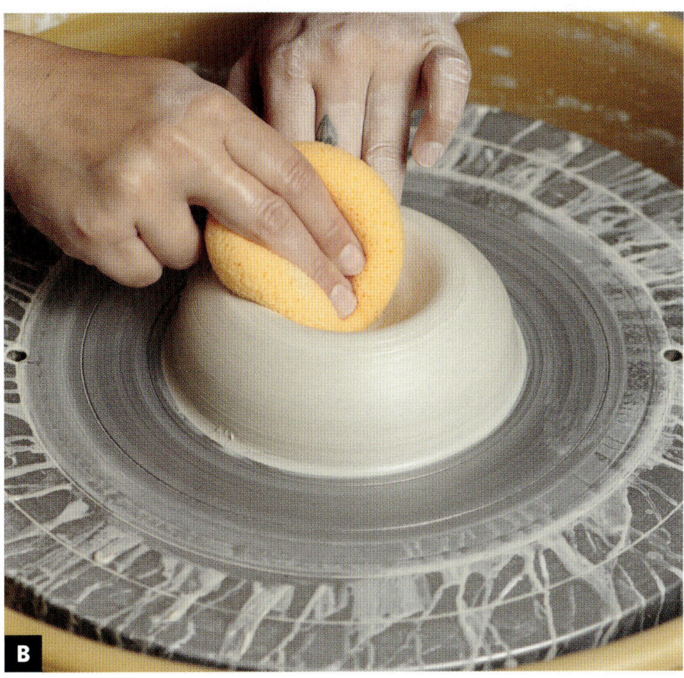

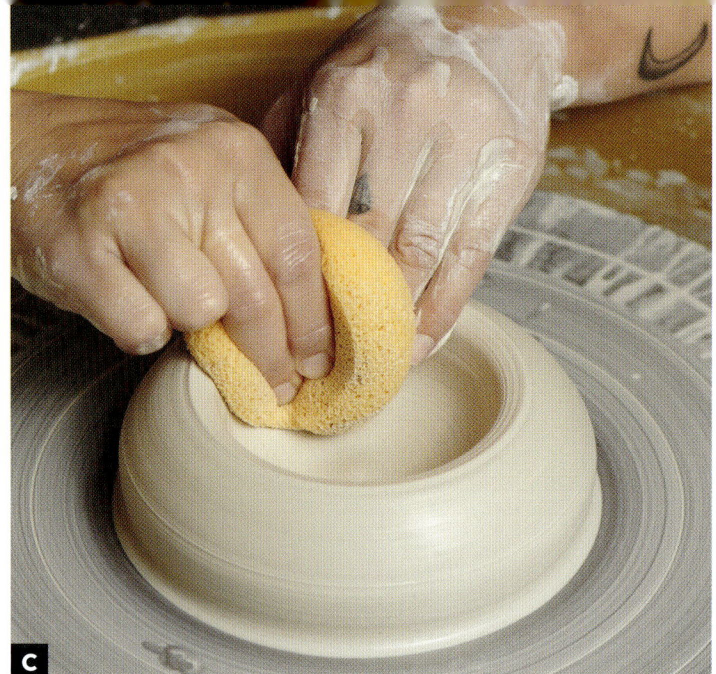

C

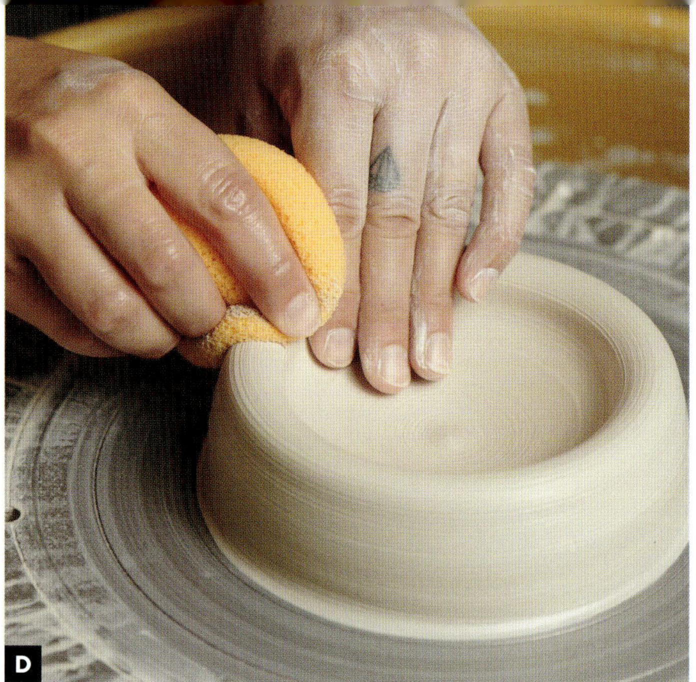

D

SCHRITT 4 Öffnen Sie den Ton mit der gleichen Hand wie in Schritt 2, um das Innere der Schale zu formen. Für diese Bewegung finde ich die Vorstellung hilfreich, dass ich an der inneren Wölbung einer Schale entlangfahre. Das ist genau die Bewegung, die Sie mit Ihren Händen machen müssen. Üben Sie bei rotierender Scheibe etwas Druck aus und beginnen Sie, Ihre Hände auf 5-Uhr-Position zu sich heranzuziehen. Dabei bewegen Sie sie bei der Außenbewegung nach oben. **[C]** Verdichten Sie den Rand.

> **TIPP** *Wenn Sie die Innenseite der Schale formen, üben Sie in der Mitte mehr Druck aus, verringern ihn aber, wenn Sie sich auf die 5-Uhr-Position zubewegen. Bei durchgehend gleichem Druck entsteht ein flacher Boden, der sich eher für einen Zylinder oder einen Teller eignet.*

SCHRITT 5 Befeuchten Sie den Ton und wiederholen Sie Schritt 3, um die Schale weiter zu öffnen. Am Rand angekommen, vergessen Sie nicht, ihn zu verdichten. Bei einer Schale ist es wichtig, dass Sie es bei diesem Schritt nicht übertreiben. Eine Schale zu öffnen, ist leichter, als sie enger zu machen. Für eine normale Müslischale empfehle ich einen Durchmesser von 10 cm. **[D]**

> **TIPP** *Ihnen ist sicher aufgefallen, dass jeder Schritt mit „bei rotierender Scheibe“ beginnt. Dieses Detail ist sehr wichtig. Ihre Arbeiten gelingen Ihnen besser, wenn sich die Töpferscheibe in der richtigen Geschwindigkeit dreht, bevor Sie die Hände auf den Ton legen. Das Gleiche gilt fürs Anhalten: Bevor Sie die Scheibe stoppen, müssen Sie die Hände sanft vom Gefäß abheben.*

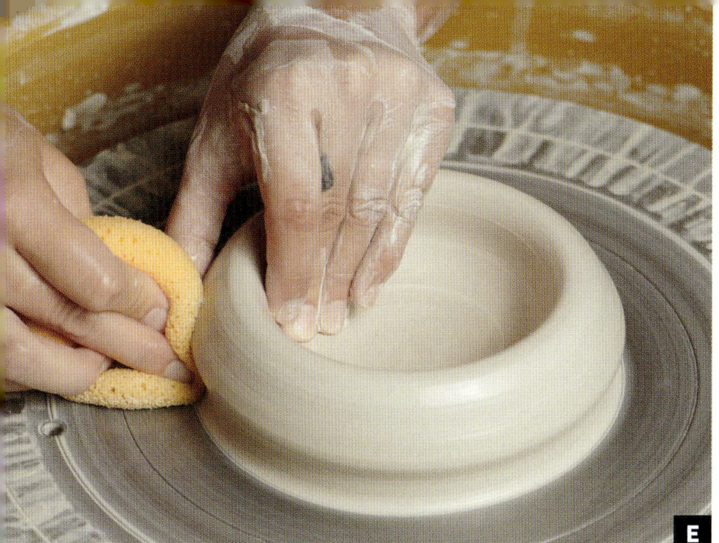

E

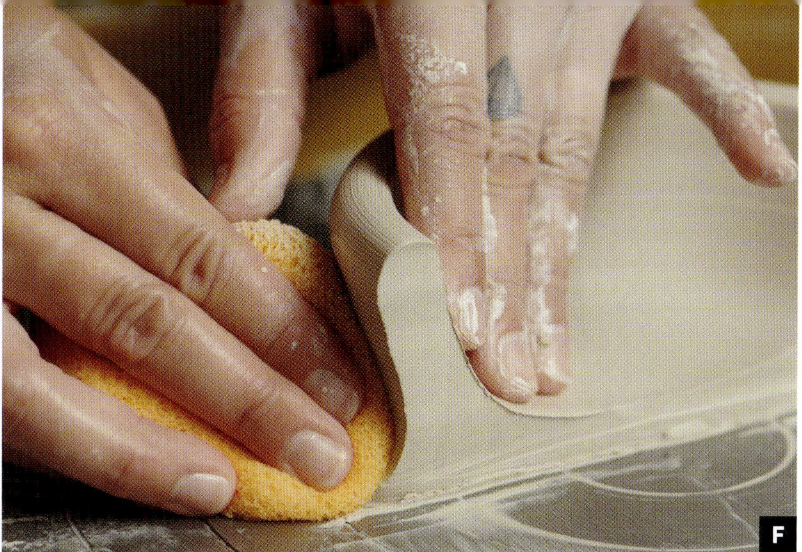

F

SCHRITT 6 Ziehen Sie nun die Wandung hoch, um die Schale höher und breiter zu machen. Mit der linken Hand an der Innen- und der rechten Hand an der Außenseite beginnen Sie, Ihre Hände zueinanderzuschieben und nach oben zu ziehen. Folgen Sie dabei der Krümmung der Schale, statt gerade nach oben zu gleiten. **[E]**

> **TIPP** *Dieser Schritt unterscheidet sich von der Arbeit an einem Zylinder. Durch die Wölbung der Schale kommt es Ihnen sicher so vor, als seien Ihre Hände weiter auseinander und nicht im rechten Winkel zueinander. Dadurch ist es schwieriger zu erkennen, wo man drücken muss und wo sich die Finger treffen sollten. Mein Tipp: Lassen Sie die rechte Hand etwas schneller laufen, bis sie auf gleicher Höhe mit der linken ist.* **[F]**

SCHRITT 7 Um die Schale höher und breiter zu machen, wiederholen Sie Schritt 6. Üben Sie mit beiden Händen den gleichen Druck aus, während Sie die Hände gleichzeitig gegeneinanderdrücken und nach oben ziehen. **[G]** Oben angekommen, verdichten Sie den Rand.

> **TIPP** *Nach und nach wird der Rand der Schale dünner. Sie sollten ihn immer noch nach jedem Hochziehen verdichten, vielleicht mit einer anderen Technik. Statt des Schwamms benutze ich oft den Zeigefinger, um den Druck besser dosieren zu können.* **[H]**

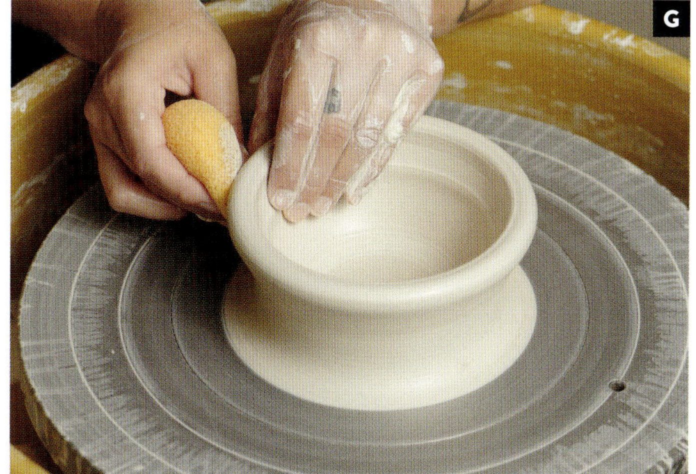

G

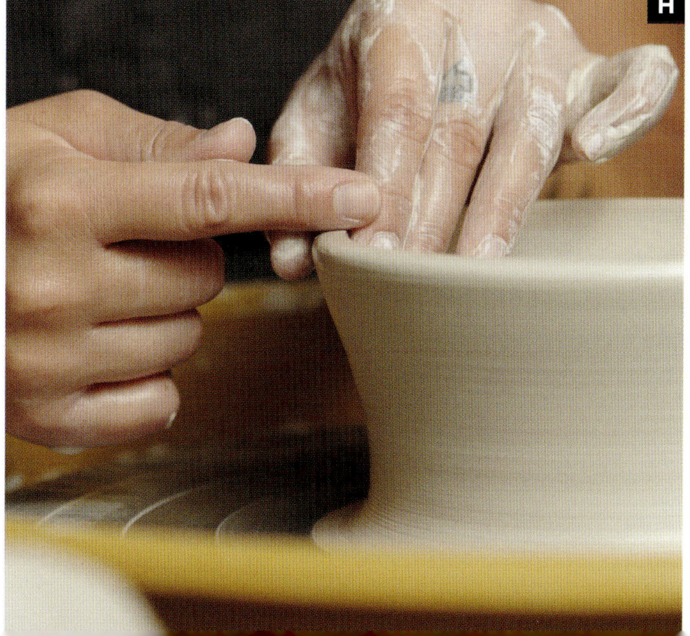

H

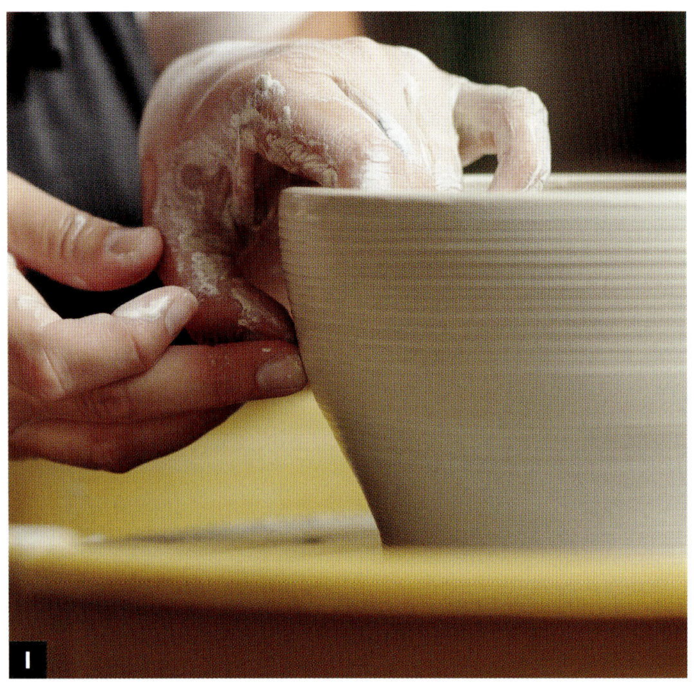

I

SCHRITT 8 Das letzte Hochziehen dient lediglich der abschließenden Formgebung. Beginnen Sie am Boden mit der gleichen Handhaltung wie in Schritt 5 und „ziehen" Sie die Wandung hoch, indem Sie der Form der Schale folgen. Achten Sie diesmal darauf, dass Sie auf die dicken Bereiche mehr Druck und auf die dünneren Bereiche weniger Druck ausüben. Wenn Sie den Rand der Schale erreichen, nehmen Sie die Hände vorsichtig ab. **[I]**

TIPP *Um den Rand perfekt zu runden, nehmen Sie ein Stück Plastik oder Fensterleder. Ich verwende gerne allerlei Fundstücke, daher ist Plastik mein bevorzugtes Material. Tauchen Sie den Plastikstreifen in Wasser und biegen Sie ihn über den Schalenrand, während sich die Töpferscheibe langsam dreht.* **[J]** *Voilà – Sie haben eine wunderschön gedrehte Schale.*

TIPP *Überschüssigen Ton am Boden Ihrer Schale entfernen Sie mit dem Holzmesser, wie in Kapitel 1 (Seite 27) gezeigt.*

Tipps bei Problemen

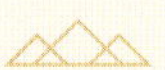

Warum sind meine Ränder zu dünn? Beim Hochziehen der Wandung sollten Sie darauf achten, den Druck zu verringern, wenn Sie sich dem Rand nähern. Anfänger machen oft den Fehler, sich so auf das Hochziehen zu konzentrieren, dass sie die Finger am oberen Ende immer fester zusammenpressen. Ein zu dünner Rand schwächt die Form und macht es schwieriger, das Volumen des Gefäßes zu vergrößern.

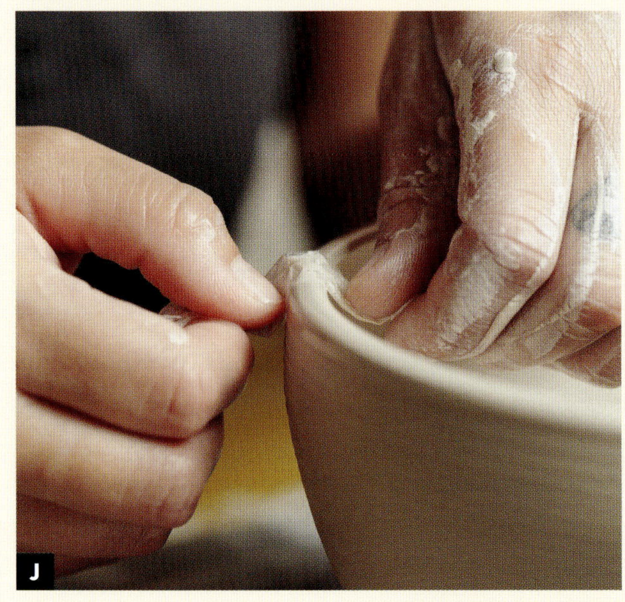

J

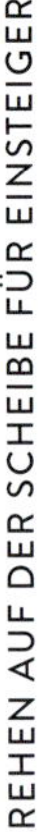

KLASSISCHER BECHER

Zweifellos sind Trinkbecher die am häufigsten verwendeten und die begehrtesten Gefäße im Bereich der Keramik. Ein Becher kann ein sehr persönlicher Alltagsgegenstand, ein Sammlerstück oder das Markenzeichen eines Töpfers sein. Bei der Herstellung von Bechern ist neben Größe, Volumen, Form und Gestalt viel zu beachten. Bevor Sie davon träumen, einen Becher in Ihrem unverwechselbaren Stil zu drehen, sollten Sie mit einer traditionellen Form beginnen, um auf den Geschmack zu kommen.

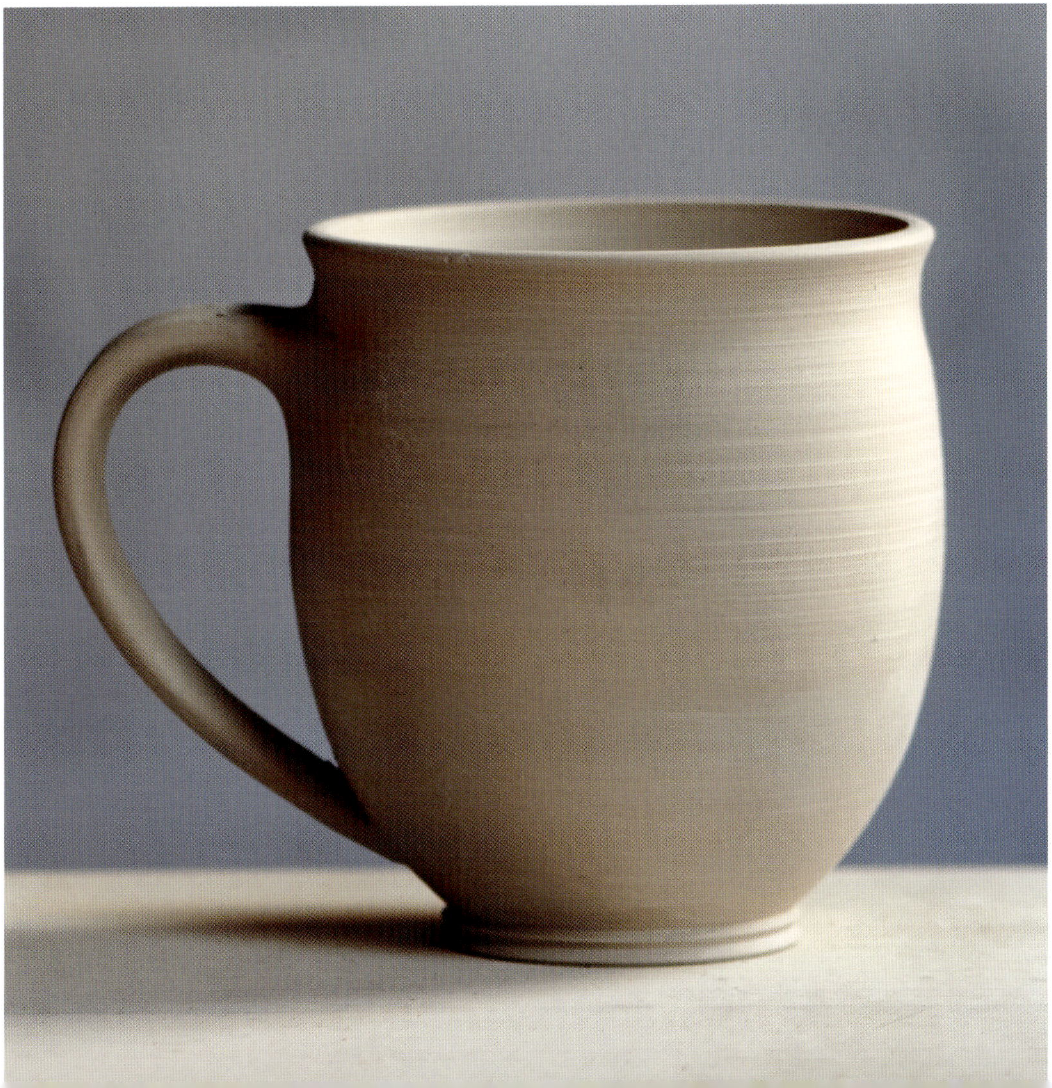

WERKZEUGE UND MATERIALIEN

680 g Ton
Töpferscheibe
Topf mit Wasser
Schwamm
Töpfernadel
Holzmesser

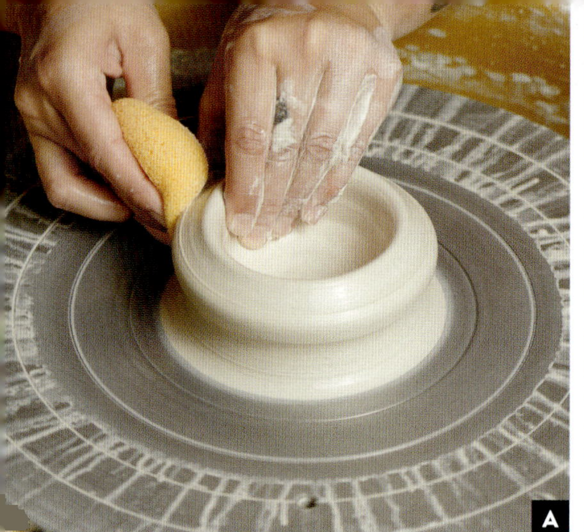

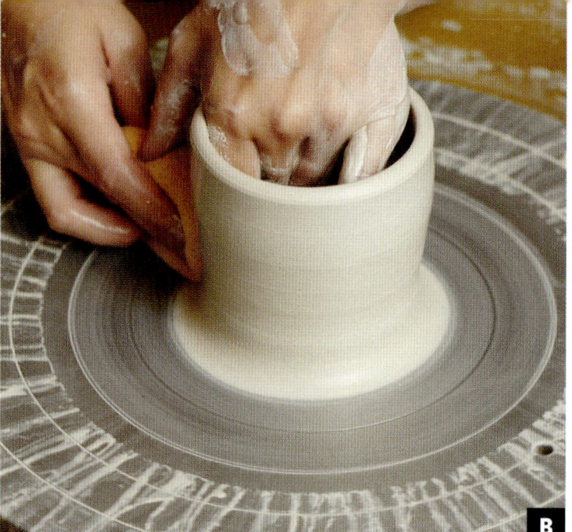

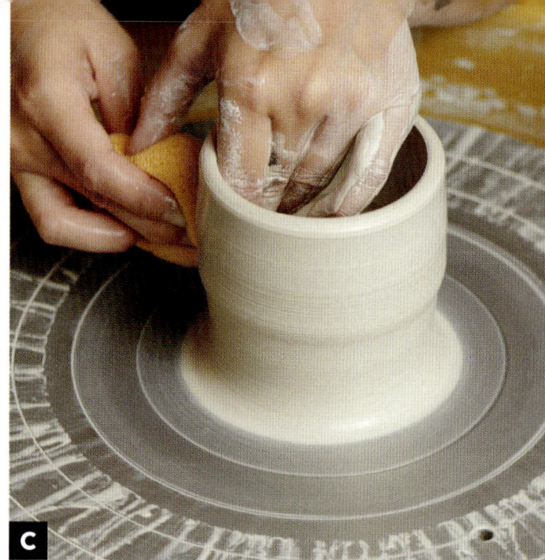

Anleitung

SCHRITT 1 Zentrieren Sie den Ton wie in Kapitel 1 beschrieben. Bei rotierender Scheibe wölben Sie dann die Hände um den Ton, suchen mit den Daumen die Mitte und drücken sie sanft nach unten, bis Sie etwa 2 cm vom Scheibenkopf entfernt sind. Sobald die Daumen nicht mehr mühelos über den Ton gleiten, befeuchten Sie ihn mit dem Schwamm. Mit der linken Hand an der Außenseite und der rechten an der Innenseite brechen Sie die Tonkuppel auf. Dabei gehen Sie ähnlich vor wie beim Zylinder in Kapitel 1, nur dass Sie jetzt die Hände nach oben führen, wenn das Innere den gewünschten Durchmesser hat. So entsteht eine Wölbung, die schließlich die Kontur des fertigen Bechers nachahmt. **[A]**

SCHRITT 2 Verdichten Sie den Rand. Wiederholen Sie die Handbewegung des Öffnens, nur dass Sie diesmal zum Abschluss der Bewegung mit etwas Kraft nach unten drücken. Das Verdichten gleicht eventuelle Unebenheiten aus und verhindert, dass der Becher beim Trocknen reißt.

SCHRITT 3 Jetzt können Sie die Wandung hochziehen. Mit der linken Hand an der Innenseite und der rechten an der Außenseite beginnen Sie, die Finger am Boden mit gleichmäßigem Druck gegeneinanderzuschieben und gerade nach oben zu führen, wie bei einem Zylinder. **[B]**

SCHRITT 4 Verdichten Sie den Rand leicht. Beginnen Sie am Boden des Bechers und drücken Sie mit der gleichen Handbewegung wie in Schritt 3 die linke Hand leicht nach außen, um beim Hochziehen eine Wölbung zu erzeugen. Ziehen Sie dann mit gleichmäßigem Druck gerade nach oben und zur Mitte hin. Wenn Sie nach dem anfänglichen Ausbuchten mit der linken Hand weiterdrücken, stehen Sie am Ende mit einer Schale statt mit einem Becher da. Achten Sie also auf Ihre Handbewegungen. **[C]**

TIPP *Wenn Sie nicht wissen, wann Sie mit der linken Hand nach außen drücken und wann Sie wie bei einem Zylinder ziehen sollten, stellen Sie sich den Becherboden wie das Hinterteil des Bechers vor. Er ist am tiefsten Punkt gerundet.*

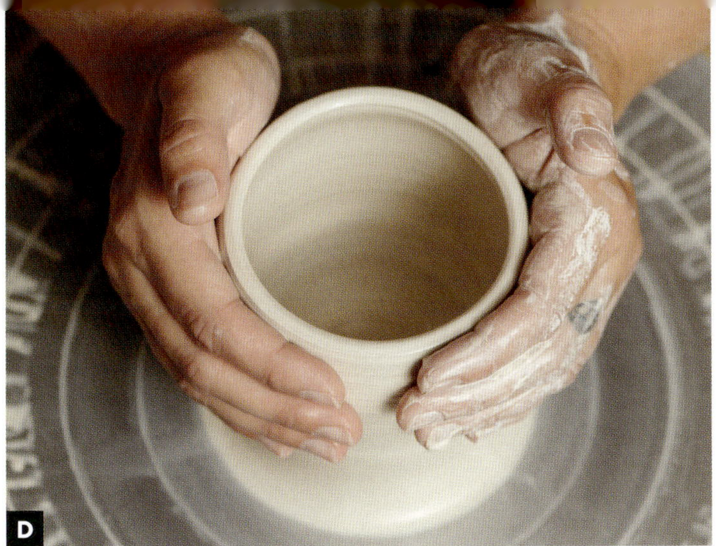

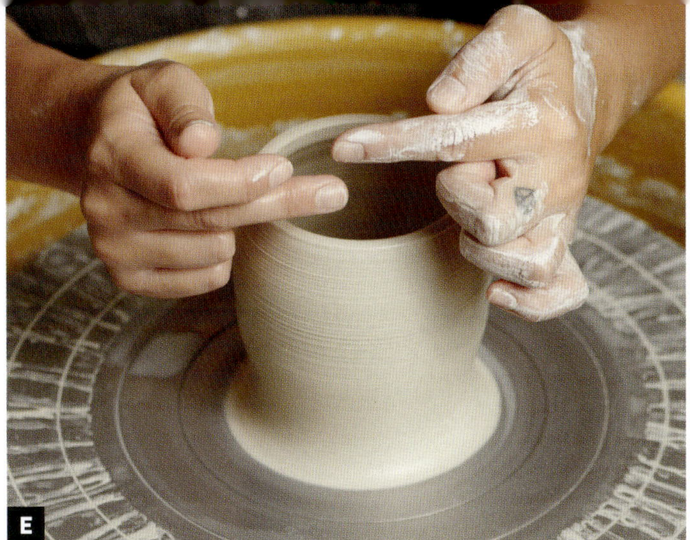

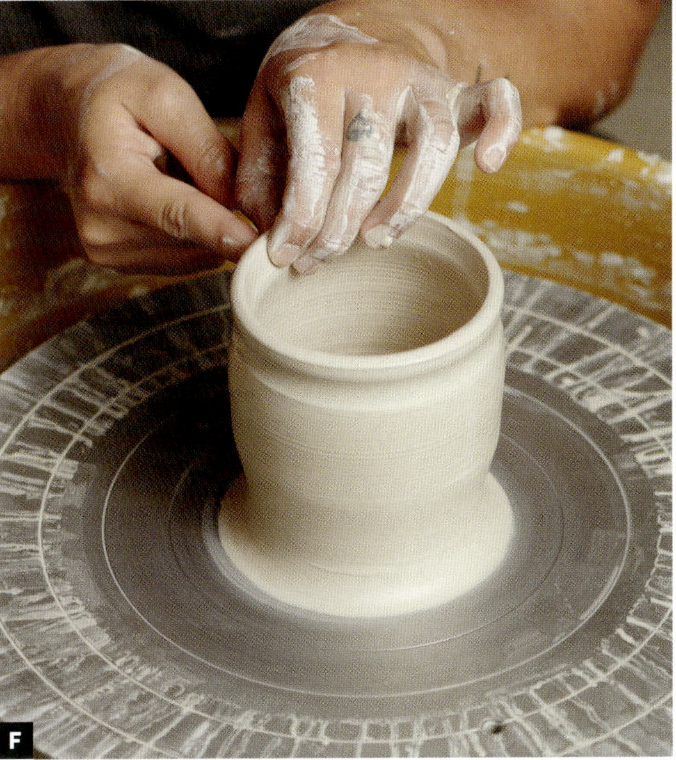

SCHRITT 5 Wiederholen Sie Schritt 4. Dadurch wird Ihr Becher unten bauchiger und oben höher. Wenn die Becherwand gleichmäßig dick ist, nehmen Sie sich den Rand vor.

> **TIPP** *Ist der obere Teil des Bechers breiter geworden als beabsichtigt, legen Sie bei rotierender Scheibe beide Hände um den oberen Teil und drücken leicht nach innen. Vor diesem Schritt sollten Sie den Ton befeuchten, damit Ihre Hände gleiten.* **[D]**

SCHRITT 6 Den Becherrand forme ich nur mit dem Zeigefinger, um die Bewegung gut steuern zu können. Bei diesem nächsten Schritt kommt es auf die Position der Finger an. **[E]** Legen Sie den rechten Zeigefinger knapp unter den befeuchteten Becherrand und platzieren Sie den linken darüber. Drücken Sie bei rotierender Scheibe mit dem rechten Zeigefinger nach innen und mit dem linken nach außen, um den Rand über die Rundung Ihres Fingers zu wölben – und schon haben Sie einen auswärts gebogenen Rand. **[F]**

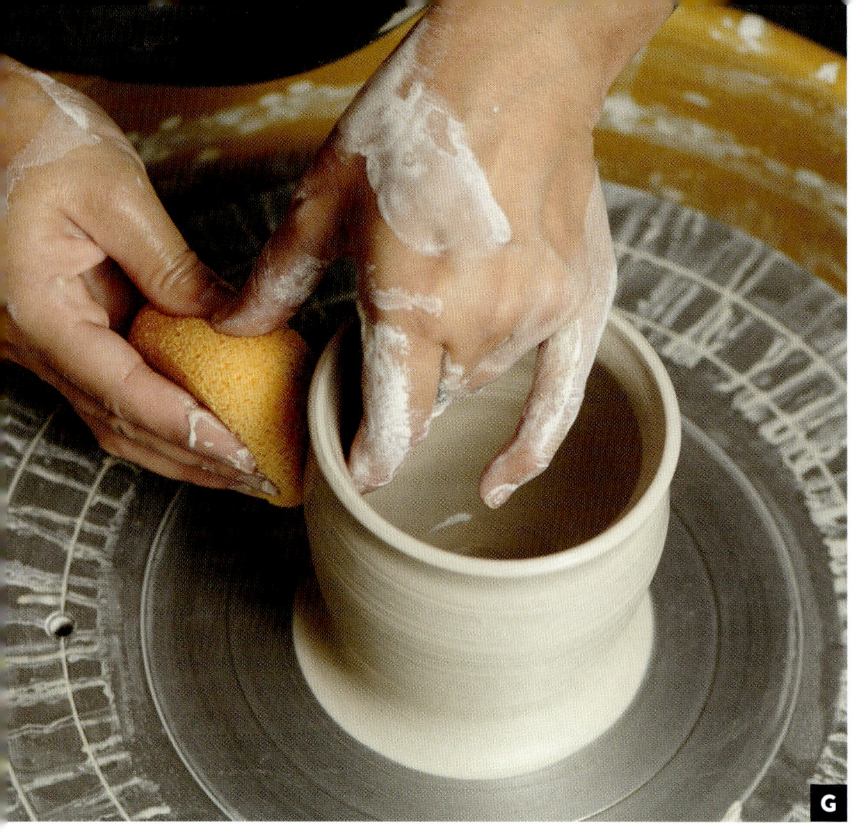

SCHRITT 7 Um den Rand breiter oder höher zu machen, können Sie das Hochziehen wiederholen. Diesmal halten Sie die Hände auf gleicher Höhe. Folgen Sie beim Zusammenschieben der Finger der Wölbung des Randes. Oben angekommen, heben Sie die Hände mit einer fließenden Bewegung vom Becher. **[G]**

SCHRITT 8 Bearbeiten Sie den Rand mit einem Stück Fenstertuch oder Plastik.

Tipps bei Problemen

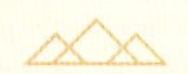

Wie kann ich einen ungleichmäßigen Rand begradigen? Wenn eine Seite Ihres Bechers höher ist als die andere, war der Ton irgendwann nicht mehr zentriert oder der Druck beim Hochziehen der Wandung war nicht gleichmäßig. Wenn Sie an einer Stelle etwas fester drücken als an einer anderen, zwingen Sie den Ton weiter nach oben, aber nur in diesem Bereich. Um dies zu beheben, zeige ich Ihnen einen kleinen Trick. Führen Sie die Schritte 1 und 2 bei rotierender Scheibe in einer fließenden Bewegung aus, bis Sie den überschüssigen Ton erfolgreich vom Rad entfernt haben.

SCHRITT 1 Führen Sie den linken Zeigefinger dicht an die rechte Innenseite des Gefäßes, ohne sie zu berühren. Bei rotierender Scheibe nähern Sie sich mit der Töpfernadel in der rechten Hand langsam dem Gefäß. Halten Sie die rechte Hand ruhig und durchstoßen Sie den Rand knapp unterhalb des tiefsten Punktes.

SCHRITT 2 Sobald die Töpfernadel den linken Zeigefinger berührt, heben Sie beide Hände an. Das klappt fast nie beim ersten Versuch, daher empfehle ich, zunächst an einem frei gedrehten Zylinder zu üben. Seien Sie nachsichtig mit sich selbst!

MIT SCHEIBENAUFSÄTZEN ARBEITEN

Ein fertig gedrehtes Gefäß von der Scheibe zu heben, kann schwierig sein, vor allem, wenn man länger mit dem Ton gearbeitet hat und er sehr feucht und weich ist – aber zum Glück gibt es Scheibenaufsätze, kreisrunde oder quadratische Platten, die am Scheibenkopf befestigt werden und leicht abgehoben werden können. Es gibt sie in den unterschiedlichsten Formen und Größen, für Gefäße aller Art.

Sie sind aus Kunststoff, Holz, Gips oder anderen Materialien und haben meist zwei bis vier Löcher auf der Unterseite oder direkt durch die Scheibe gebohrt. Diese Löcher passen auf die Löcher am Scheibenkopf. Der Scheibenaufsatz wird mit Flügelmuttern am Scheibenkopf befestigt.

WERKZEUGE UND MATERIALIEN

Scheibenaufsatz
Bat Pins (Mitnehmer)
Flügelmuttern
Ton

Anleitung

SCHRITT 1 Nehmen Sie den Spritzschutz von der Töpferscheibe und befestigen Sie die Bat Pins am Scheibenkopf, am besten mit Flügelmuttern. Sie sorgen für sicheren Halt, was beim Drehen größerer Gefäße nützlich ist.

TIPP *Damit der Scheibenaufsatz nicht wackelt, sichern Sie ihn mit ein paar festeren Tonstücken an der Kante des Scheibenaufsatzes oder darunter. Das Wackeln könnte den Ton dezentrieren oder zu Problemen beim Hochziehen führen.* **[A]**

SCHRITT 2 Dann führen Sie die Löcher des Scheibenaufsatzes über die Bat Pins und drücken ihn nach unten. Rütteln Sie ein wenig daran, um ihn zu sichern. **[B]**

TIPP *Entfernen, reinigen und trocknen Sie die Bat Pins nach jeder Sitzung an der Scheibe. Wenn sie längere Zeit im Scheibenkopf stecken, rosten sie oder verkrusten mit Ton, sodass sie kaum abzunehmen sind.*

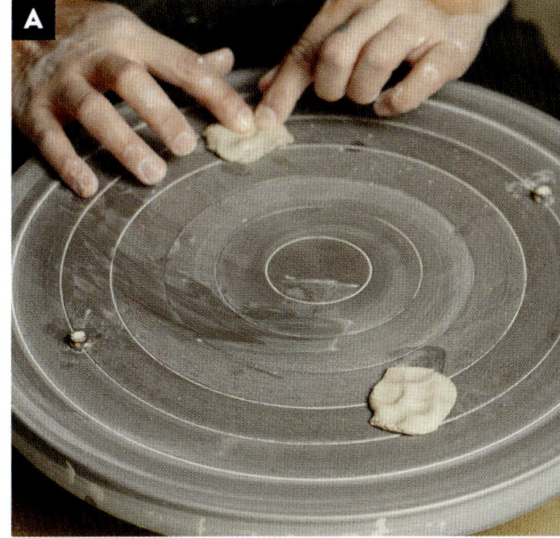
A

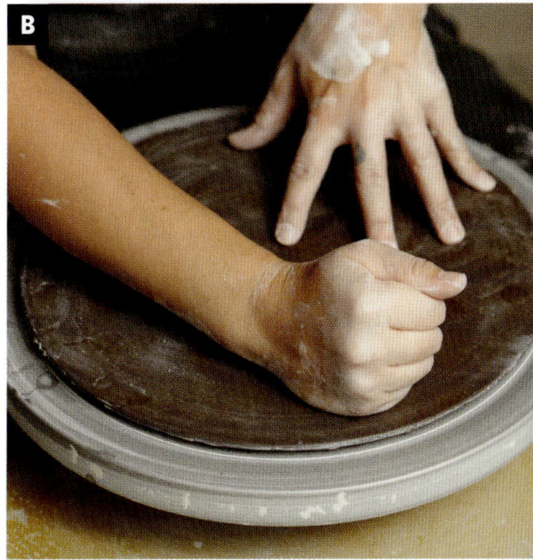
B

ESSTELLER

Mit dem Scheibenaufsatz auf der Töpferscheibe sind Sie bestens gerüstet, einen Teller zu drehen. Man kann Teller auch ohne Scheibenaufsatz drehen, aber es ist nahezu unmöglich, einen Teller ohne Scheibenaufsatz von der Töpferscheibe zu heben, ohne ihn bis zur Unkenntlichkeit zu verformen. Für manche sind Teller eine große Herausforderung, für andere einfacher als erwartet. Für Teller braucht man etwas mehr Ton, was das Zentrieren und Aufbrechen erschwert. Nehmen Sie sich Zeit und genießen Sie es.

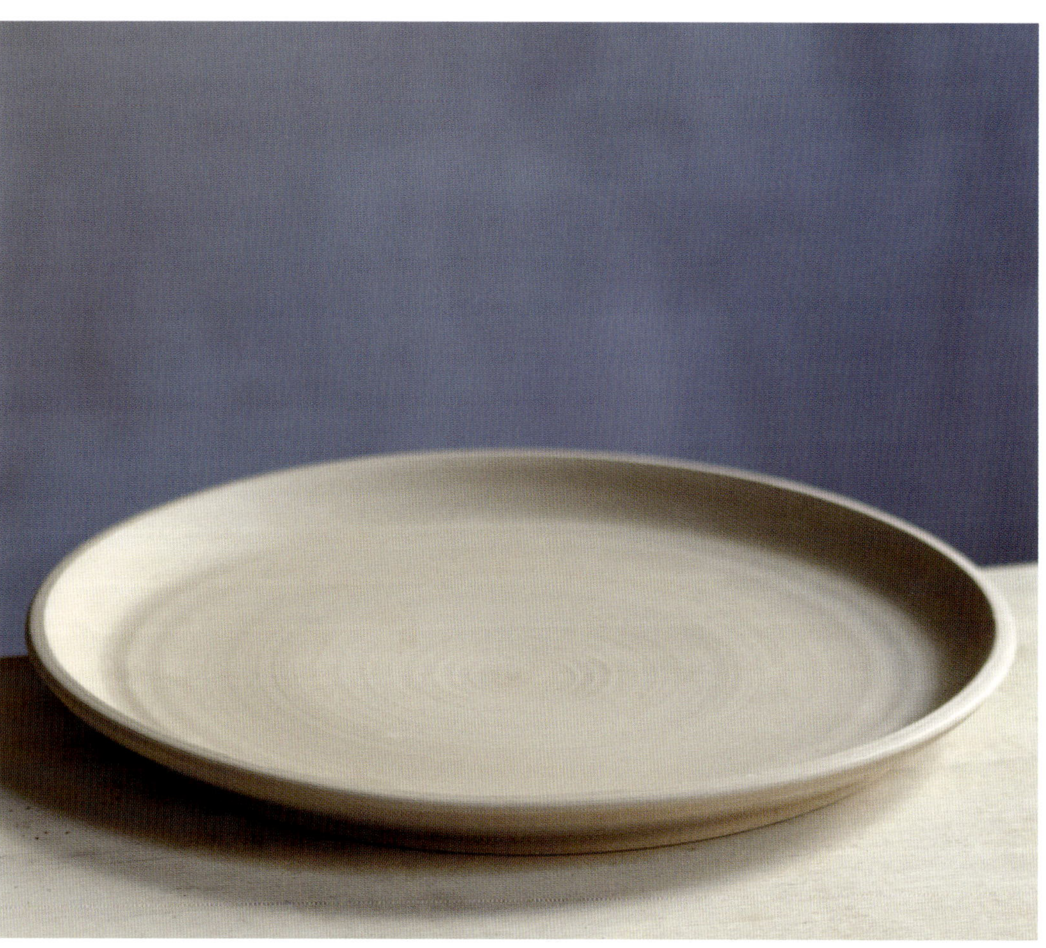

WERKZEUGE UND MATERIALIEN

Scheibenaufsatz
1500 g Ton
Töpferscheibe
Eimer mit Wasser
Schwamm
Holzmesser
harte oder weiche Drehschiene

Anleitung

SCHRITT 1 Für einen Teller zentrieren Sie den Ton wie bei Zylindern und Schalen, allerdings müssen Sie beim Abflachen der Kuppel wesentlich mehr Kraft aufwenden. Ihre Ausgangsform sollte eher breit und flach sein. Dazu üben Sie mit der rechten Hand mehr Druck aus, mit der linken Hand dagegen weniger. Moment mal, kein gleichmäßiger Druck? Ja, deshalb sage ich auch nie nie. **[A]**

SCHRITT 2 Vergewissern Sie sich, dass der Ton feucht ist. Bei rotierender Scheibe suchen Sie mit den Daumen die Mitte. Drücken Sie vorsichtig und mit gleichmäßigem Druck nach unten, sodass eine sehr kleine Vertiefung entsteht.

TIPP *Wenn die Kuppel nicht breiter ist als Ihre Fingerspannweite, ist die Schmetterlingsmethode (siehe Seite 24) ideal, um die Mitte zu finden.* **[B]**

SCHRITT 3 Dann nehmen Sie den Schwamm in die rechte Hand und drücken ihn bei rotierender Scheibe in die Mitte. Diese Bewegung wird einfacher, wenn die linke Hand die rechte stützt – Teamwork ist immer eine gute Idee. Drücken Sie weiter nach unten, bis Sie etwa 4 cm vom Scheibenkopf entfernt sind. **[C]**

TIPP: *Ich empfehle Ihnen unbedingt, zwischen den einzelnen Schritten überschüssige Flüssigkeit und Tonschlicker zu entfernen, die sich auf dem Werkstück angesammelt haben, und den Schwamm und den Ton frisch zu befeuchten.*

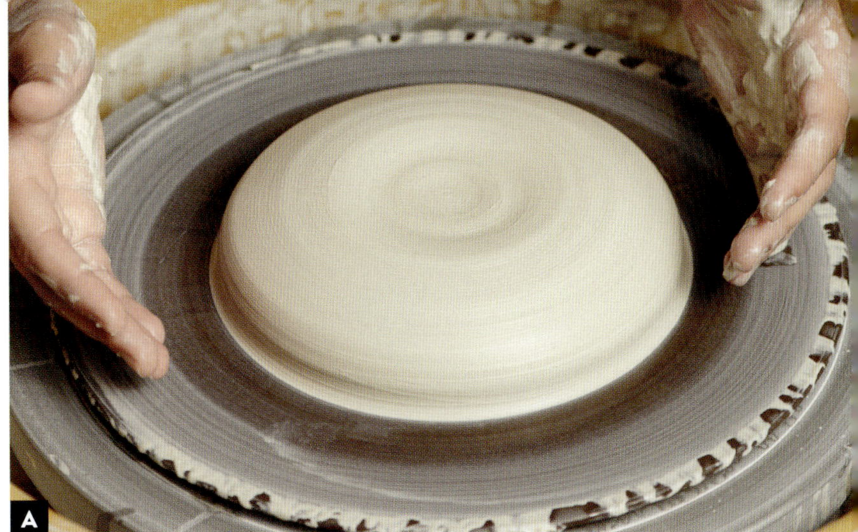
A

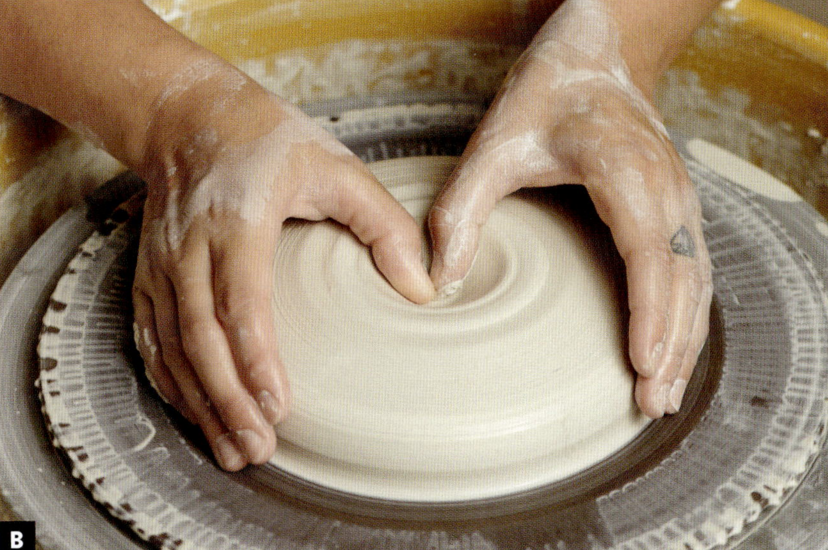
B

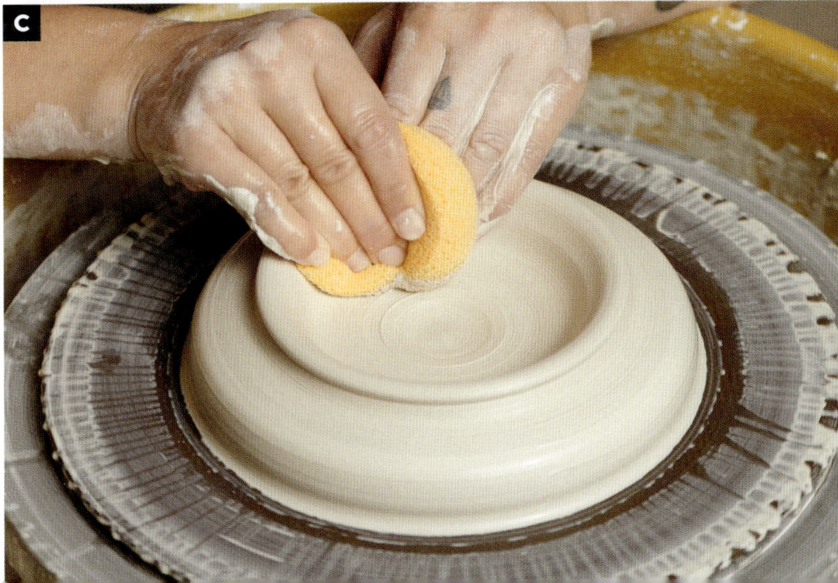
C

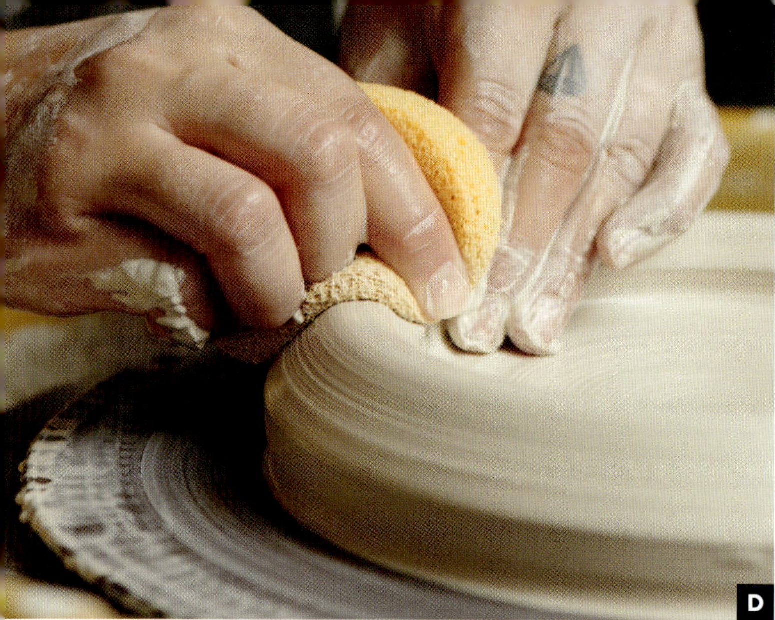

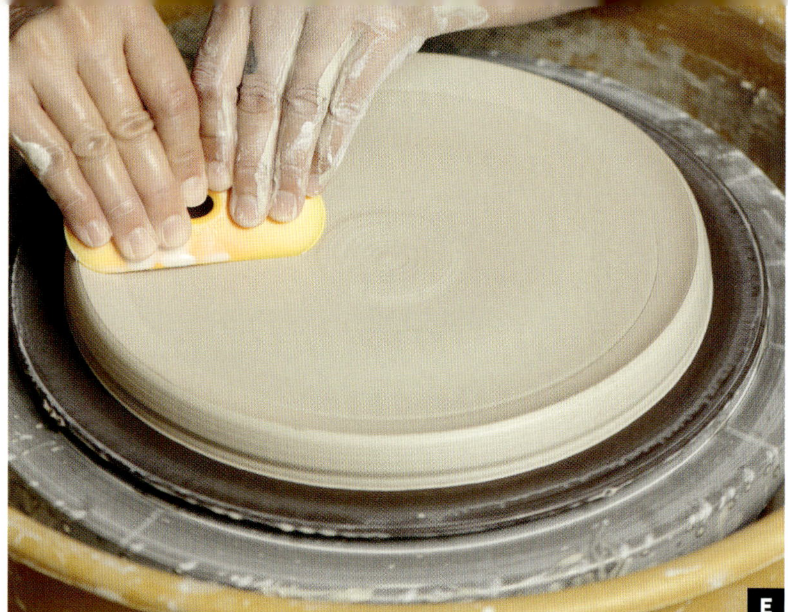

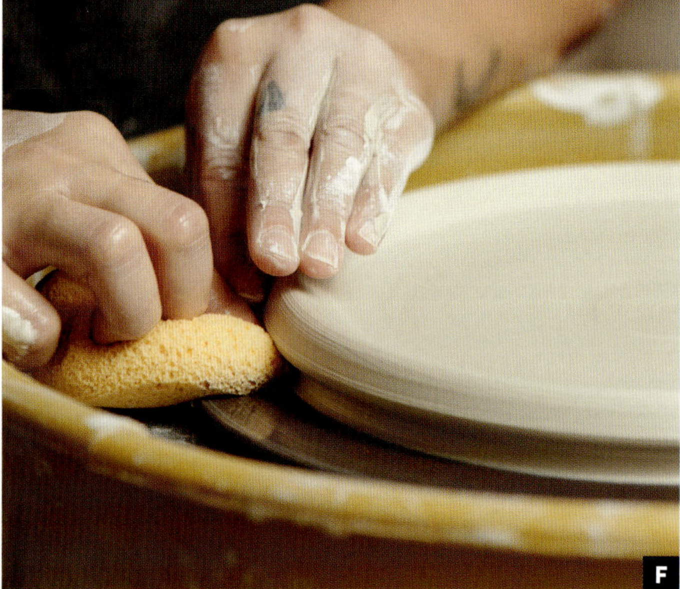

SCHRITT 4 Als Nächstes drücken Sie mit der gleichen Hand und dem gleichen Schwamm nach unten in die Mitte und fangen an, Hände und Ton in Richtung der 4-Uhr-Position zu ziehen. Dabei üben Sie einen gleichmäßigen Druck nach unten und gleichzeitig nach außen aus. Das Ergebnis ist ein dicker Miniteller mit einem wulstigen Rand. **[D]**

SCHRITT 5 Verdichten Sie den Rand des Tellers. Wiederholen Sie das Verdichten in der Mitte: Drücken Sie den Ton in der Mitte nach unten und bewegen Sie sich nach außen in Richtung der 4-Uhr-Position. Dadurch wird Ihr Teller breiter und der Boden wird flacher und stabiler. Manche Keramiker wiederholen diesen Schritt mehrmals, um den Boden des Tellers vollständig zu verdichten und Risse während des Trocknungsprozesses zu vermeiden. **[E]**

SCHRITT 6 Wenn Ihr Teller einen ebenen Boden von etwa 2 cm Dicke hat, ziehen Sie den Rand des Tons nach außen. Fahren Sie mit dem feuchten Schwamm unter den Rand, um ihn von der Scheibe zu heben. Sobald genug Platz für Ihren rechten Zeige- und Mittelfinger ist, fangen Sie an zu ziehen. **[F]**

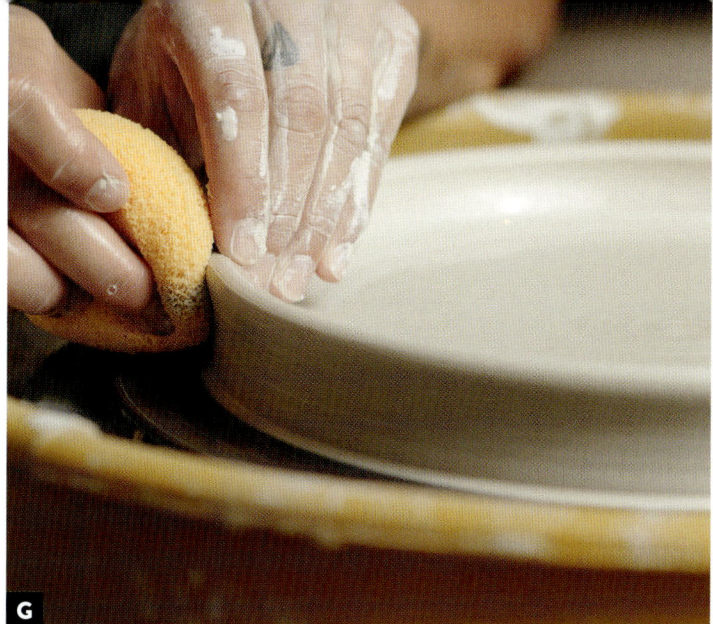

G

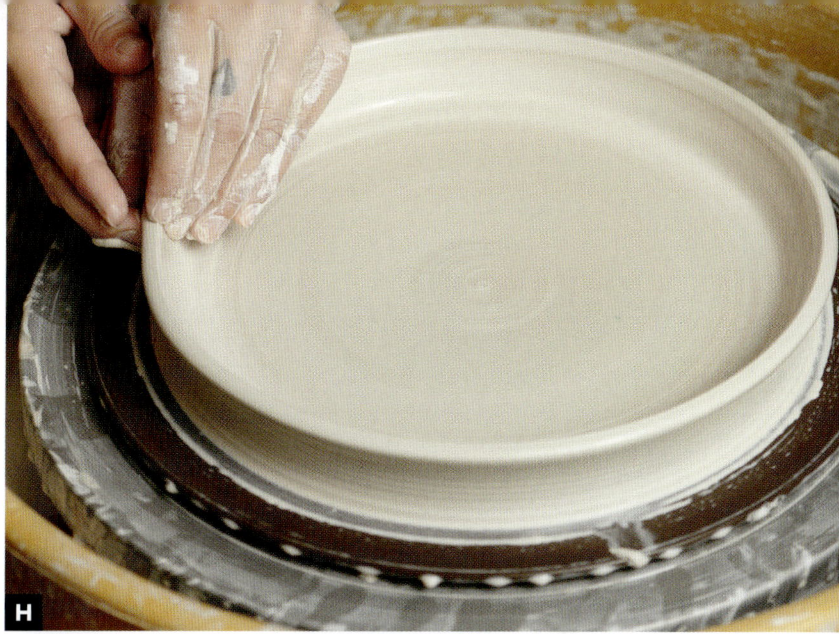

H

SCHRITT 7 Legen Sie die linke Hand auf die Innenseite des Randes und die rechte Hand auf die Außenseite, schieben Sie Ihre Finger aufeinander zu und ziehen Sie sie nach oben. Konzentrieren Sie sich bei dieser Bewegung darauf, nach oben und nicht nach außen zu ziehen. Wenn Sie gerade nach außen ziehen, besteht die Gefahr, dass der Rand zu früh zusammenfällt. Vergessen Sie nicht, nach diesem Schritt vorsichtig zu verdichten. **[G]**

SCHRITT 8 Wiederholen Sie Schritt 7. Diesmal führen Sie den Rand mit den Händen nach außen. Jetzt sieht Ihr Teller schon recht ansehnlich aus. Wenn Sie möchten, können Sie den Rand noch ein wenig bearbeiten, sollten aber bedenken, dass dabei die Gefahr wächst, dass der Rand heruntersackt. Wenn das passiert, ärgern Sie sich nicht, sondern verbuchen Sie es als Versuch, Ihre Grenzen auszutesten. **[H] [I]**

SCHRITT 9 Nun noch ein paar Feinarbeiten: Glätten Sie zunächst mit einer Drehschiene die Spuren des Verdichtens. Setzen Sie bei rotierender Scheibe knapp außerhalb der Mitte an, üben Sie nur minimalen Druck aus und bewegen Sie sich nach außen bis zum Tellerrand. Auf diese Weise entsteht eine ebene Oberfläche.

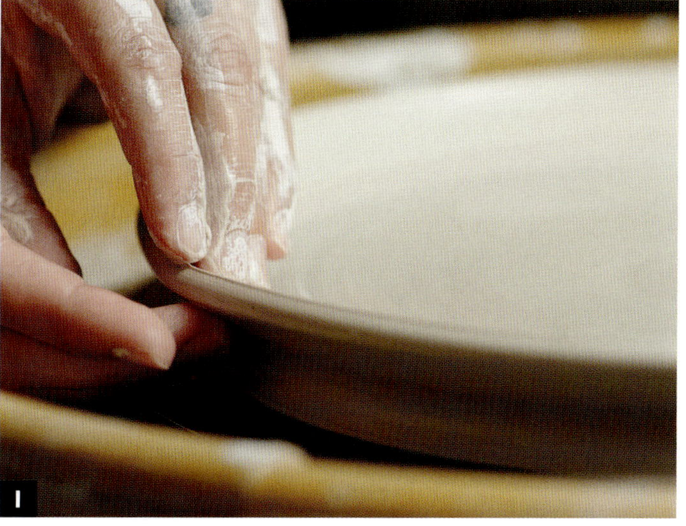

I

SCHRITT 10 Als Nächstes fahren Sie mit Ihrem Holzmesser unter den Boden des Tons, um dem Schneidedraht eine glatte Eintritts- und Austrittsstelle zu bieten. Angehende Keramiker machen oft den Fehler, den Schneidedraht zu früh anzuheben. Dadurch wird der Tellerboden uneben. Mein Tipp: Schneiden Sie den Teller ab, solange der Scheibenaufsatz auf dem Scheibenkopf befestigt ist. Herzlichen Glückwunsch! Sie haben gerade Ihren ersten Teller gedreht.

Tipps bei Problemen

Warum sind auf dem Boden meines Tellers große Luftblasen? Ich habe eine Weile gebraucht, um herauszufinden, dass dieses Problem mit der Verdichtung zusammenhängt.

Achten Sie bei Schritt 5 darauf, dass der Rand nach dem Nach-außen-Ziehen nicht über den Tellerboden hinausragt. Wenn Sie über den Boden hinausgehen und dann nach unten verdichten, schließen Sie Luft und Feuchtigkeit darunter ein. **[A]**

Warum ist die Tellermitte zu dick und der Rand zu dünn? Das liegt an der Zentrifugalkraft. Da Sie gegen die Innenseite des Tellers drücken, haben es Ihre Hände immer leichter, je weiter Sie sich nach außen bewegen, sodass Sie gegen Ende der Bewegung mehr Druck ausüben. Mein Tipp: Setzen Sie mit dem Schwamm in der Mitte an, drücken in der Mitte fester zu und lassen dann zum Rand hin nach. Zum Schluss glätten Sie alles mit der Drehschiene. **[B]**

Wie trockne ich den Teller? Teller brauchen oft mehrere Tage zum Trocknen, länger als ein Becher oder eine Schale. Ich empfehle, den Rand aushärten zu lassen, bevor Sie den Teller mit Plastik abdecken, um ihn bei der nächsten Sitzung in der Werkstatt wieder aufzudecken. Ich lasse meinen Teller auf dem Scheibenaufsatz, bis der Boden fest genug ist, um ihn auf ein Brett zu stellen. Weitere Details zum Trocknen finden Sie in Kapitel 3 (Seite 70).

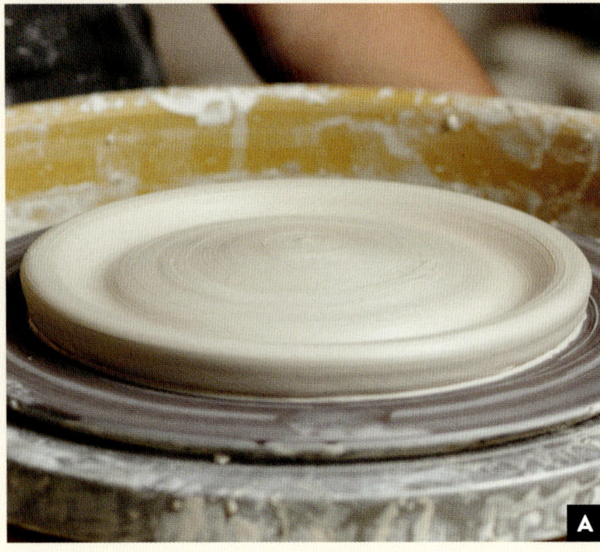
A

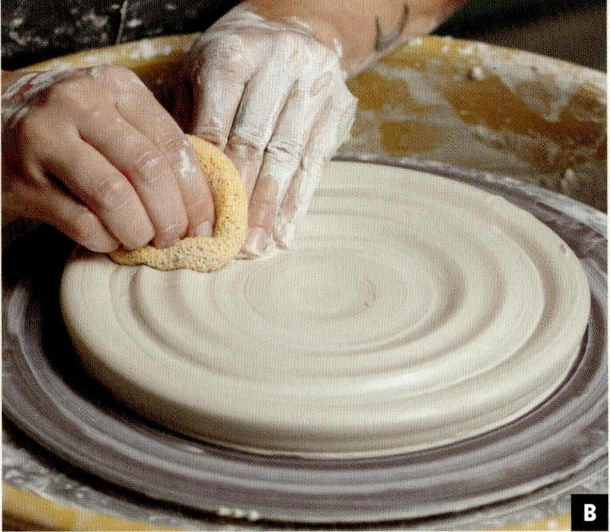
B

NUDELTOPF

Jetzt wissen Sie, wie man die Grundformen dreht. Sobald Sie Ihren Aha-Moment beim Zentrieren und Hochziehen hatten, können Sie sich fast jede Form vornehmen. Im Folgenden zeige ich Ihnen anhand von Variationen der verschiedenen Grundformen, wie Sie Ihre Fähigkeiten erweitern können. Nudeltöpfe sind in der Regel höher und am Rand schmaler als gewöhnliche Schalen. Um einen Nudeltopf erfolgreich zu drehen, sollten Sie daran denken, dass Sie gegen die Zentrifugalkraft der Töpferscheibe arbeiten müssen, weil Ihre Hände den Ton weiten wollen. Achten Sie also auf Ihre Bewegungen. Los geht's.

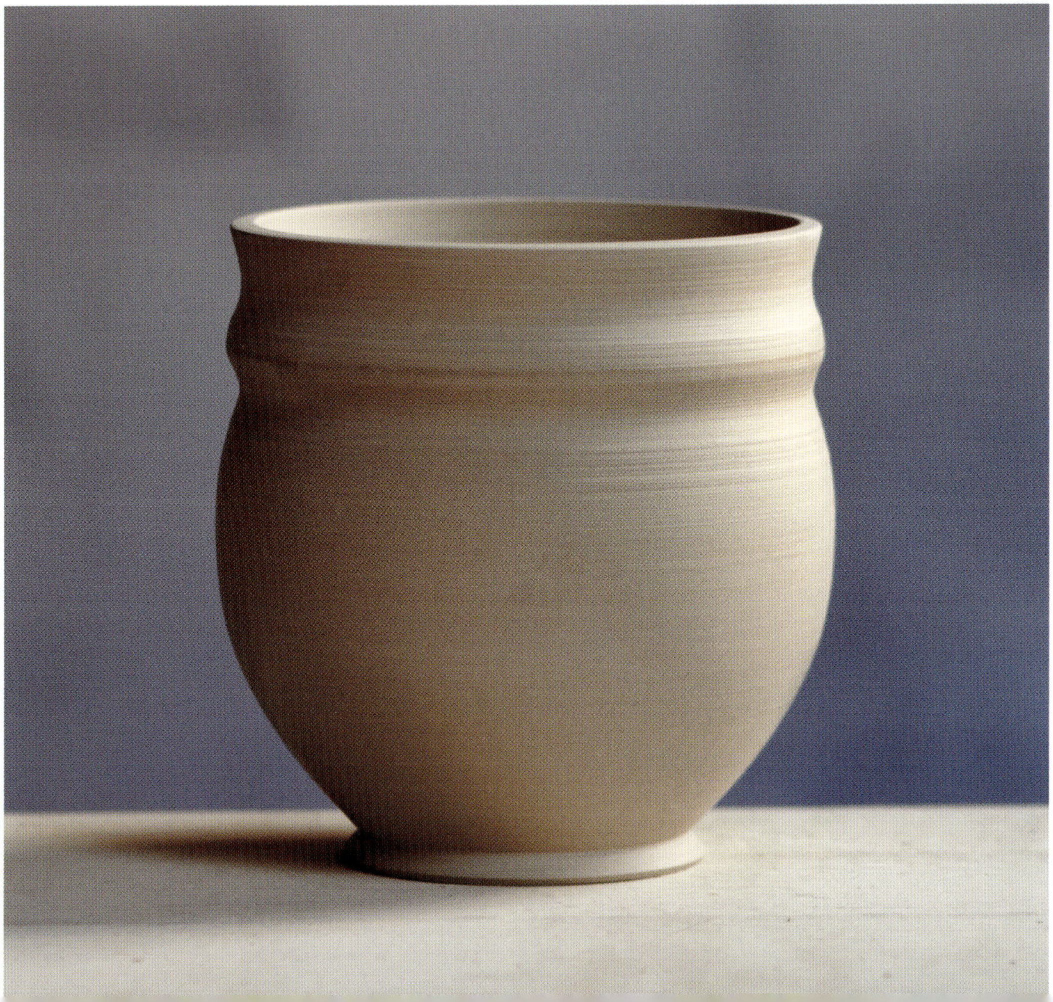

WERKZEUGE UND MATERIALIEN

1000 g Ton
Töpferscheibe
Eimer mit Wasser
Schwamm
Holzmesser
Weiche Drehschiene
Schneidedraht

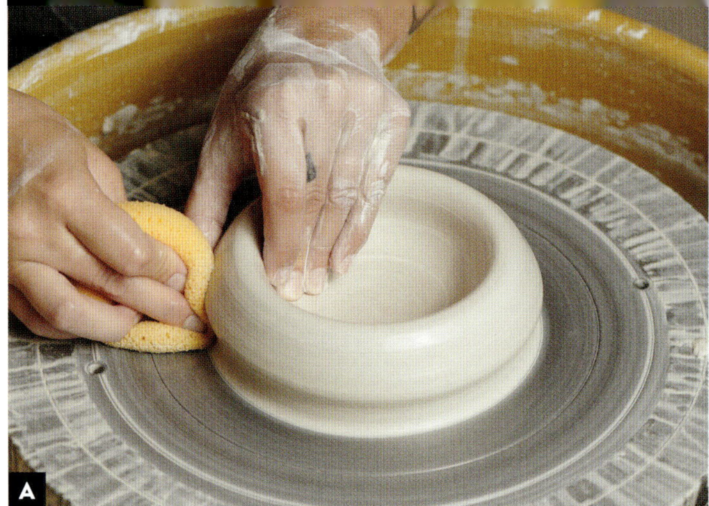

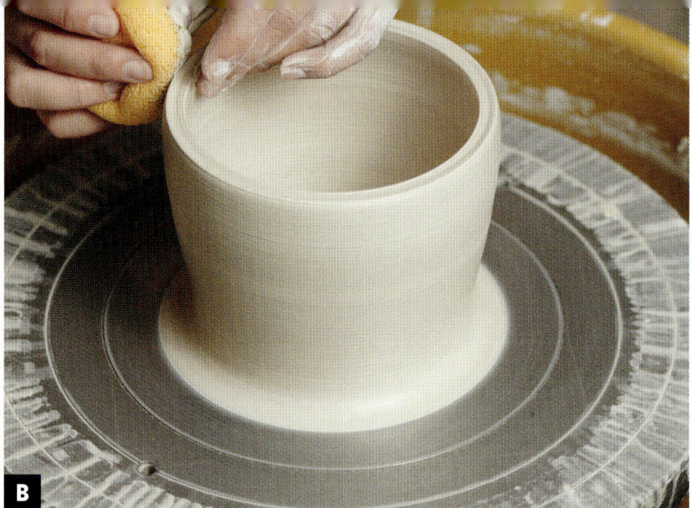

Anleitung

SCHRITT 1 Zentrieren Sie eine Tonkuppel und brechen Sie sie auf.

SCHRITT 2 Verdichten Sie den Mittelpunkt ein wenig. Bei der Bewegung nach außen fahren Sie mit den Händen nach oben. Verdichten Sie den Rand und geben Sie etwas Wasser hinzu.

SCHRITT 3 Bei einem hochwandigen Nudeltopf ähnelt die Technik abgesehen von der Tonmenge der eines Bechers. Schieben Sie mit der linken Hand an der Innenseite und der rechten an der Außenseite die Finger sanft zusammen, folgen Sie dabei der Wölbung des Bodens und ziehen Sie sie in einem vertikalen Winkel nach oben, wenn Sie sich dem Rand nähern. **[A]**

> **TIPP** *Lassen Sie die Töpferscheibe eine volle Umdrehung machen, bevor Sie die Hände beim Ziehen vorwärts bewegen. So bleibt der Ton zentriert und die Zugbewegung an den Wänden ist gleichmäßig.*

SCHRITT 4 Verdichten Sie den Rand leicht und wiederholen Sie Schritt 3, bis die Wandung hoch genug ist. **[B]**

> **TIPP** *Vergessen Sie nicht, die Form zwischendurch zu überprüfen. Wenn Ihre Schale mit jedem Ziehen etwas breiter wird (was nicht erwünscht ist), verjüngen Sie sie mit der auf Seite 43 vorgestellten Technik.*

SCHRITT 5 Jetzt ist es Zeit für etwas Neues. Um die Wandung auszubuchten und den Rand, wie oben abgebildet, auszuarbeiten, beginnen Sie etwa 3,8 cm vom Rand. Achten Sie darauf, dass dieser Bereich der Schale nass ist. Bei rotierender Scheibe legen Sie den linken Mittelfinger an die Innenseite und positionieren von außen den rechten Zeigefinger oberhalb und den Mittelfinger unterhalb vom linken Mittelfinger. **[C]** Bei rotierender Scheibe drücken Sie den linken Mittelfinger nach außen. Die Finger der rechten Hand steuern die Bewegung, sodass eine schöne Wölbung entsteht. **[D]** Herzlichen Glückwunsch, Sie haben soeben gelernt, wie man den Ton „ausbeult".

SCHRITT 6 Bearbeiten Sie den Rand mit den Fingern und glätten Sie ihn bei Bedarf mit einem Stück Fensterleder oder Plastik. **[E]**

SCHRITT 7 Entfernen Sie überschüssigen Ton an der Unterseite mit dem Holzmesser. Die Drehrillen können Sie mit einer weichen Drehschiene glätten: Bei rotierender Scheibe halten Sie die linke Hand an die Innenseite und die rechte mit der Drehschiene an die Außenseite, beginnen am unteren Ende und arbeiten Sie sich langsam nach oben, um die Form zu perfektionieren und überschüssige Feuchtigkeit zu entfernen. **[F]**
Gut gemacht – ein großer Nudeltopf!

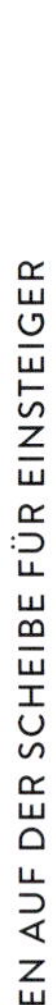

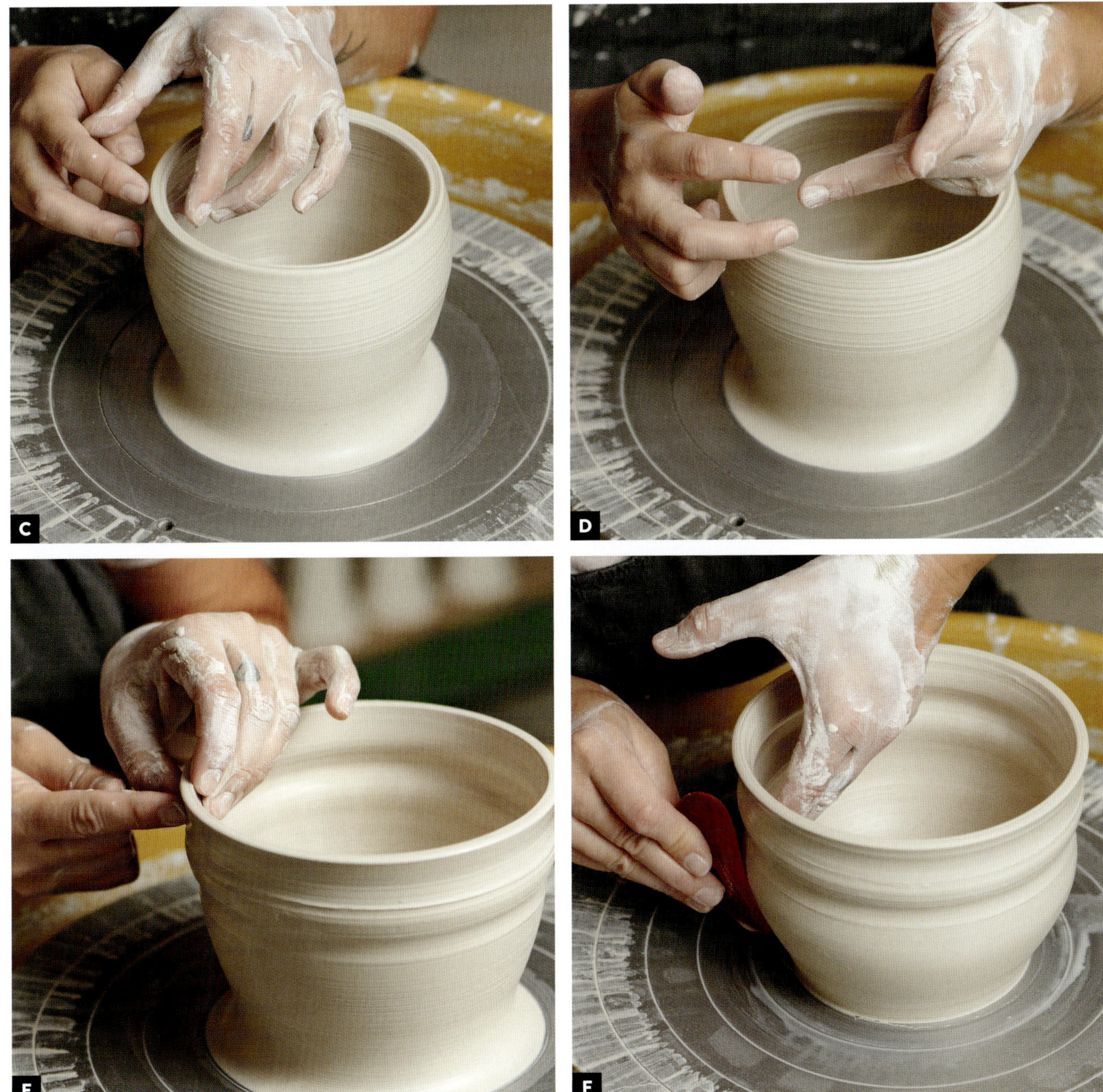
C
D
E
F

STAPELBARE BECHER

Stapelbare Becher sind nicht nur ästhetisch ansprechend, sondern nehmen auch weniger Platz im Schrank ein und lassen sich leicht transportieren. Diese spezielle Stapelbecherform kam mir im Schlaf. Ich sprang aus dem Bett und skizzierte meine Idee, bevor mir das Bild entglitt. Nach dem Aufstehen probierte ich verschiedene Größen und Drehtechniken aus, bevor ich mich für die erfolgreichste Methode entschied. Im folgenden Abschnitt führe ich Sie durch diesen Schaffensprozess.

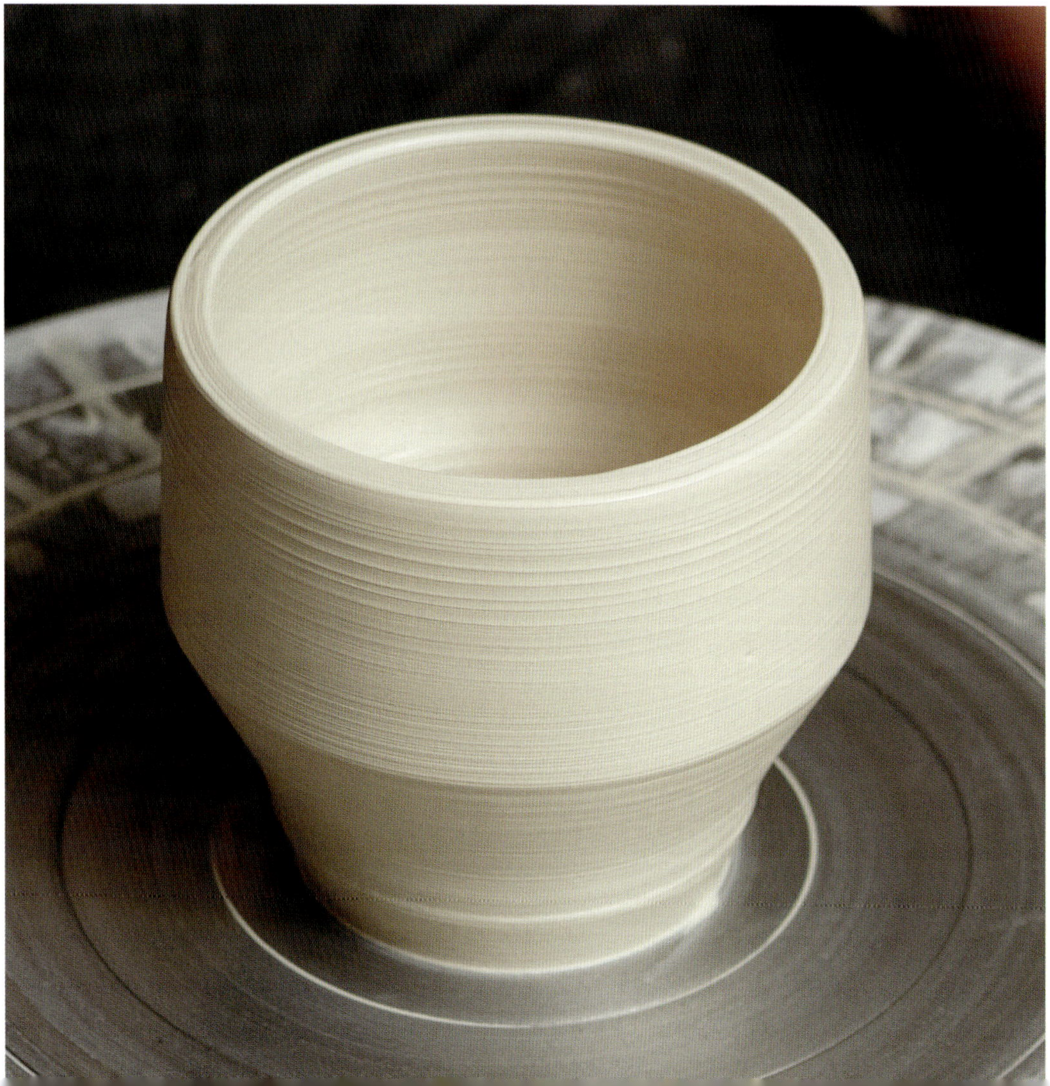

WERKZEUGE UND MATERIALIEN

600 g Ton
Töpferscheibe
Eimer mit Wasser
Schwamm
Holzmesser
harte oder weiche Drehschiene
Schneidedraht

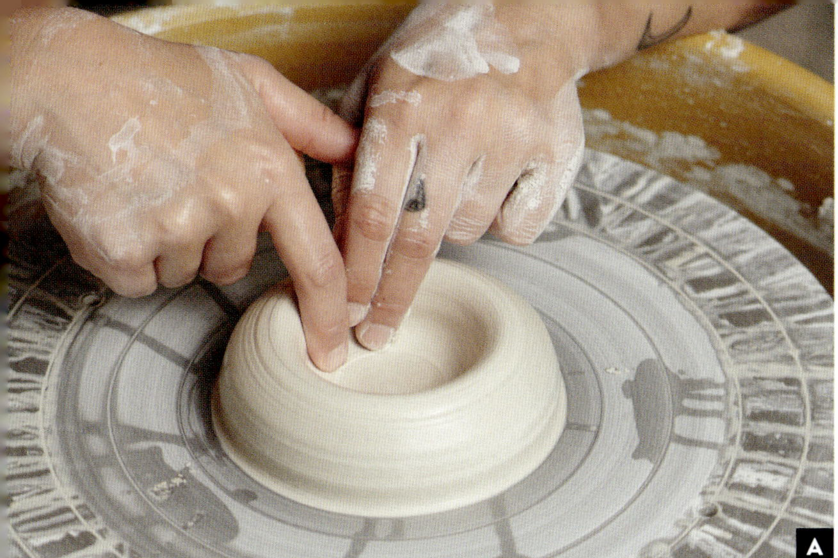
A

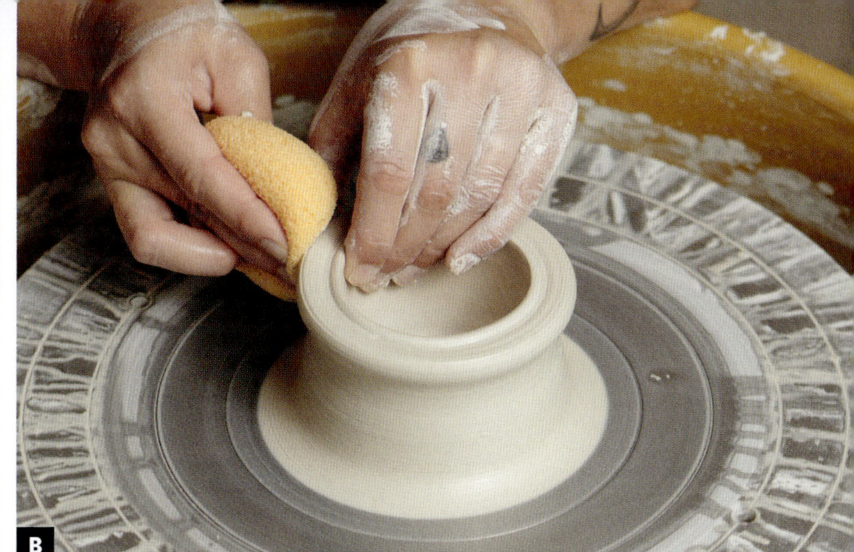
B

Anleitung

SCHRITT 1 Zentrieren und brechen Sie den Ton so auf wie bei einem Zylinder. Der einzige Unterschied besteht darin, dass Sie den Ton nur etwa 4,5 cm breit öffnen. Das mag auf den ersten Blick wenig erscheinen, aber es ist einfacher, den Ton weiter zu öffnen, als ihn schmaler zu machen. **[A]**

SCHRITT 2 Ziehen Sie die Wandung zunächst wie bei einem Zylinder nach oben. Zum Rand hin lassen Sie die Hände leicht nach außen driften. **[B]**

SCHRITT 3 Beim nächsten Hochziehen gehen Sie etwas weiter. Beginnen Sie mit der gleichen Handhaltung wie bei allen anderen Formen und ziehen Sie die Wandung nach oben und nach außen, sodass eine V-Form entsteht. **[C]**

> **TIPP** *Achten Sie darauf, dass der Boden des im Entstehen begriffenen Gefäßes während des gesamten Hochziehens seinen Umfang beibehält. Ich habe festgestellt, dass es am einfachsten ist, mit der rechten Hand ganz unten ein wenig mehr Druck auszuüben und dann den Druck nachzulassen, je weiter ich nach oben komme.*

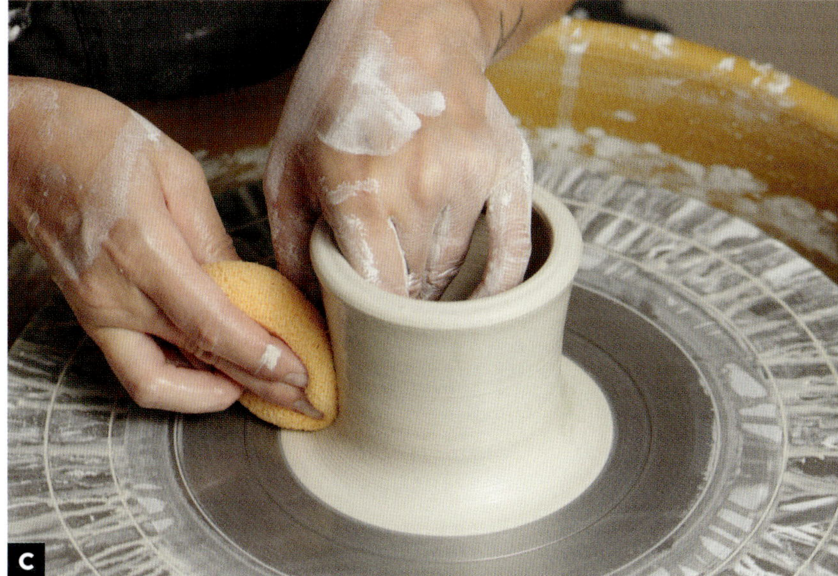
C

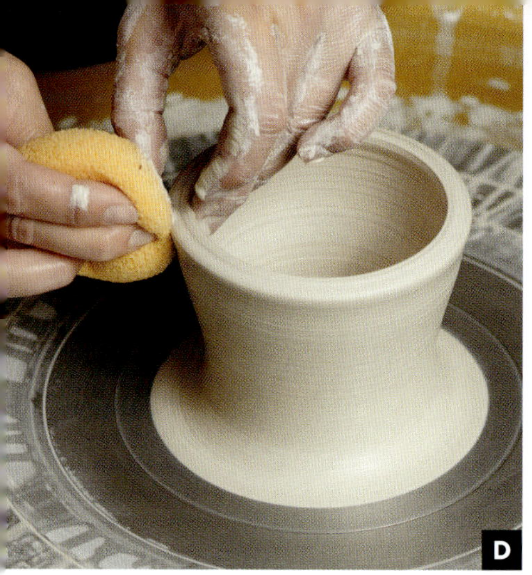
D

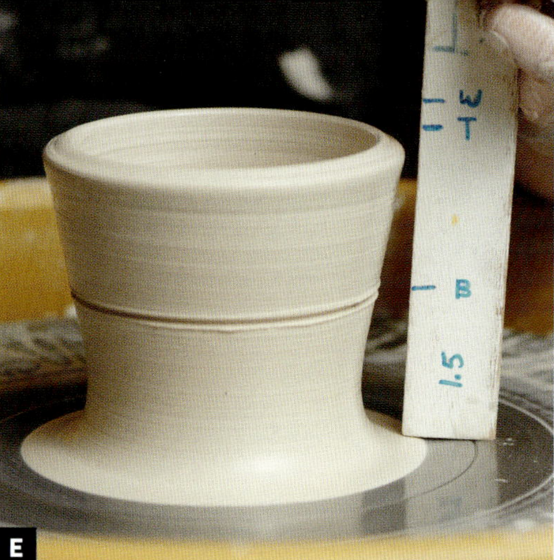

E

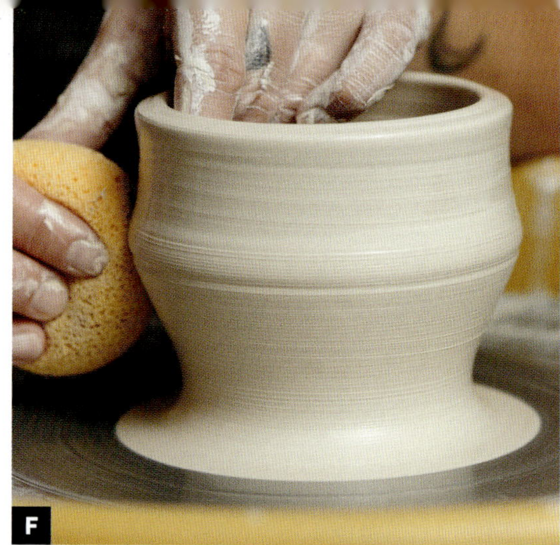
F

SCHRITT 4 Wiederholen Sie Schritt 3, bis die ungefähre Höhe Ihres Bechers erreicht ist. **[D]** Vergessen Sie nicht, den Rand nach jedem Hochziehen zu verdichten.

TIPP *Sie haben vielleicht bemerkt, dass meine Stapelbecher fast alle gleich aussehen. Das ist beabsichtigt, denn wenn die Becher annähernd die gleiche Form und Größe haben, lassen sie sich besser stapeln, und mit viel Übung und sorgfältiger Planung gelingt es. Einige Töpfer messen wichtige Punkte wie Boden, Höhe und Breite mit einem sogenannten Stichmaß, ich bevorzuge jedoch die Lineal-Methode. Am College habe ich eine Schachtel mit Linealen geschenkt bekommen und sie sind mittlerweile mein Lieblingswerkzeug bei der Serienherstellung geworden. Bevor Sie mit dem Messen und Formen beginnen, sollten Sie zunächst einige Formen testen. Bis ich mich für diese stapelbare Form entschieden habe, habe ich verschiedene Formen und Größen ausprobiert und beim Drehen die Höhe des unteren Teils, die Breite des Randes und die Höhe des Bechers markiert. Dann habe ich wieder die Lineale zur Hand genommen und meine Lieblingsform ausgewählt.*

SCHRITT 5 Dieser nächste Schritt kann für Anfänger eine Herausforderung sein, wenn also Ihre ersten Versuche fehlschlagen, verbuchen Sie es als Teil des Lernprozesses.

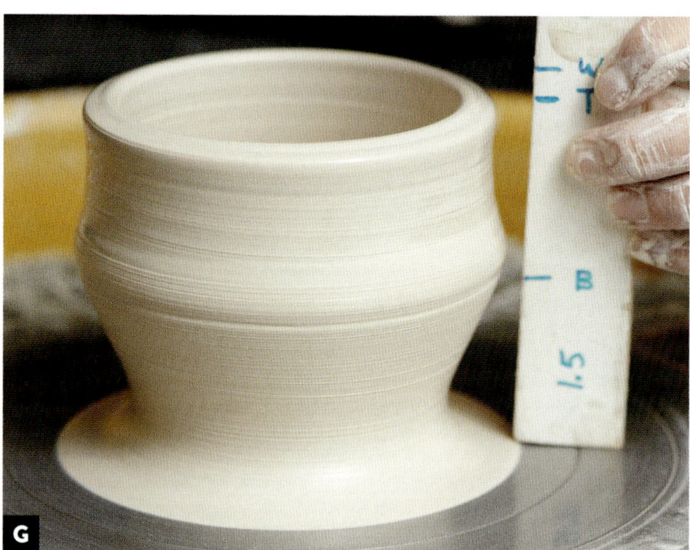

G

Markieren Sie die Höhe des Bodens mithilfe des Lineals. **[E]** Drücken Sie vom Boden des Bechers aus nach innen und ziehen Sie die Wandung in einem exakten 90-Grad-Winkel hoch, bis Sie die Markierungslinie erreichen. **[F]** Puh, geschafft. **[G]**

TIPP *Fangen Sie mit einer kleinen Bewegung an. Sie können den Schritt jederzeit wiederholen, wenn das erste Mal nicht reicht. Ich mache diesen Schritt meist zweimal, damit der untere Teil eine ausreichende Dicke und eine gleichmäßige Neigung hat.*

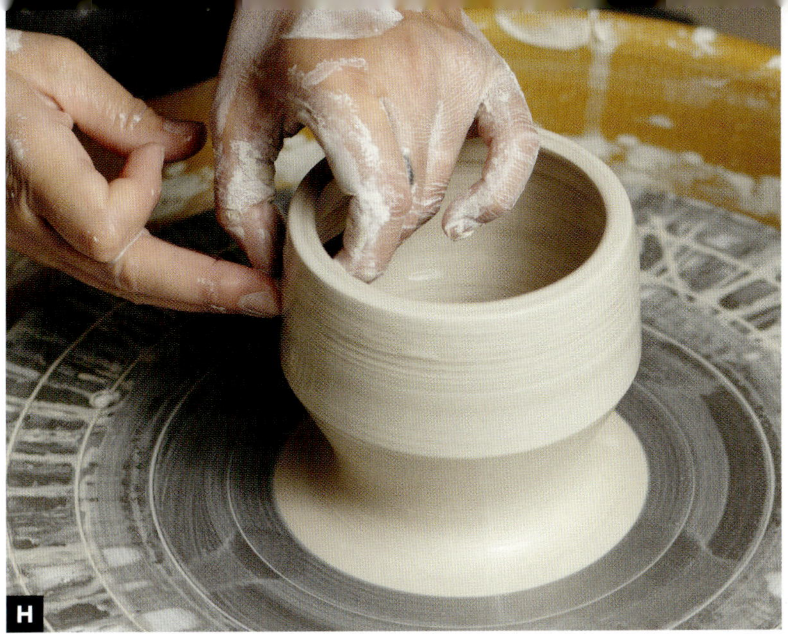

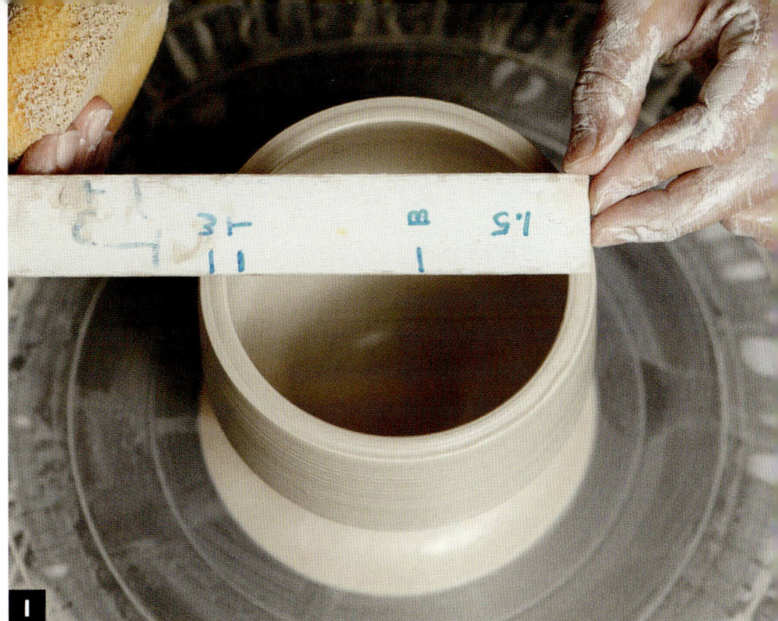

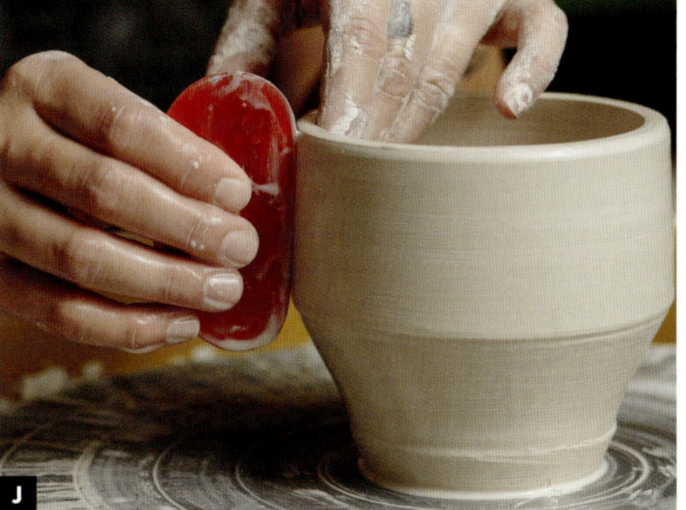

SCHRITT 6 Als Nächstes ziehen Sie den Rand hoch. Beginnen Sie direkt oberhalb der Grundlinie, drücken Sie die Finger gegeneinander und ziehen Sie sie gerade nach oben. Prüfen Sie Höhe und Breite, um zu sehen, wie weit Sie gekommen sind. **[H]**

SCHRITT 7 Wahrscheinlich reicht einmaliges Hochziehen nicht. Wiederholen Sie Schritt 6 und achten Sie darauf, dass Sie gerade nach oben und nicht nach außen ziehen – es sei denn, Sie streben einen breiteren Rand an. Eine weite Öffnung eignet sich nicht so gut für zierliche Schlucke, ist jedoch ideal für eine Schalenform. **[I]**

SCHRITT 8 Ihr Becher ist fertig, wenn Sie damit zufrieden sind. Zum Schluss entferne ich überschüssigen Ton am Boden mit dem Holzmesser, bearbeite den Rand und sorge mit der Drehschiene dafür, dass die Becherwand perfekt senkrecht ist. **[J]** Für meine Abziehbilder (Seite 131) brauche ich eine ebene Oberfläche, um sie gleichmäßig anbringen zu können – und weil ich Perfektionistin bin.

PASTATELLER

Pastateller haben eine besondere Funktion: Sie sind eher gerundet als flach, damit Soße und Saft nicht über den Rand – die Fahne – fließen. Beim Drehen eines Pastatellers auf der Töpferscheibe verbinden Sie die Techniken für eine Schale und einen Teller, um einen gewölbten Boden herzustellen. Bei Pastatellern hat jeder Töpfer seine eigene Methode. Ich zeige Ihnen die Methode, die für mich am besten funktioniert.

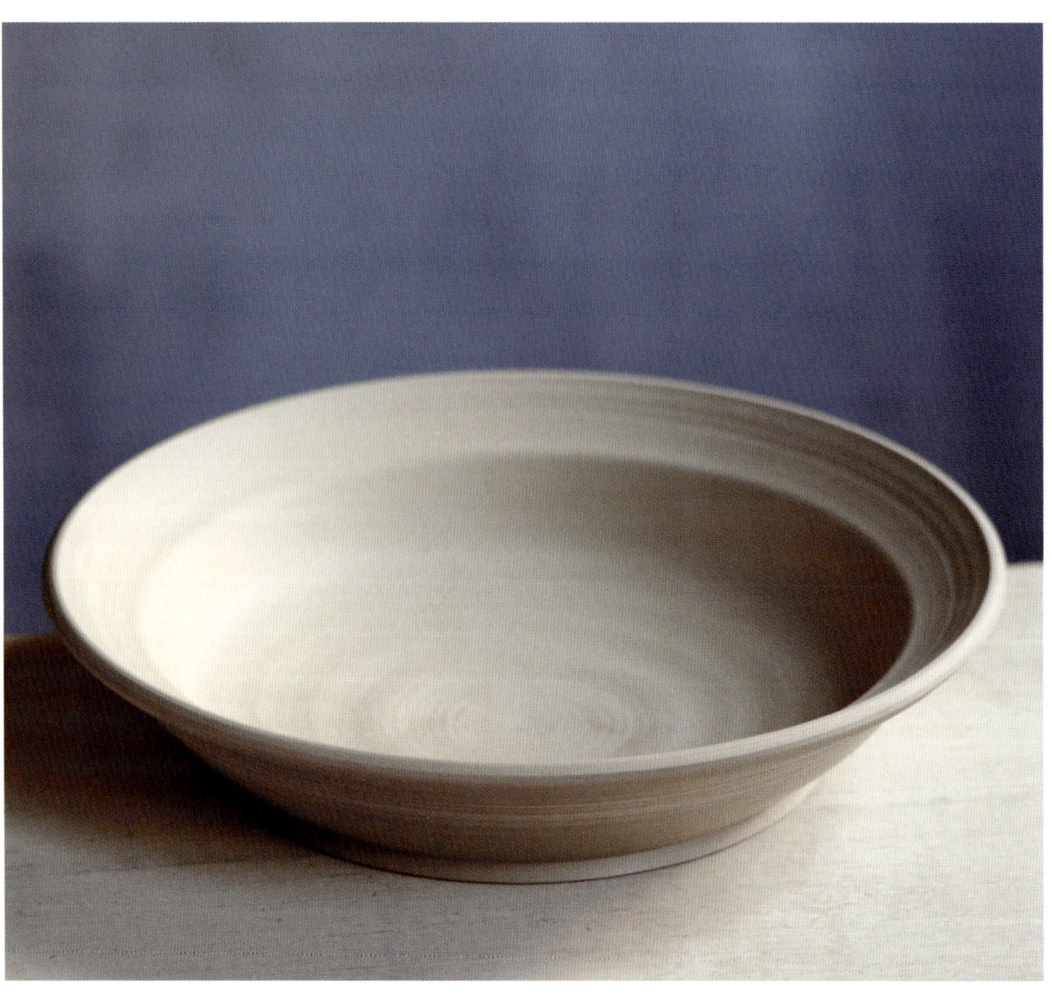

WERKZEUGE UND MATERIALIEN

1850 g Ton
Töpferscheibe
Eimer mit Wasser
Schwamm
Holzmesser
harte oder weiche Drehschiene
Schneidedraht

Anleitung

SCHRITT 1 Zentrieren Sie den Ton, finden Sie die Mitte und brechen Sie den Ton auf, wie ich es bei dem Teller auf Seite 47 gezeigt habe. Vergessen Sie den Scheibenaufsatz nicht. **[A]**

SCHRITT 2 Das Hochziehen der Wandung geht bei einem Pastateller fast so wie bei einem herkömmlichen Teller, mit dem Unterschied, dass Sie dabei zum Rand hin eine Bewegung machen, als würden Sie der inneren Krümmung einer Schale nachspüren. Das ist hilfreich, um die gewünschte geschwungene Grundform zu erzielen. Ziehen Sie also nicht gerade nach oben, sondern lassen Sie die Hände nach oben gleiten, während Sie sich dem Rand nähern. **[B]**

SCHRITT 3 Wiederholen Sie Schritt 2 einige Male. Achten Sie darauf, dass Sie in der Mitte mehr Druck ausüben, der dann zum Rand hin weniger wird. Am Ende sieht das Ganze wie eine breite, flache, massive Schale aus. **[C]**

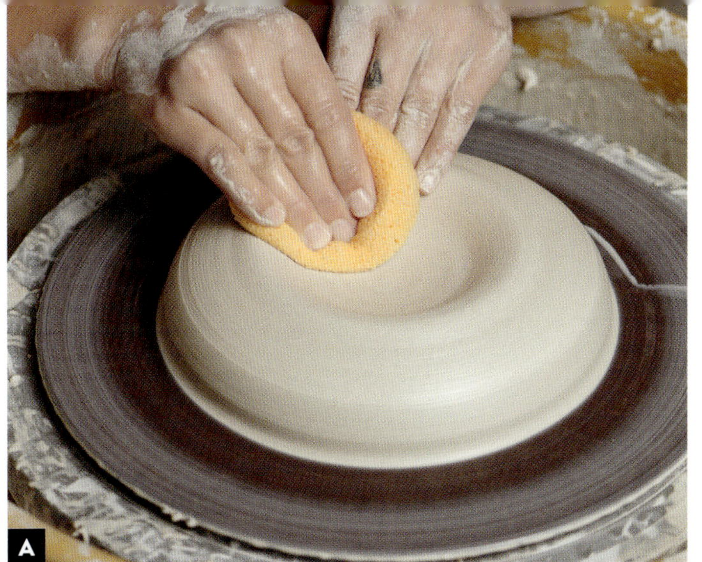
A

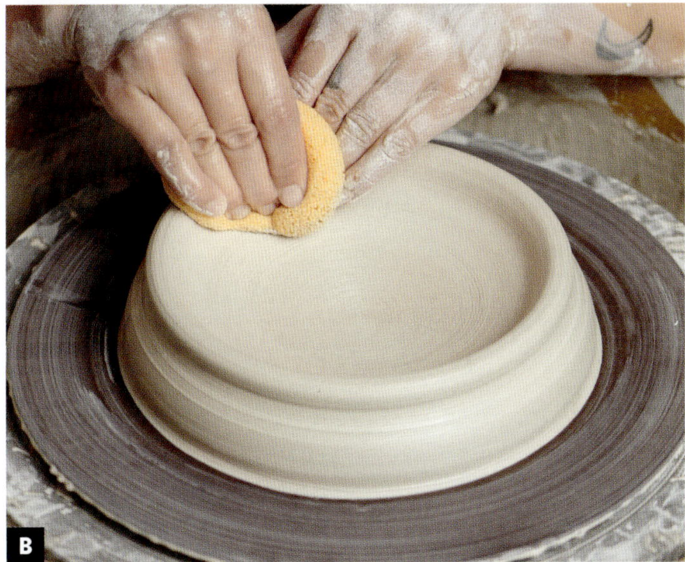
B

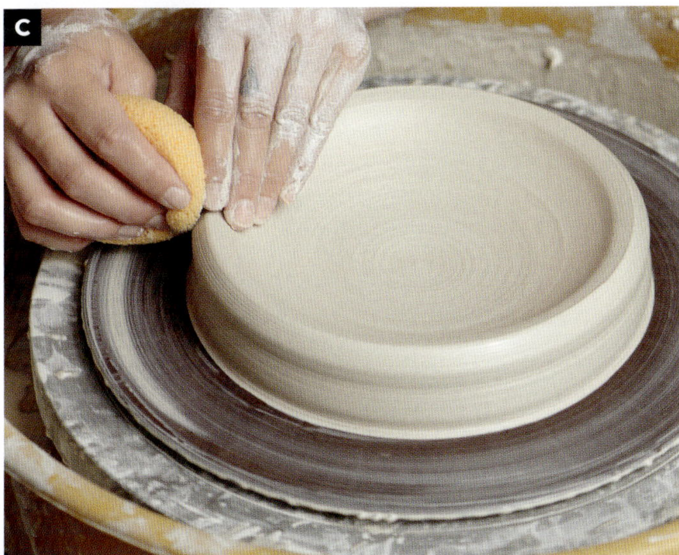
C

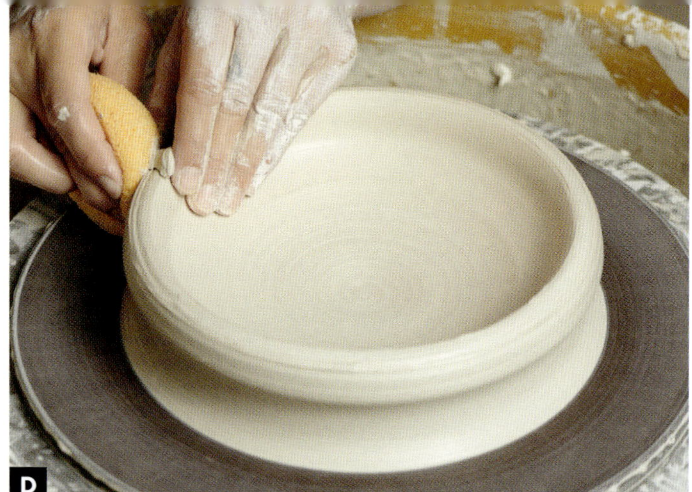

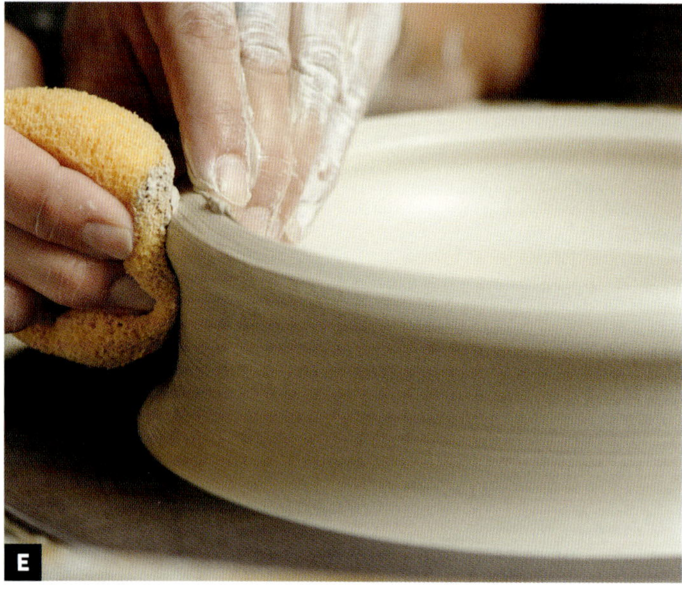

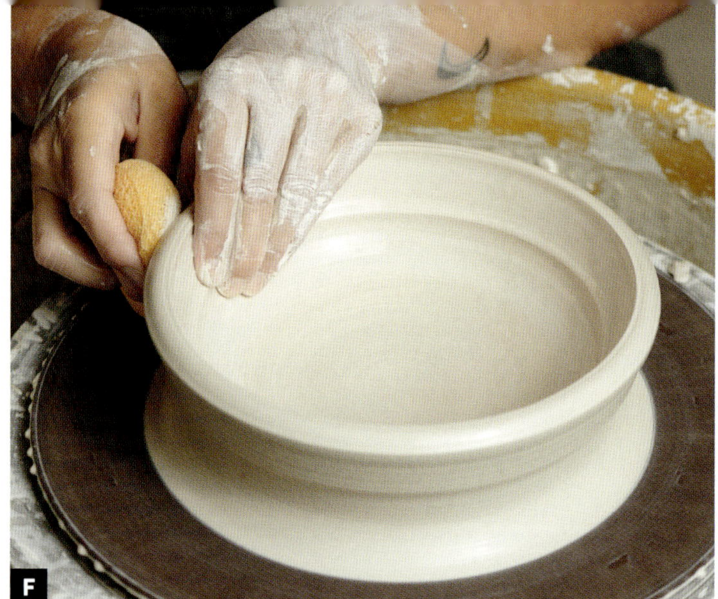

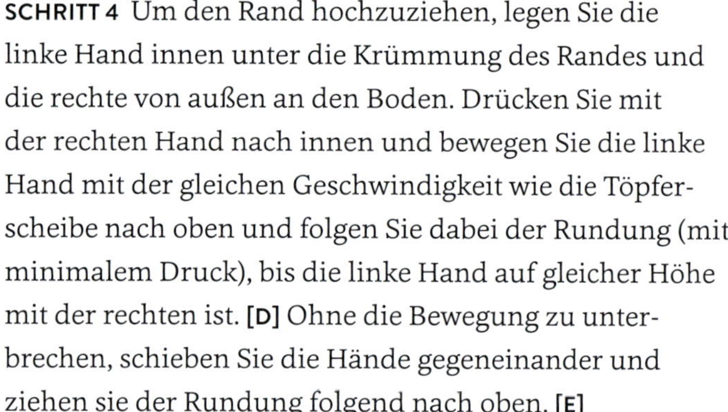

SCHRITT 4 Um den Rand hochzuziehen, legen Sie die linke Hand innen unter die Krümmung des Randes und die rechte von außen an den Boden. Drücken Sie mit der rechten Hand nach innen und bewegen Sie die linke Hand mit der gleichen Geschwindigkeit wie die Töpferscheibe nach oben und folgen Sie dabei der Rundung (mit minimalem Druck), bis die linke Hand auf gleicher Höhe mit der rechten ist. **[D]** Ohne die Bewegung zu unterbrechen, schieben Sie die Hände gegeneinander und ziehen sie der Rundung folgend nach oben. **[E]**

SCHRITT 5 Wenn Sie eine flache Schale drehen möchten, wiederholen Sie Schritt 4, bis die passsende Wandstärke erreicht ist. **[F]** Wenn Sie einen Pastateller mit Rand herstellen möchten, folgen Sie den nächsten Schritten.

SCHRITT 6 Für die Wölbung und den Rand eines Pastatellers braucht man mehr Ton. Wenn Sie feststellen, dass Sie nicht mehr viel Ton für den Rand übrig haben, kann es daran liegen, dass Sie den Boden des Tellers ein wenig zu weit herausgezogen haben. Um den Rand zu formen, platzieren Sie die Finger etwa 2,5 cm von der Oberkante entfernt. Ihr rechter Finger liegt dabei unter dem linken. Bei rotierender Scheibe halten Sie den rechten Finger still, während sich der linke Finger im gleichen Tempo wie die Scheibe bewegt und sich über den rechten Finger krümmt. Als Anfänger sollten Sie an diesem Punkt aufhören. **[G]** Wenn Sie sich trauen, versuchen Sie, den Rand ein wenig breiter und flacher zu machen.

> **TIPP** *Die Entfernung Ihrer Finger vom Rand bestimmt die Breite des Randes. Je breiter der Rand, desto schwieriger wird es, die Form beizubehalten. Ich empfehle, klein anzufangen und sich hochzuarbeiten.*

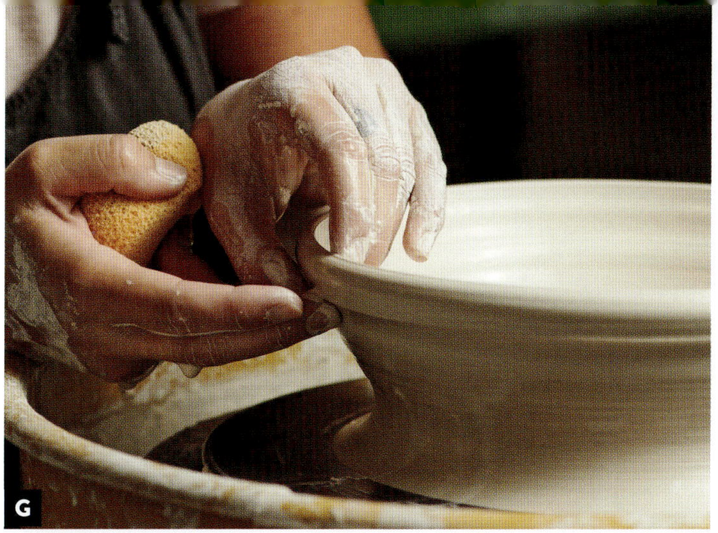

G

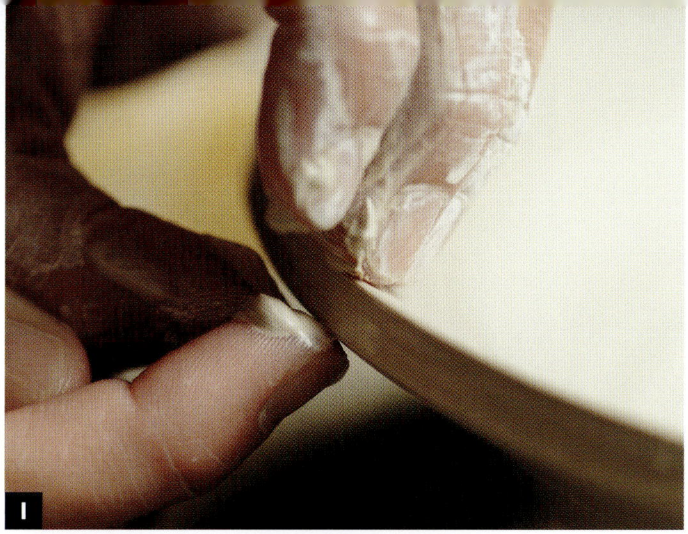

I

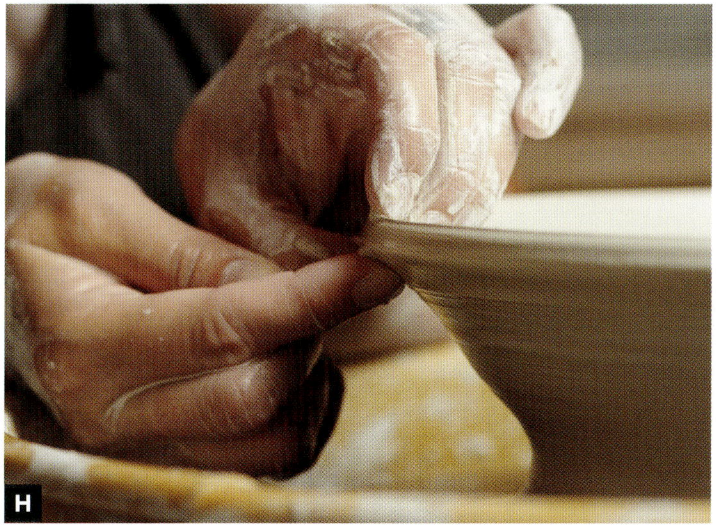

H

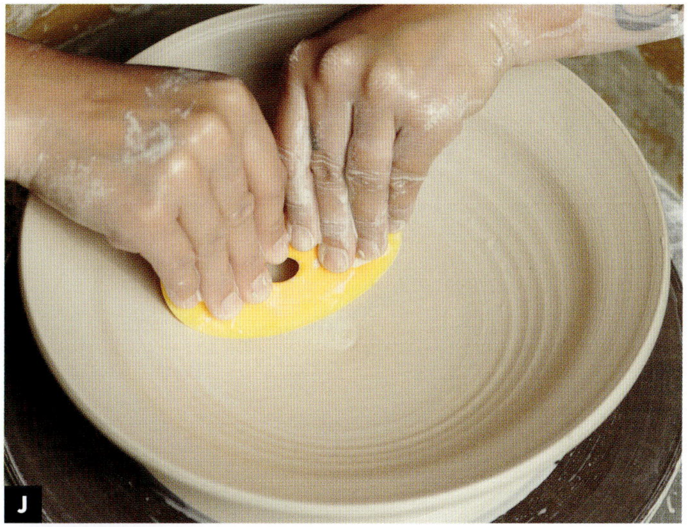

J

K

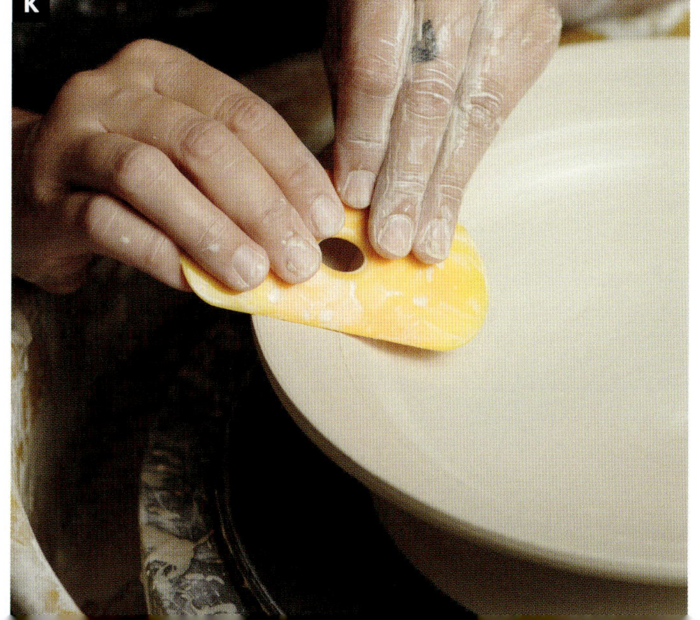

SCHRITT 7 Für einen breiteren oder flacheren Rand beginnen Sie, genau an der Stelle zu ziehen, an der Ihr rechter Finger positioniert war. Beim Ziehen bewegen Sie die Finger im 90-Grad-Winkel. Dadurch wird der Rand verlängert. **[H] [I]**

SCHRITT 8 Für Anfänger wäre dies der Punkt aufzuhören. Wenn Sie an Ihre Grenzen gehen wollen, drücken Sie bei rotierender Scheibe mit der Drehschiene vorsichtig auf den Rand, bis er parallel zur Scheibe steht. **[J]** Jetzt haben Sie einen Pastateller mit breitem Rand. Gut gemacht! **[K]**

GALERIE

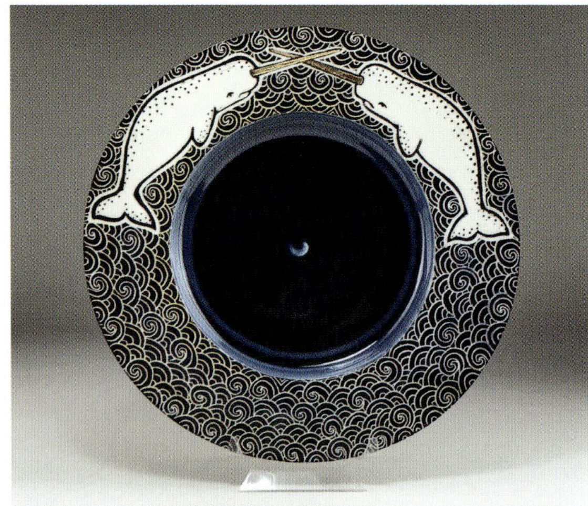

Anja Bartels, Segnung der Narwale, Teller
Porzellan, gedreht, Brand bei Kegel 7 im Elektroofen, Sgraffito-Dekor, Goldluster, Spiegel vierschichtig glasiert

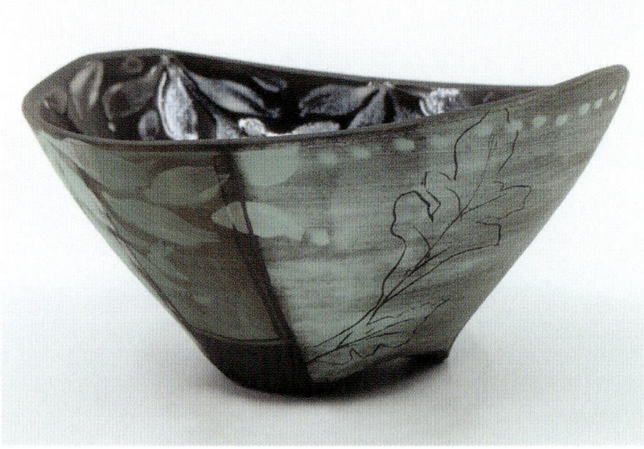

Heather Spontak, Schale mit Blättern
Gedrehter schwarzer Ton mit farbiger Terra Sigillata, Engobe, Sgraffito-Technik, Oxidation bei Kegel 4

Eine einfache und interessante Gestaltungsmöglichkeit für den Rand eines Gefäßes sieht man an Heathers Schale: Sie hat den Ton im lederharten Zustand mit einem Präzisionsmesser beschnitten.

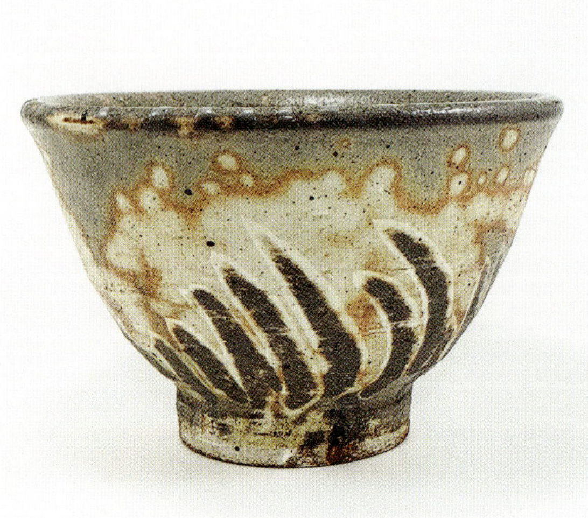

Gillan Doty, Schale
Holzbrand

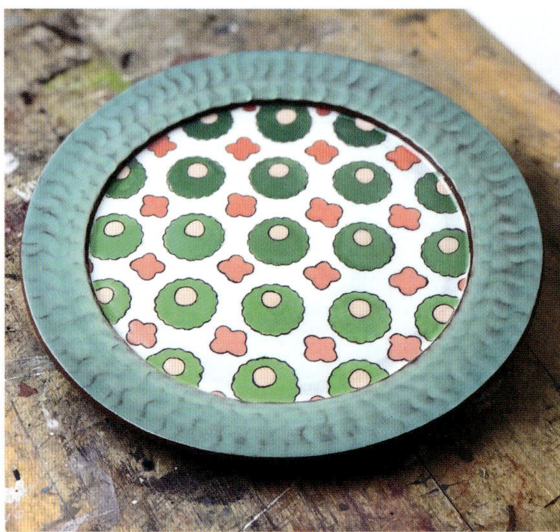

Sara Ballek, Teller mit Fahne

Sara fertigt ihre Gefäße an der Töpferscheibe und bearbeitet sie mit unterschiedlichen Pinch-Techniken – ein schönes Beispiel, wie sich eine recht einfache Form verändern lässt.

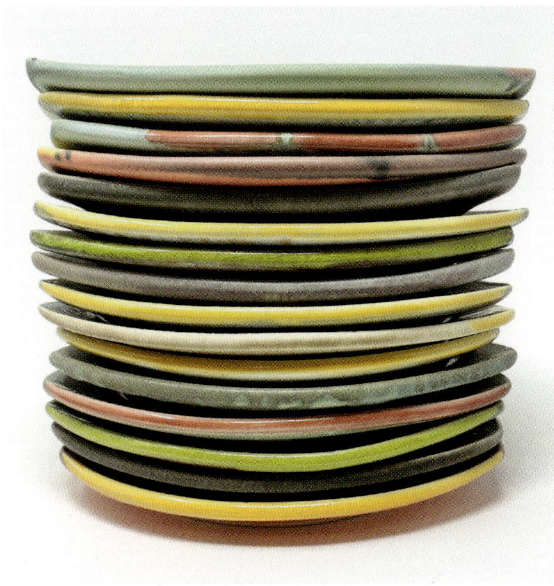

Deb Schwartzkopf, Tellerstapel
Porzellan, gedreht und bearbeitet, Brand bei Kegel 6 im Elektroofen, Punktedekor aus Unterglasur

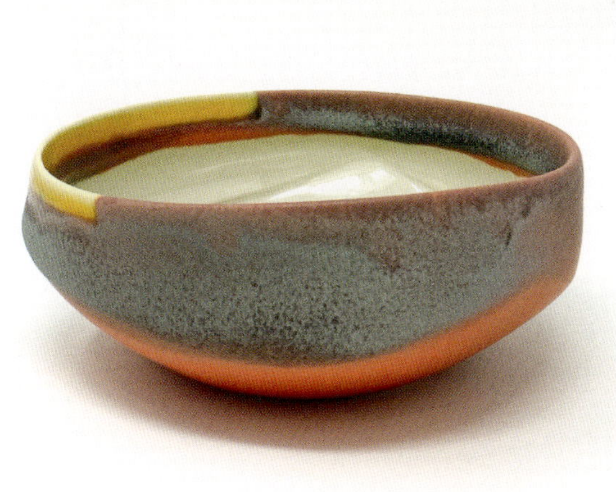

Deb Schwartzkopf, Schale
Dreh- und Aufbautechnik, Porzellan, Brand bei Kegel 6 im Elektroofen

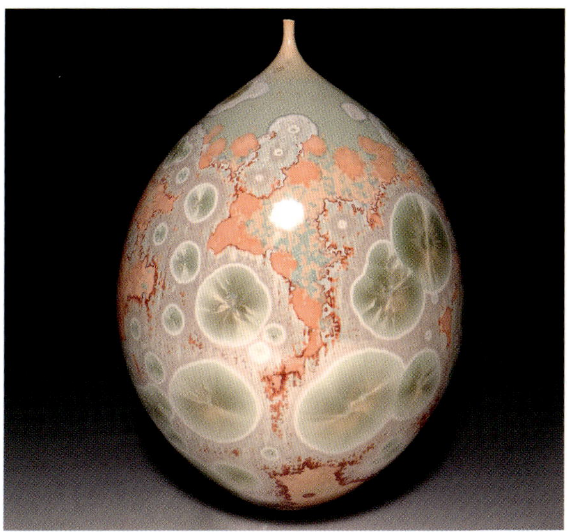

Ian Childers, Vase mit Kristallglasur
Porzellan

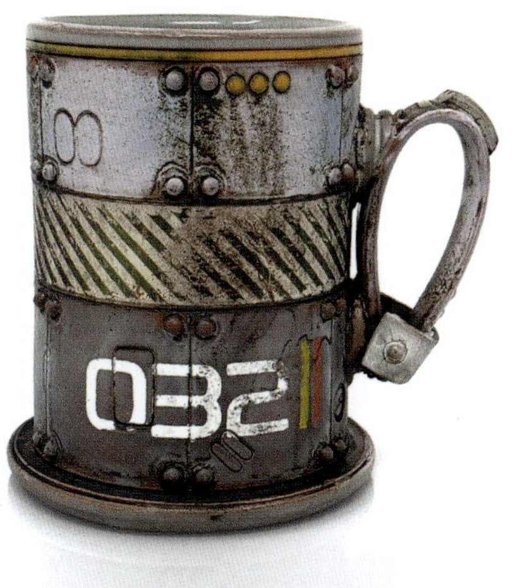

Mike Cinelli, Becher

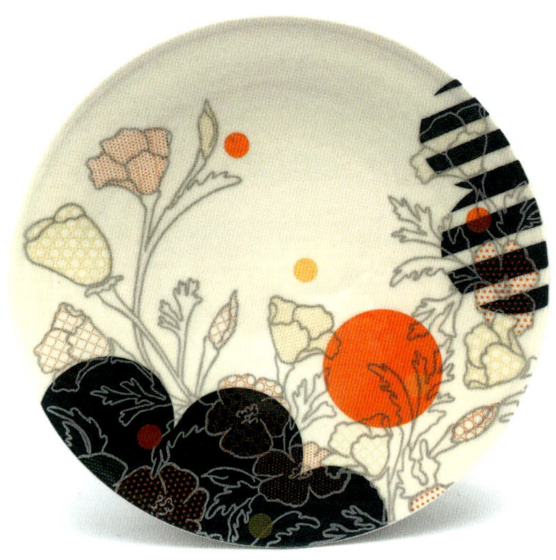

Meredith Host, Essteller mit Punkt und Blumenmuster

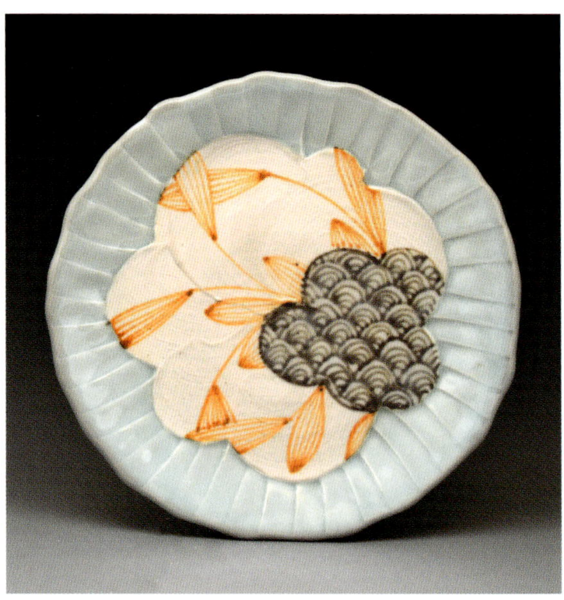

Jen Allen, Essteller
Porzellan, gedreht

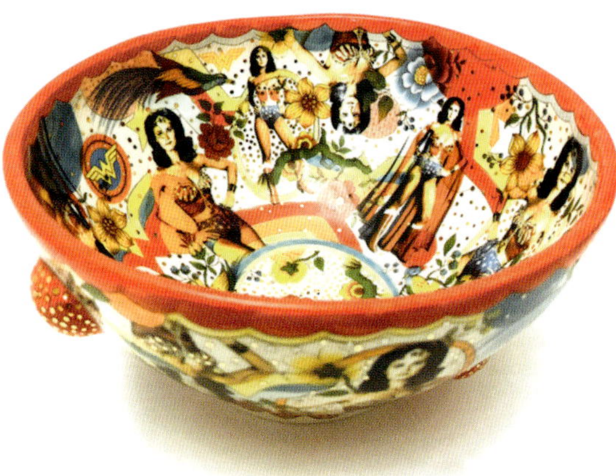

Mariko Paterson, Pho-Schüssel mit Wonder-Woman-Motiv

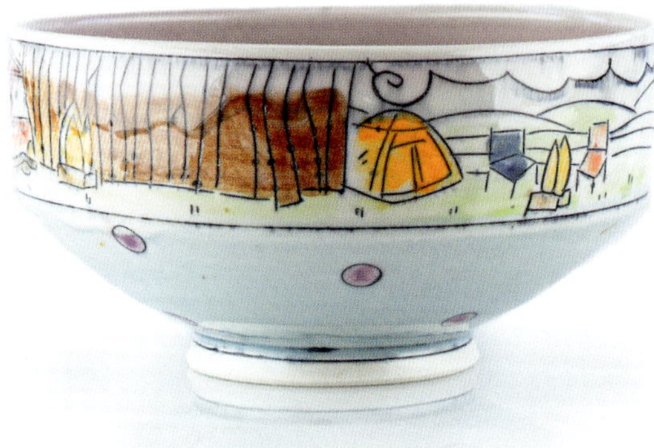

Laurie Caffery, Suppenschüssel mit Camping-Motiven
Porzellan, Unterglasur und Mishima-Technik,
Oxidation bei Kegel 6

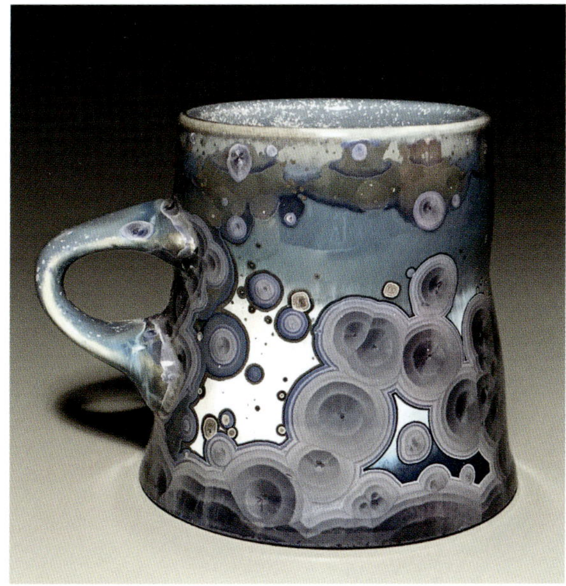

Ian Childers, Becher mit blauer Kristallglasur
Porzellan

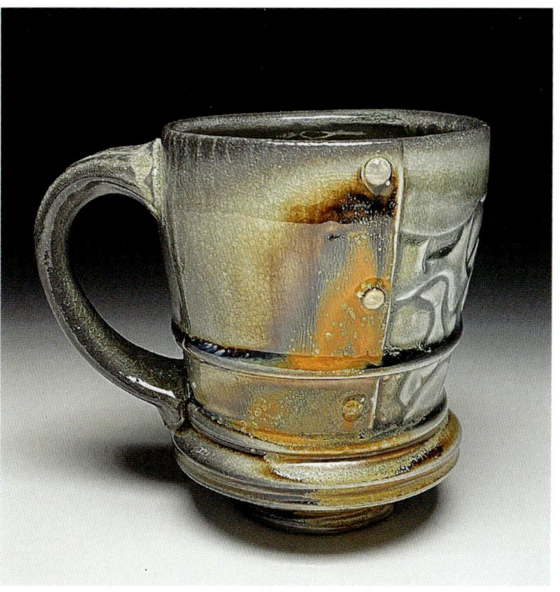

Luke Doyle, Becher
Sodabrand in Holzofen bei Kegel 12

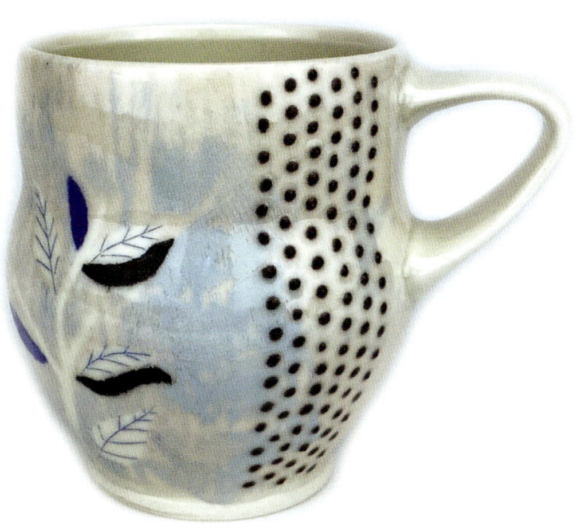

Liana Agnew, Becher

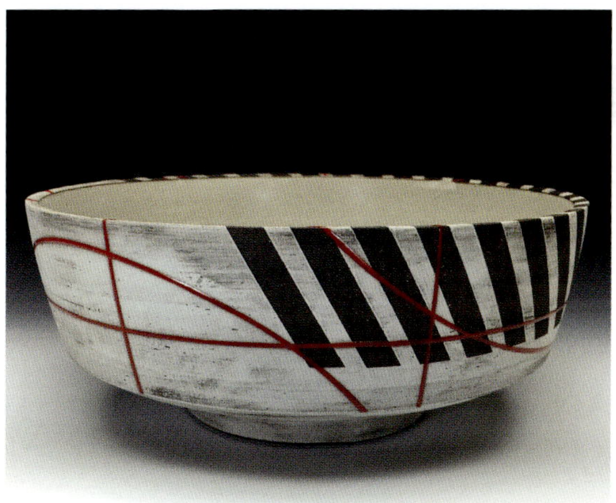

Eric Herspink, Schale

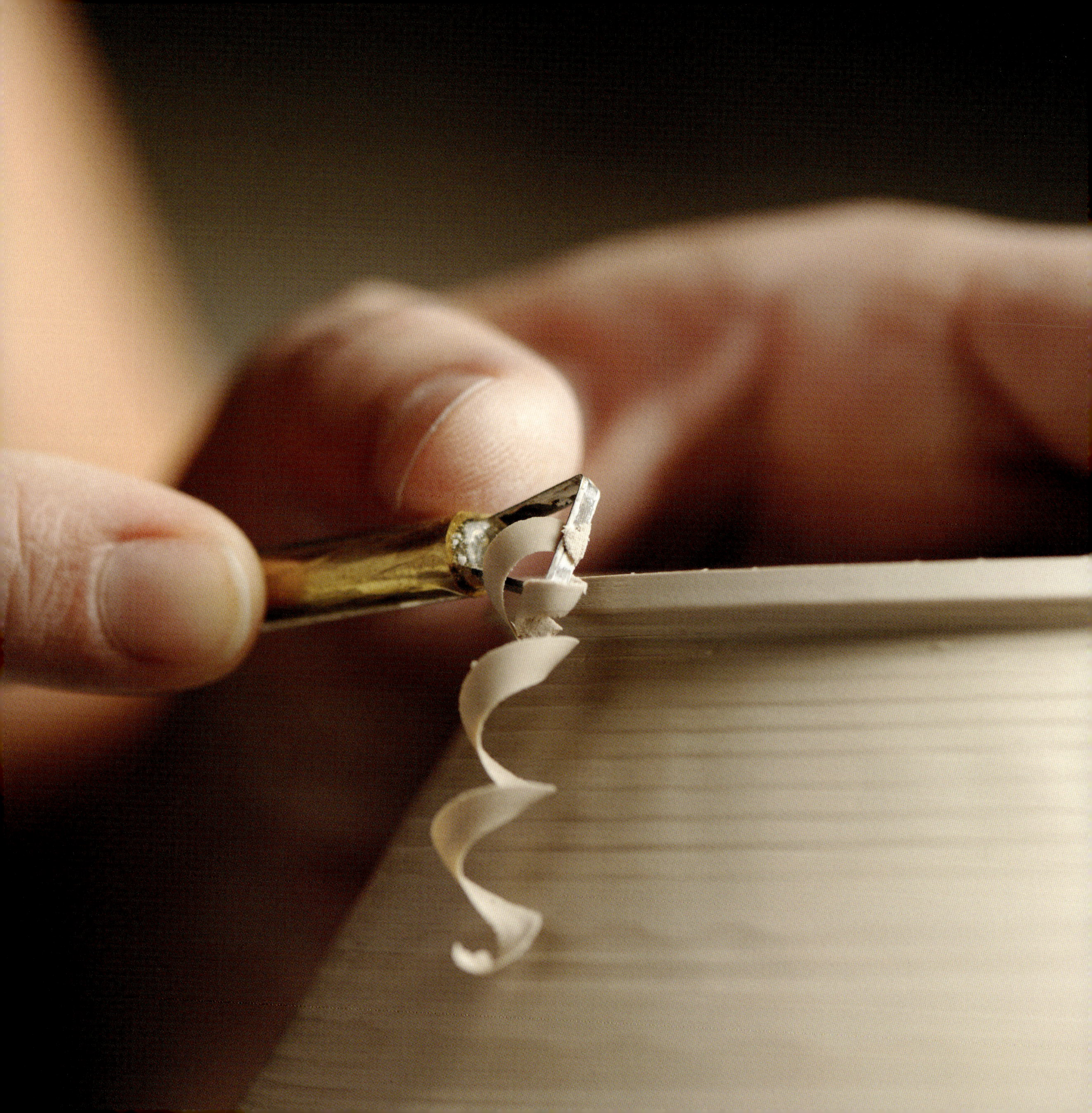

3

TON UND SEINE BEARBEITUNG

Das Drehen auf der Töpferscheibe ist der erste Schritt zur Herstellung schöner Keramik. Was danach kommt, bildet die Grundlage für die Entwicklung einer persönlichen Ästhetik. Als Anfängerin galt meine ganze Aufmerksamkeit dem Versuch, ein perfekt ausbalanciertes Gefäß zu drehen. Mit zunehmender Übung und Erfahrung brauchte ich weniger Zeit für das Drehen und mir wurde klar, wie viele Gestaltungsmöglichkeiten es neben dem Drehen gab. In diesem Kapitel geht es um die unterschiedlichen Trockenstadien von Ton und wie man erkennt, wann ein Gefäß bearbeitet werden kann. Ich zeige Ihnen, wie Sie einen Fuß abdrehen, und mache Sie mit der Herstellung und dem Angarnieren von Henkeln vertraut. Aber ich warne Sie: Wenn Sie mit diesem Kapitel fertig sind, drehen Sie wahrscheinlich jeden Becher, jede Tasse und jede Schüssel um, um sich den Fuß anzusehen. Sobald man die Technik beherrscht, macht es Spaß zu sehen, wie andere Töpferinnen und Töpfer den Boden ihrer Gefäße bearbeiten.

TIPP *Vergewissern Sie sich vor dem Umdrehen, dass das zu inspizierende Gefäß leer ist!*

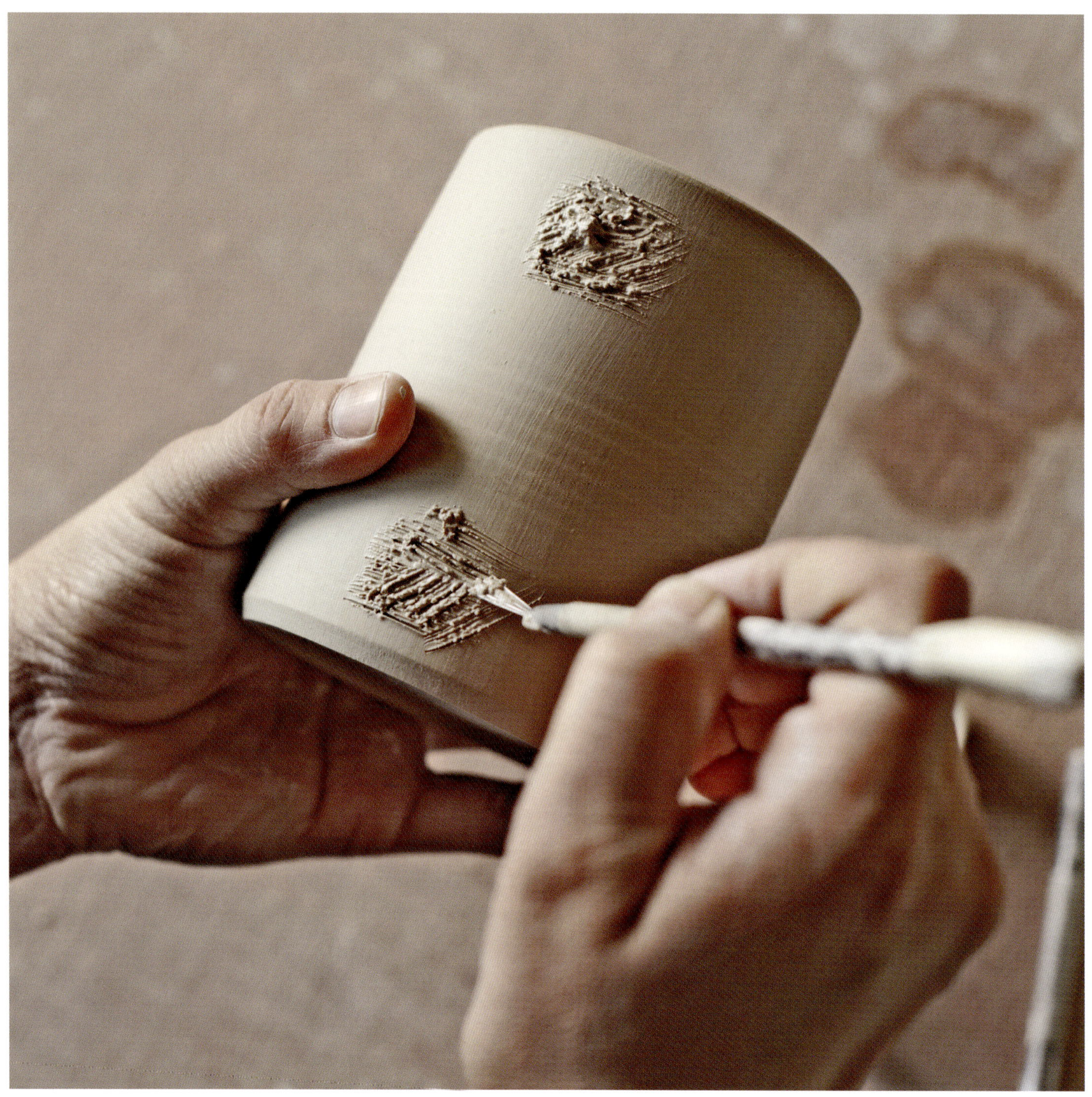

TON: VOM PULVER ZUM FERTIGEN GEFÄSS

Wie Sie wissen, trocknet Ton irgendwann – wie schnell oder langsam, hängt von der Behandlung des fertig geformten Gefäßes ab. Eine anfängliche Unsicherheit ist ganz normal. In meinen Kursen werde ich neben „Ist das richtig zentriert?“ am häufigsten gefragt: „Kann ich mein Werkstück schon bearbeiten?“

Die gute Nachricht ist, dass eine gleichmäßige Trocknung problemlos zu bewerkstelligen ist und keine teuren Materialien erfordert. Schutzhüllen aus der chemischen Reinigung oder Müllbeutel eignen sich zum Abdecken Ihrer Arbeiten. Manch eine Gemeinschaftswerkstatt hat spezielle Vorrichtungen zum Feuchthalten und Trocknen, die zwar eine Erleichterung darstellen, aber nicht unbedingt nötig sind.

Die wichtigsten Zustände

TROCKEN: Als trockenes Pulver präsentiert sich Ton nur, bevor Wasser hinzugefügt wird. In dieser Form werden Sie ihn kaum antreffen, falls Sie nicht Ihre eigene Tonmasse mischen.

SCHLICKER: Dabei handelt es sich um flüssigen Ton, der für Schlickerdekor oder in der Formenherstellung für Schlickerguss benutzt wird. Beim Zusammenfügen von zwei Tonstücken wirkt er wie Klebstoff.

FORMBAR ODER NASS: Leicht formbarer Ton, der direkt aus der Verpackung kommt oder gerade zu einem Gefäß gedreht wurde. In diesem Stadium lässt sich Ton am besten mit der Hand formen oder drehen.

WEICH: Diese Konsistenz liegt zwischen formbar und lederhart. In diesem Zustand ist der Ton etwas härter, als wenn er direkt aus der Verpackung kommt. Er ist auch nicht mehr nass und lässt sich nicht mehr so leicht formen. Er ist jedoch noch so weich, dass man ihn verstreichen, Griffe anfügen und „Abnäher“ anlegen kann. Er lässt sich gut schneiden, würfeln und bearbeiten.

LEDERHART: Der Ton ist fest, fühlt sich nicht mehr klebrig an und lässt sich verformen. Diese Konsistenz eignet sich zum Abdrehen und Schnitzen, zum Anbringen von Griffen und Dekorieren mit Schlicker oder Unterglasurfarben.

KNOCHENTROCKEN ODER GRÜNWARE: In diesem Zustand ist der Ton ganz trocken, d. h. das gesamte Wasser ist aus dem Werkstück verdunstet. Wenn sich die Oberfläche kühl anfühlt, enthält er noch Feuchtigkeit und ist noch nicht knochentrocken.

SCHRÜHWARE: Beim ersten Brand wird der Ton zum Scherben, es entsteht die sogenannte Schrühware. Zu diesem Zeitpunkt ist kein chemisches Wasser mehr im Ton vorhanden, wodurch er porös wird und die Glasur besser annehmen kann.

GLASURBRAND: Das Ergebnis dieses Verarbeitungsschritts ist die fertige Töpferware. Die Temperatur richtet sich nach der verwendeten Glasur, der Scherben ist dann dichtgebrannt oder versintert. Im Allgemeinen ist nur glasierte Ware wasserdicht.

TROCKNEN

Der Trockenprozess ist wichtig für die weitere Bearbeitung. Frisch geformte Gefäße sollten so lange offen stehen, bis der obere Teil ein wenig steif wird und sich nicht mehr klebrig anfühlt. Dann decken Sie die Gefäße locker mit Plastikfolie ab, sodass der untere Teil trocknen kann. Wenn Sie Ihre Werkstücke sofort nach dem Drehen abdecken, kann die Folie am nassen Ton haften bleiben und die Form verzerren. Falls Sie die Gefäße unbedingt sofort abdecken müssen, breiten Sie die Folie über Stützen, die Sie zwischen den Stücken aufbauen. Dann berührt sie den frischen Ton nicht.

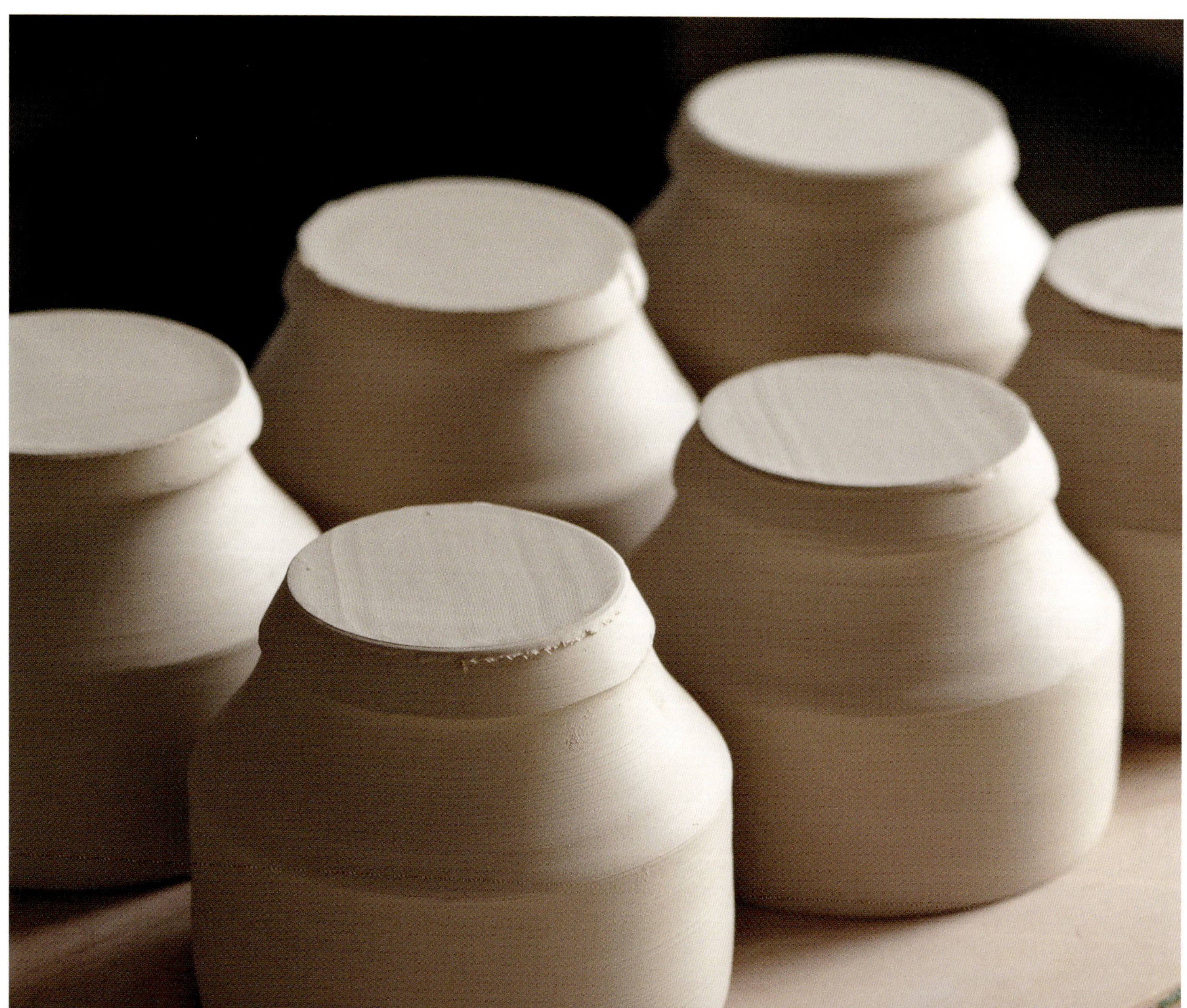

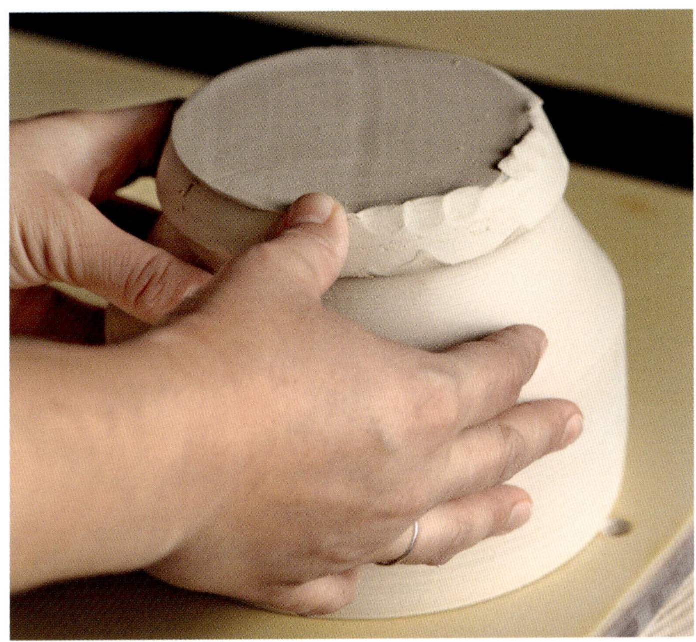

Wenn der Boden des Stückes weich und der Rand steif genug ist, drehen Sie das Gefäß vorsichtig um, damit der Boden den gleichen Trocknungsgrad erreicht wie der Rand. So wird das Gefäß gleichmäßig lederhart. Je nach den Bedingungen in Ihrer Werkstatt müssen Sie Ihre Töpferware mehrere Tage lang auf- und wieder zudecken. In feuchtem Klima dauert das Trocknen länger als in trockenem.

Sobald Ihr Gefäß lederhart ist, können Sie es abdrehen. Um den Trockenzustand zu prüfen, drücken Sie den Fingernagel in den Boden. Wenn der Fingerabdruck und der Abdruck des Fingernagels deutlich zu sehen sind, ist der Ton möglicherweise noch zu feucht. Die meisten Töpfer, die ich kenne, drehen in diesem Stadium nach, aber das ist eine persönliche Vorliebe. Andere mögen ihren Ton lieber etwas feuchter und das ist auch in Ordnung.

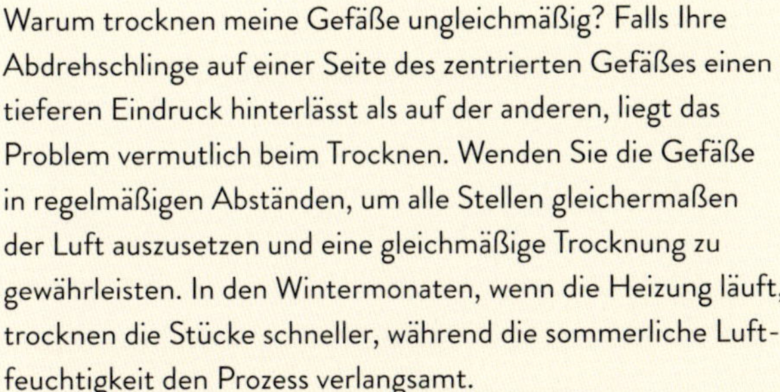

Tipps bei Problemen

Warum trocknen meine Gefäße ungleichmäßig? Falls Ihre Abdrehschlinge auf einer Seite des zentrierten Gefäßes einen tieferen Eindruck hinterlässt als auf der anderen, liegt das Problem vermutlich beim Trocknen. Wenden Sie die Gefäße in regelmäßigen Abständen, um alle Stellen gleichermaßen der Luft auszusetzen und eine gleichmäßige Trocknung zu gewährleisten. In den Wintermonaten, wenn die Heizung läuft, trocknen die Stücke schneller, während die sommerliche Luftfeuchtigkeit den Prozess verlangsamt.

Kann ich den Ton noch abdrehen, wenn er härter als lederhart ist? Die Faustregel lautet: Knochentrockener Ton kann nicht mehr abgedreht werden. Tut mir leid, aber so ist es leider. Wenn Sie in diesem Stadium abdrehen wollen, kann der Rand bei dem Versuch brechen, das Gefäß auf der Töpferscheibe zu sichern. Außerdem hinterlassen die Werkzeuge kaum Spuren, sondern raspeln nur gefährlichen Tonstaub ab.

Kann ich ein fast trockenes Werkstück wieder anfeuchten? Sie können es versuchen. Vor dem vollständigen Austrocknen lässt sich der Ton vielleicht wiederbeleben. Sie sollten das Stück jedoch nicht in Wasser tauchen – diese Schocktherapie könnte zu Rissen führen. Wickeln Sie es stattdessen in ein nasses Handtuch und decken Sie es mit Plastikfolie ab. Es kann ein paar Stunden dauern, bis der Ton wieder feucht genug ist, aber auf diese Weise beugen Sie Rissen vor.

Warum finde ich es so schwierig, das Trocknen des Tons zu steuern? Töpfern ist ein kreativer Prozess. Oft geraten vor lauter Spaß an der gestalterischen Arbeit die „technischen" Details ins Hintertreffen. Es kann auch sein, dass man nicht so oft in die Werkstatt kommt, wie man müsste, um den Trockenprozess zu steuern. Wenn etwas falsch läuft, lassen Sie sich nicht entmutigen, sondern werten Sie es als Erkenntniszuwachs. Wenn Ihre Stücke zu schnell trocknen, experimentieren Sie mit einer anderen Verpackung oder bitten Sie Kollegen, sich um das Trocknen Ihrer Gefäße zu kümmern, wenn Sie verhindert sind.

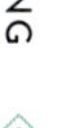

ABDREHEN

Unter Abdrehen versteht man das Entfernen von überschüssigem Ton und die Ausarbeitung des Fußes eines Gefäßes. Durch das Abdrehen wird ein Stück leichter und glatter, der Boden wird ästhetisch ansprechender und schonender für die Oberflächen, auf die es gestellt wird. Um den besten Erfolg beim Abdrehen zu erzielen, empfehle ich, sich an der Innenform des Topfes zu orientieren. Dieses Vorgehen ist ästhetisch am sinnvollsten, außerdem bleibt der Korpus Ihres Gefäßes gleichmäßig stark.
Bevor Sie Ihr Werkstück zum Abdrehen auf die Drehscheibe setzen, sollten Sie die Dicke der Wände und des Bodens prüfen. So bekommen Sie eine gute Vorstellung, wie viel Ton Sie abdrehen müssen. Sonst kann es passieren, dass Sie das Gefäß durchschneiden. Keine Sorge, das hat jeder Töpfer schon einmal gemacht. Denn wie könnte man besser lernen, wie ein zu dünn abgedrehter Topf aussieht und sich anfühlt?

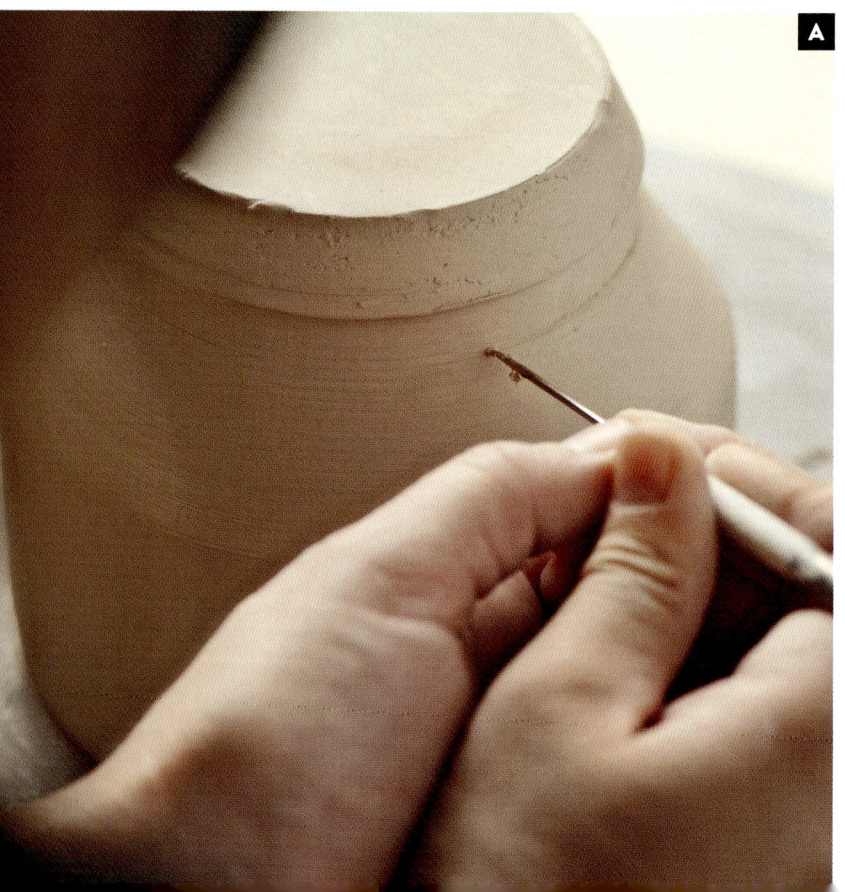

WERKZEUGE UND MATERIALIEN

- lederhartes Gefäß
- Töpfernadel
- Topf, frisch aus der Packung
- Abdrehschlingen
- Schwamm
- Wasser
- Töpferscheibe

Ein Gefäß auf der Scheibe befestigen

SCHRITT 1 Stellen Sie das Gefäß auf den oberen Rand und platzieren Sie es mithilfe der Rillen in der Mitte des Drehtellers. Tippen Sie mit dem Fuß leicht auf das Pedal. Während sich das Rad langsam dreht, bewegen Sie sich mit Ihrer Töpfernadel in der Hand vorsichtig auf das Gefäß zu und nähern sich dem Fuß. Ritzen Sie mit ruhiger, unbewegter Hand eine Linie in den Ton. Steht Ihr Gefäß nicht in der Mitte, hinterlässt das Werkzeug nur auf einer Seite der Wandung eine Linie. **[A]**

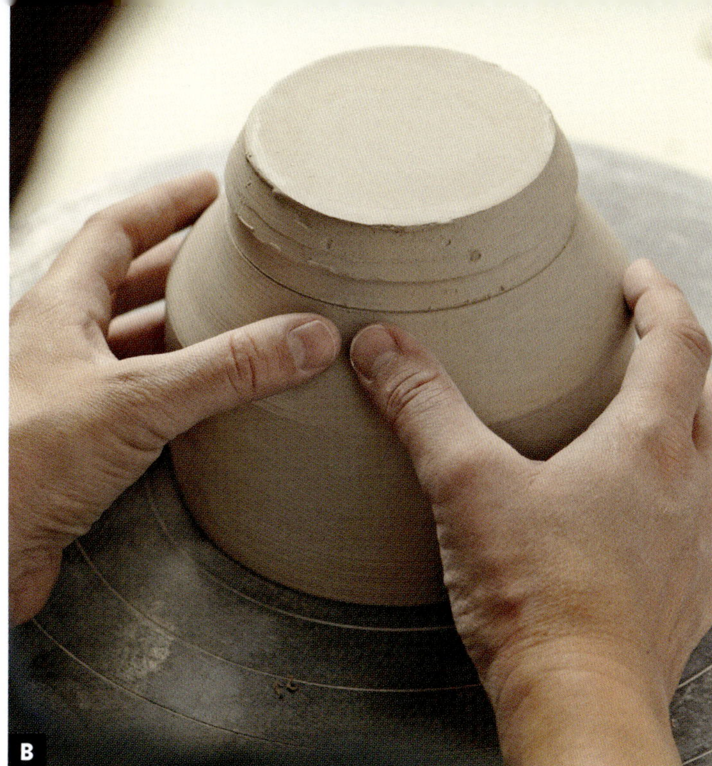

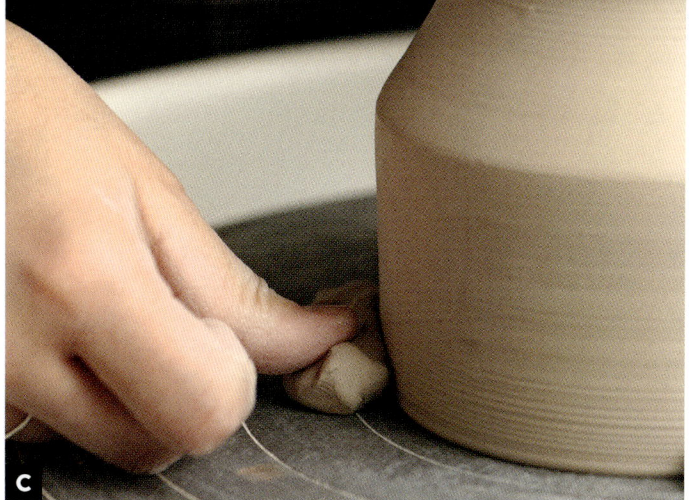

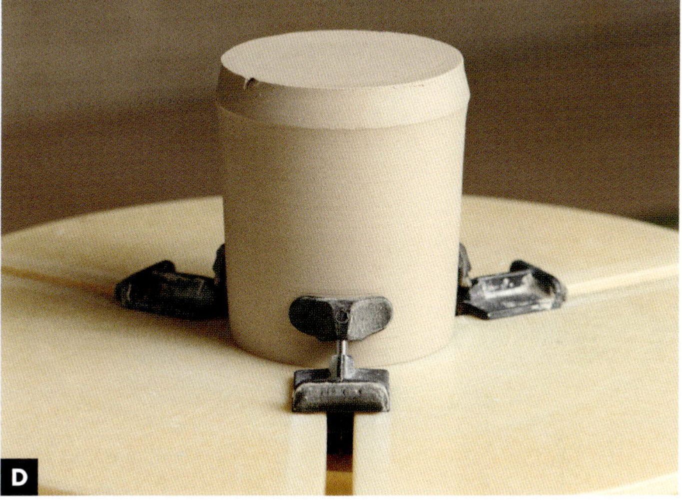

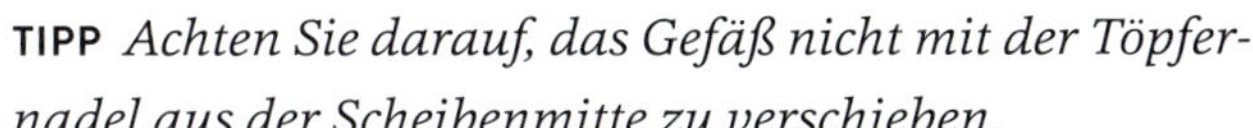

TIPP *Achten Sie darauf, das Gefäß nicht mit der Töpfernadel aus der Scheibenmitte zu verschieben.*

SCHRITT 2 Suchen Sie bei ruhender Scheibe die Mitte dieser Linie und korrigieren Sie vorsichtig die Position des Gefäßes, indem Sie es mit kleinen Bewegungen in die Scheibenmitte schieben. Wiederholen Sie diesen Schritt, bis das Nadelwerkzeug eine ununterbrochene Linie auf dem Ton hinterlässt. Jetzt ist das Gefäß zentriert. **[B]**

SCHRITT 3 Befestigen Sie das Gefäß mit drei Wülsten aus frischem Ton, für große oder breite Drehstücke brauchen Sie vier. Mit einer Hand auf dem Gefäß drücken Sie mit der anderen Hand den Tonwulst an den Gefäßrand, wo er auf der Drehscheibe aufliegt. Wenn Sie vergessen, das Gefäß mit der einen Hand zu fixieren, könnten Sie es mit der anderen aus der Mitte schieben. Wenn das passiert, gehen Sie zurück zu Schritt 1. Ist nicht schlimm. **[C]**

SCHRITT 4 Wiederholen Sie den Vorgang gleichmäßig bei den anderen Tonwülsten. Es ist wichtig, den Druck zu dosieren. Zu starker Druck kann den Rand verformen oder das Gefäß dezentrieren. Zum Schluss sichern Sie das Gefäß durch sanftes Rütteln, sonst fliegt es von der Scheibe.

TIPP *Der Giffin Grip, auch Abdrehhalterung genannt, ist ein großartiges Werkzeug. Er fixiert das Gefäß in der Mitte, sodass es sich leicht abdrehen lässt. Tonwülste braucht man nicht. Leider funktioniert der Giffin Grip am besten bei zentrierten und symmetrischen Gefäßen. Bei asymmetrischen Stücken kann er seine Wunderwirkung nicht entfalten.* **[D]**

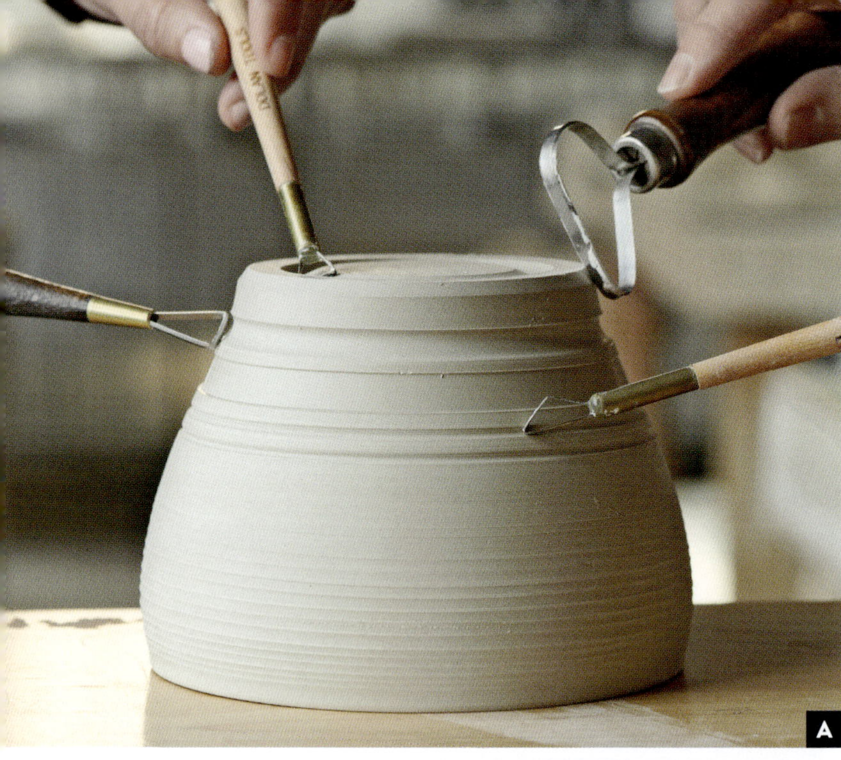

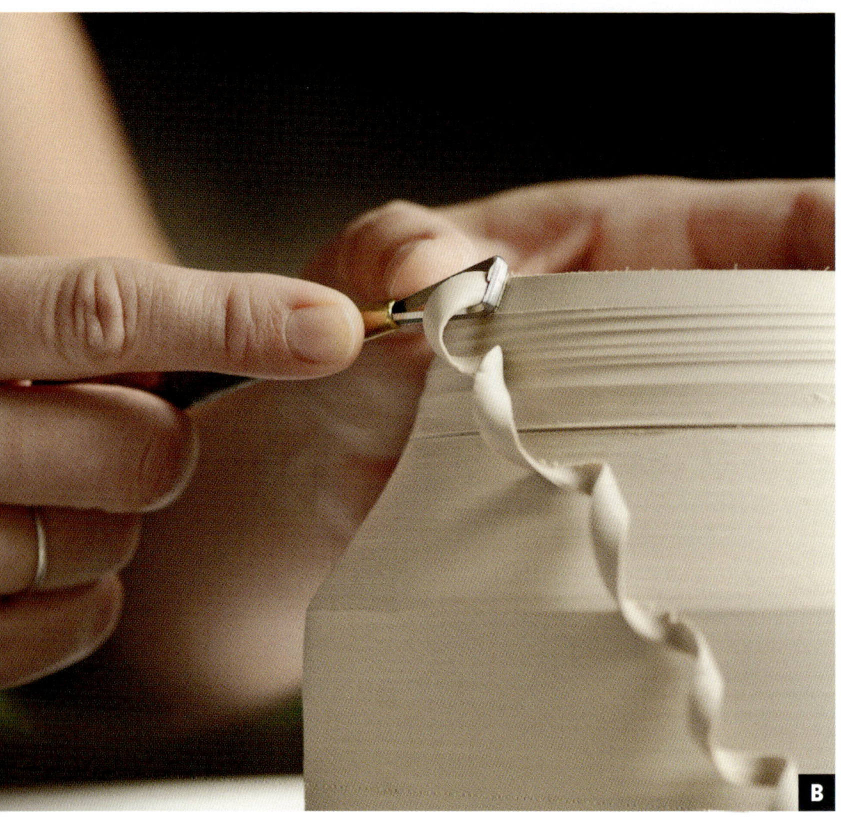

Abdrehen

Wenn Ihr Gefäß auf der Scheibe befestigt ist, beginnen Sie mit dem Abdrehen. Abdrehwerkzeuge gibt es in verschiedenen Formen und Größen und jedes hinterlässt andere Spuren. Bevor Sie sich für eines entscheiden, nehmen Sie sich einen Moment Zeit herauszufinden, welches Werkzeug Sie anspricht. **[A]**

SCHRITT 1 Drehen Sie die Töpferscheibe bei mittlerer Geschwindigkeit und führen Sie eine der größeren Abdrehschlingen an die Gefäßwand. Bei diesem Schritt entfernen Sie überschüssigen Ton, Unebenheiten und Tonkrümel. Bewegen Sie sich nicht zu zögerlich. Halten Sie die Abdrehschlinge gut fest und halten Sie die Scheibe erst an, wenn Sie die Hand vom Gefäß abgehoben haben. **[B]** Wiederholen Sie diesen Schritt am Boden des Gefäßes.

> **TIPP** *Wie beim Freidrehen von Gefäßen sollten Sie auch vor dem Abdrehen die Scheibe in Bewegung setzen und sie erst anhalten, wenn Sie das Werkzeug vom Ton abgehoben haben.*

SCHRITT 2 Nachdem Sie einen glatten Boden hergestellt haben, müssen Sie entscheiden, wo der Fuß ansetzen soll. Markieren Sie die Stelle mit einem Nagel, einer Nadel oder einem Abdrehwerkzeug. Auf den folgenden Seiten zeige ich am Beispiel einer Schale, wie es weitergeht, weil dies die ideale Form für Anfänger ist.

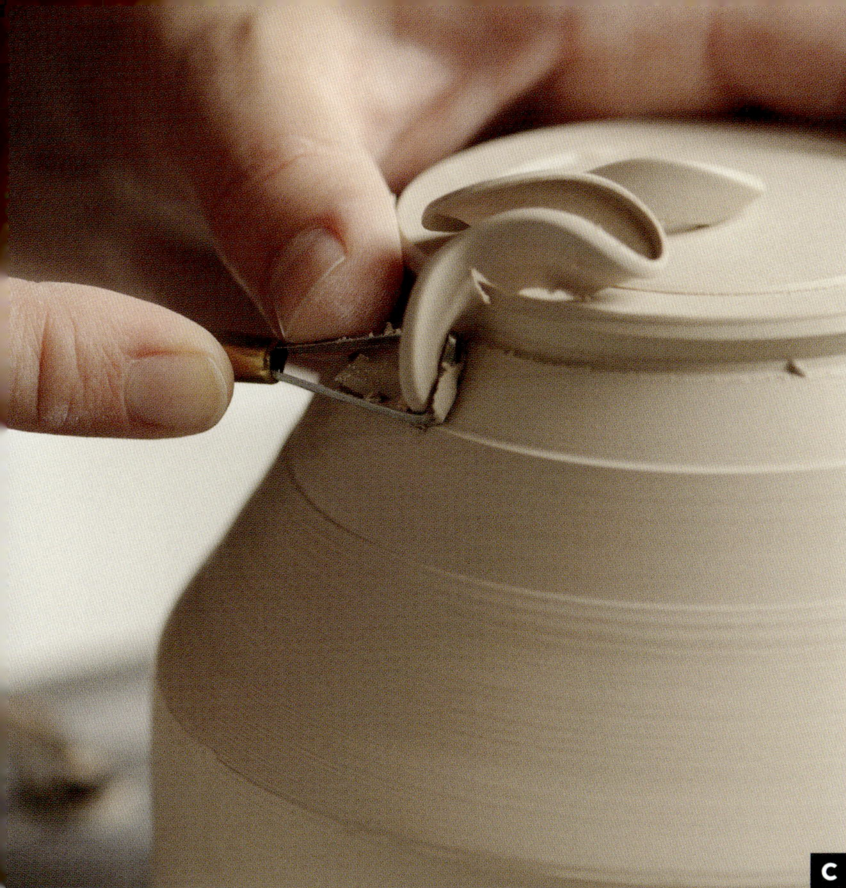

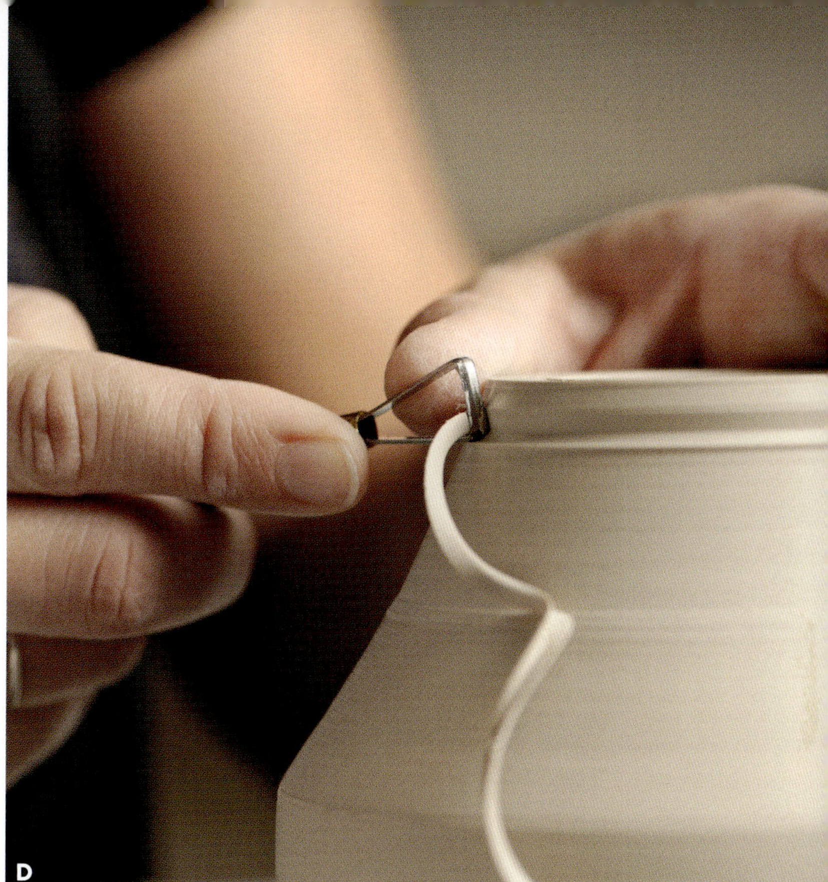

SCHRITT 3 Bei mittlerer Rotationsgeschwindigkeit der Töpferscheibe beginnen Sie, die Außenkante des Fußes abzudrehen, bis Sie den gewünschten Durchmesser erreicht haben. Sobald der Fuß die gewünschte Höhe und Breite hat, wird die Oberkante des Fußes mit dem flachen Ende der Abdrehschlinge gerundet oder abgeschrägt. **[C]**

> **TIPP** *Ich fertige an meinen Gefäßen gerne einen unterschnittenen Fuß, weil er ästhetisch ansprechend aussieht und dadurch ein schöner Abschluss für den Glasurauftrag entsteht. Wenn Sie es ausprobieren möchten, schneiden Sie mit der Spitze des Dreieckswerkzeugs unter den Ton.* **[D]**

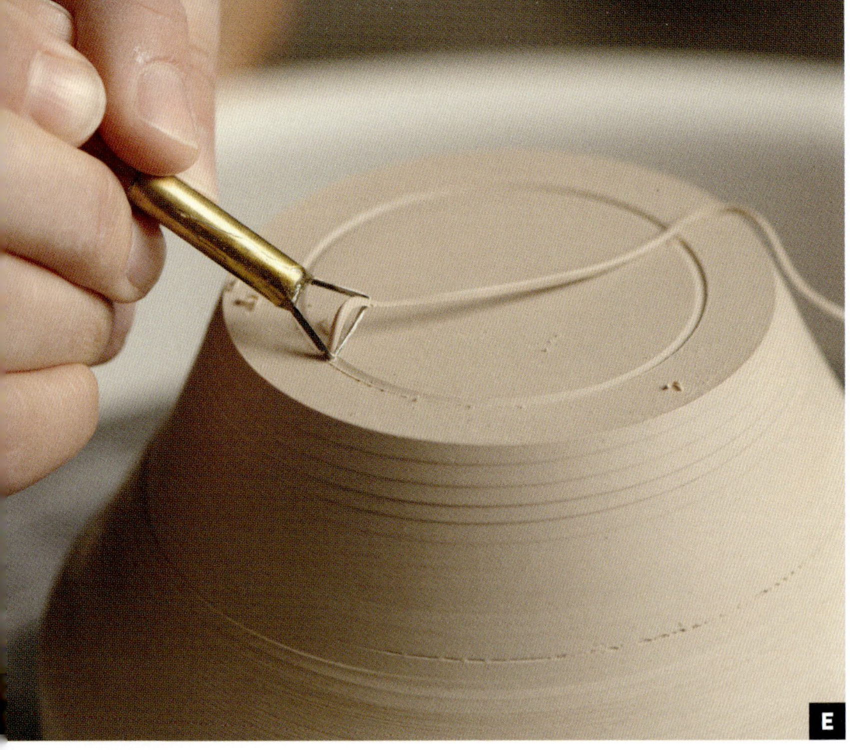

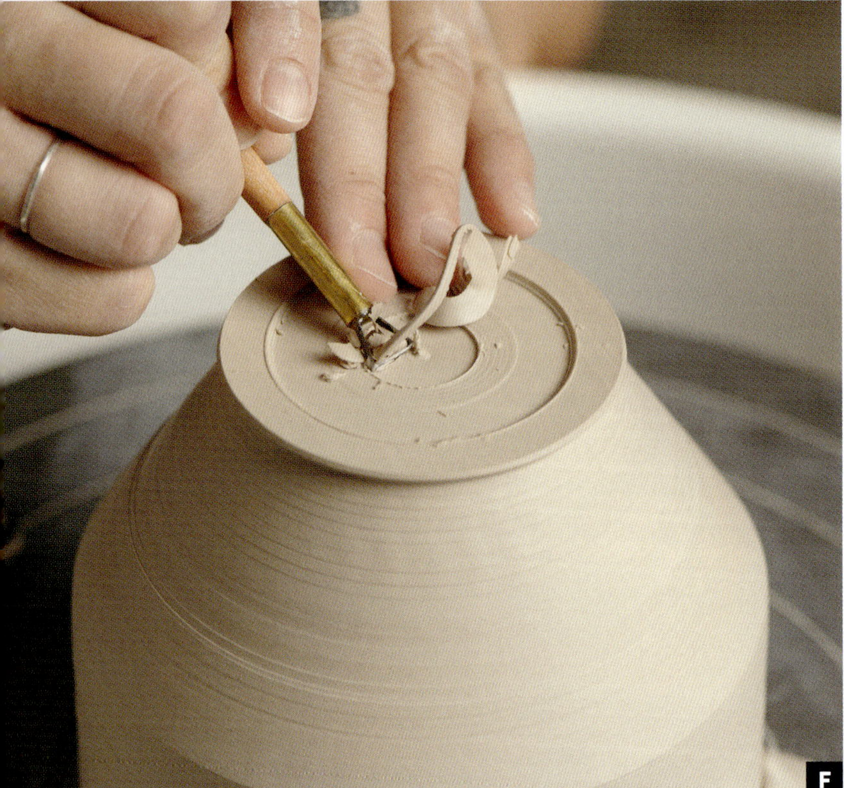

SCHRITT 4 Beginnen Sie mit derselben Abdrehschlinge und derselben Drehgeschwindigkeit der Scheibe, den Fußring herauszuarbeiten. Ich finde es einfacher, zuerst die Breite des Fußrings festzulegen und die Begrenzungslinie mit der Ecke des Dreieckswerkzeugs zu markieren, bevor ich mit dem Abtragen des Tons aus der Mitte anfange. **[E]**

SCHRITT 5 Das Innere des Fußrings wird bei mittlerer Drehgeschwindigkeit der Scheibe abgedreht. Beginnen Sie rechts von der Mittelmarkierung und arbeiten Sie sich zur inneren Begrenzung des Fußrings vor. Wenn Sie zu hastig arbeiten, schneiden Sie den Fußring womöglich ab. Achten Sie also darauf, wo am Gefäßboden Sie sich befinden. Fahren Sie mit dem Abdrehen fort, bis Sie mit Ihrem Ergebnis zufrieden sind. **[F]**

SCHRITT 6 Manche Töpfer glätten den fertig abgedrehten Fußring mit einem feuchten Schwamm. Ich lasse diesen Schritt normalerweise aus und wische meine Gefäße stattdessen ab, sobald sie knochentrocken sind, weil sie im lederharten Zustand durch die Bewegung auf den Tragebrettern immer noch Beulen und Kratzer abbekommen können.

Arbeiten mit einer Donsel

Je weiter Ihre Fertigkeiten an der Töpferscheibe fortschreiten, desto größer ist die Wahrscheinlichkeit, dass Sie früher oder später auf eine Form treffen, die schwierig abzudrehen ist. Dazu gehören enghalsige Gefäße oder Flaschen. Sie stellen eine reizvolle Herausforderung dar, nicht nur beim Drehen, sondern auch beim Abdrehen. Es ist kaum möglich, einen Flaschenhals mit Tonwülsten oder dem Giffin Grip sicher auf dem Scheibenkopf zu befestigen.

In diesem Fall empfehle ich die Verwendung einer Donsel. Dabei handelt es sich um eine Abdrehstütze, deren Form entfernt an eine Sanduhr erinnert. Die meisten Keramikwerkstätten stellen Donsel zur Verfügung, Sie können sie aber auch selbst herstellen. Nach dem Schrühen lässt sie sich immer wieder verwenden. Wenn Sie sie kurz vor dem Abdrehen anfertigen, trocknen Sie sie mit einer Lötlampe, bis der Ton lederhart ist. Die Verwendung einer Donsel ist einfach, wenn Sie die nachstehenden Anweisungen befolgen.

SCHRITT 1 Setzen Sie die Donsel auf die sich langsam drehende Scheibe und befestigen Sie sie mit Tonwülsten am Scheibenkopf wie ein Gefäß, das abgedreht werden soll. **[A]**

SCHRITT 2 Setzen Sie das abzudrehende Werkstück kopfüber in die Donsel und lassen Sie die Scheibe langsam rotieren, um es zu zentrieren. Falls nötig, wenden Sie den Trick mit der Töpfernadel an. Sobald das Gefäß zentriert ist, befestigen Sie es mit Tonwülsten an der Donsel. **[B]**

SCHRITT 3 Fertig zum Abdrehen. **[C]**

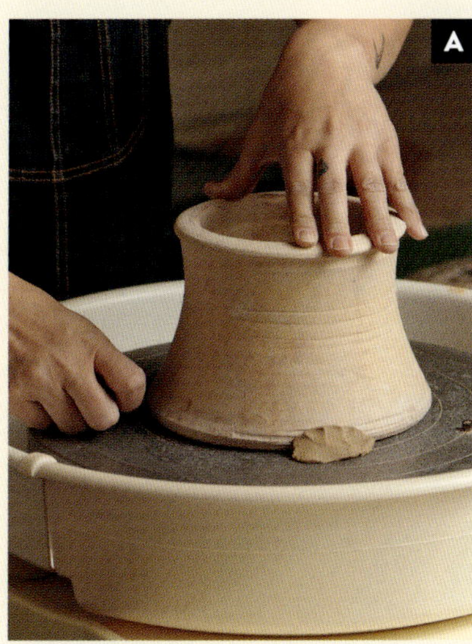
A

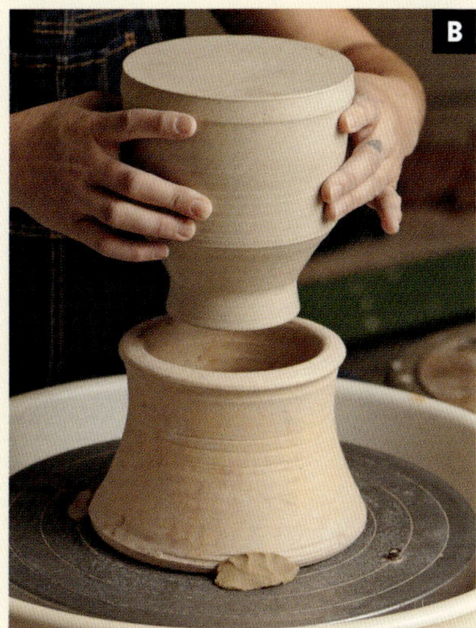
B

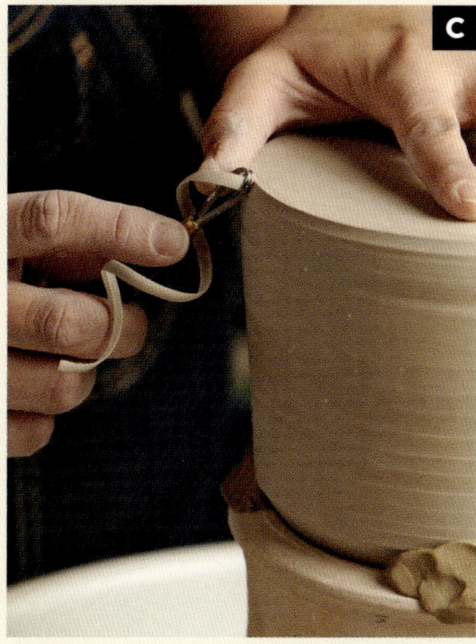
C

HENKEL

Nach dem Abdrehen, wenn der Ton lederhart ist, ist der ideale Zeitpunkt gekommen, einen Henkel anzubringen, den Sie meist aus nassem Ton herstellen. Damit das Gefäß lederhart bleibt, während der Henkel trocknet, decken Sie es einfach gut mit Plastikfolie ab oder stülpen Sie einen angefeuchteten Karton darüber. Es gibt verschiedene Möglichkeiten, Henkel herzustellen, und verschiedene Ansichten, welcher Henkel am besten zu welcher Form passt. In diesem Abschnitt möchte ich Ihnen einen Einblick in die Welt der Henkel geben und Sie anregen, über Handhabung und Design nachzudenken.

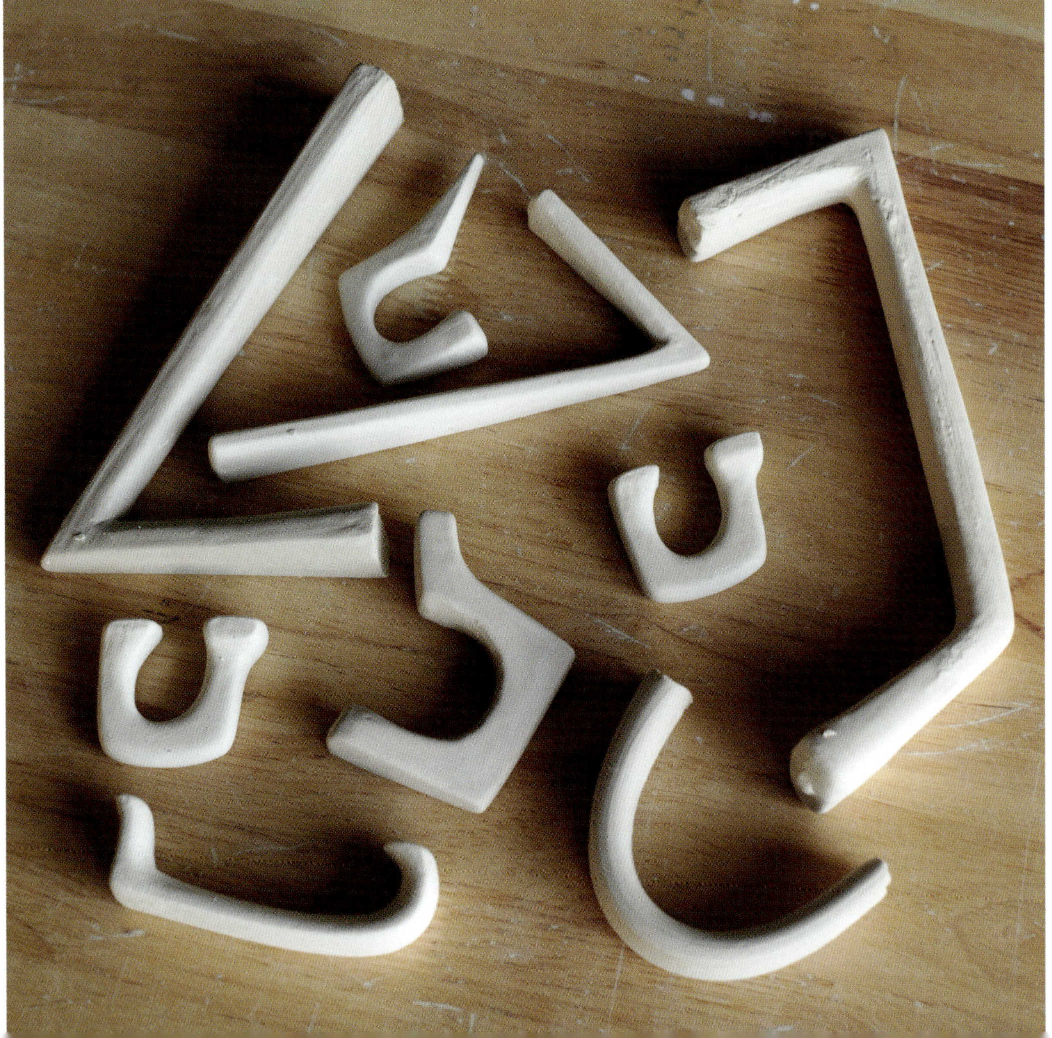

WERKZEUGE UND MATERIALIEN

nasser Ton
Eimer mit Wasser
Präzisionsmesser
Tonroller
Tragebrett
Stift und Papier

Überlegen Sie zunächst, welche Art von Henkel Sie bevorzugen, und lassen Sie sich von den abgebildeten Beispielen inspirieren. Überlegen Sie auch, wie viele Finger Sie im Henkel unterbringen und ob Sie eine Auflage für den Daumen oder den kleinen Finger haben möchten.

Weitere wichtige Punkte sind die Form des Bechers und die Verteilung des Gewichts. Die Position des Henkels bestimmt, wie leicht sich aus einem Gefäß trinken lässt. Achten Sie darauf, genügend Platz für die Finger zu lassen, damit sie nicht mit der (möglicherweise heißen) Becherwand in Berührung kommen.

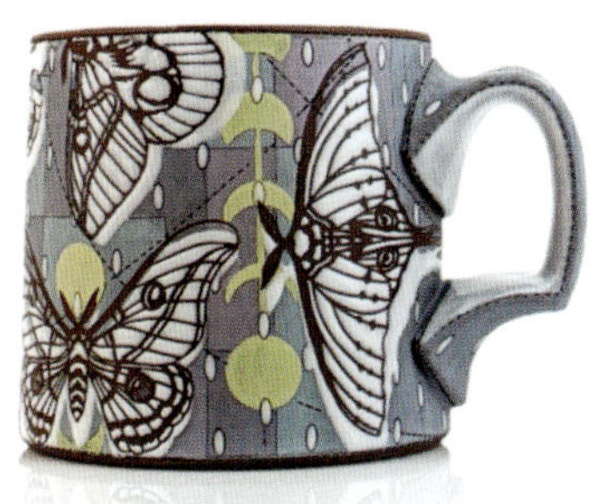
Renee LoPresti

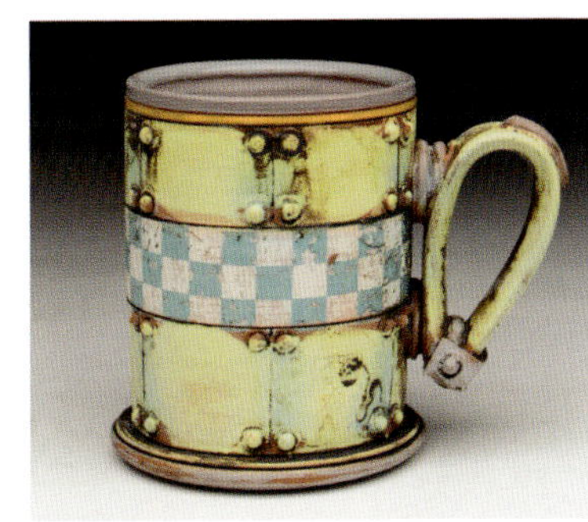
Mike Cinelli

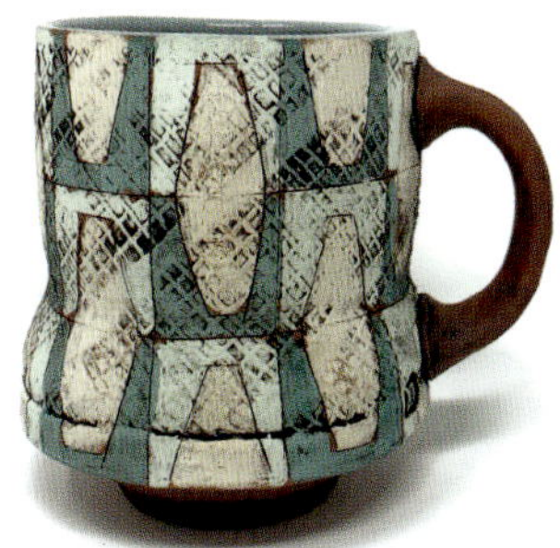
Mark Arnold

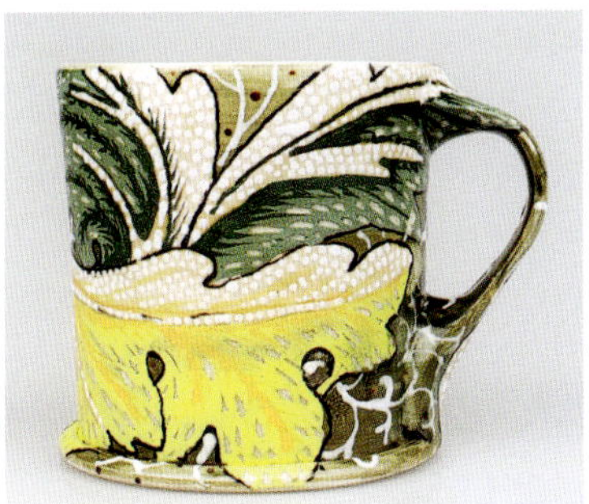
Matthew Schiemann

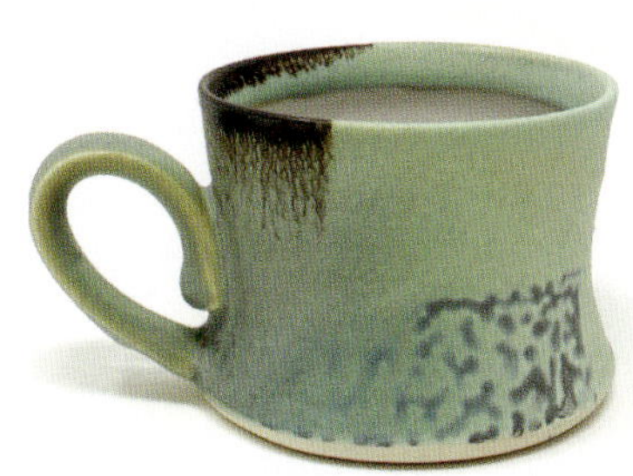
Deb Schwartzkopf

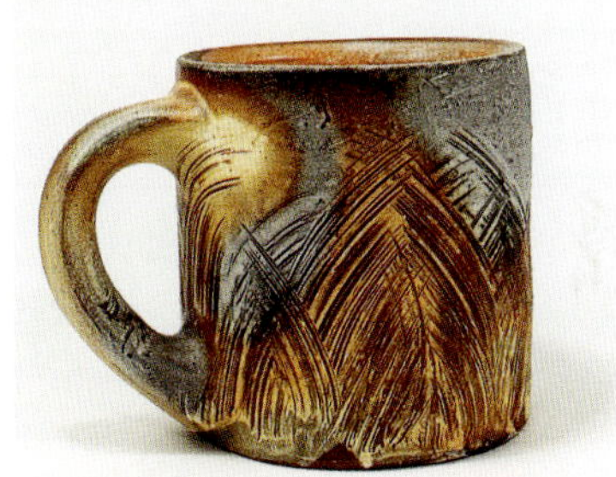
Gillan Doty

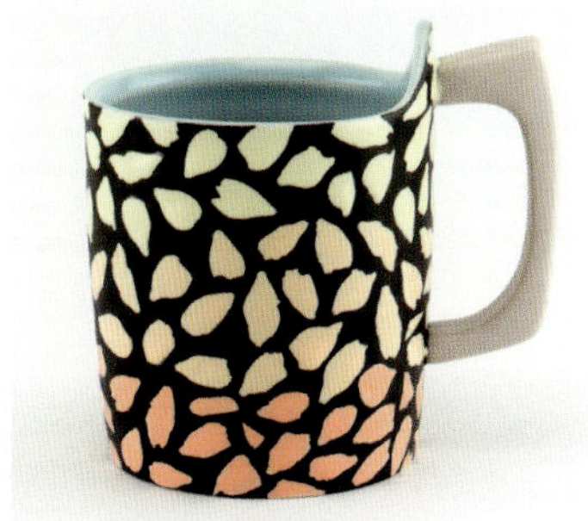
Adrienne Eliades

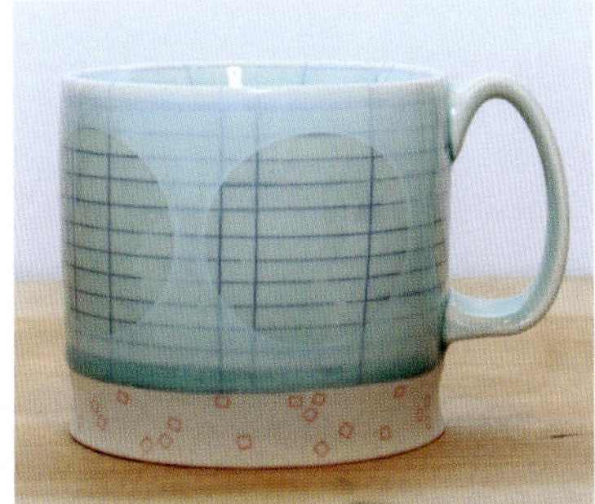
Rachel Donner

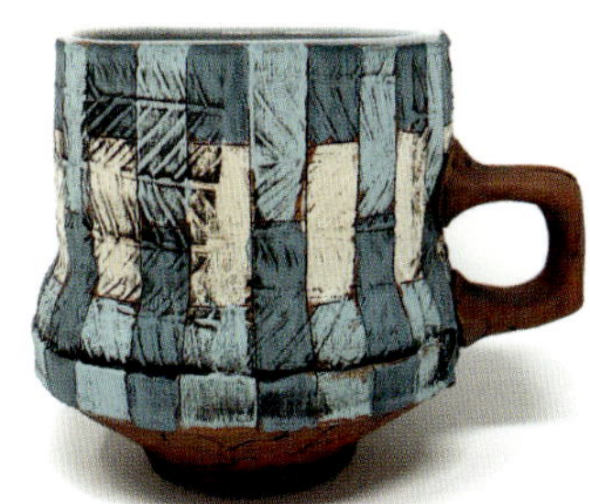
Mark Arnold

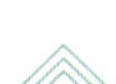

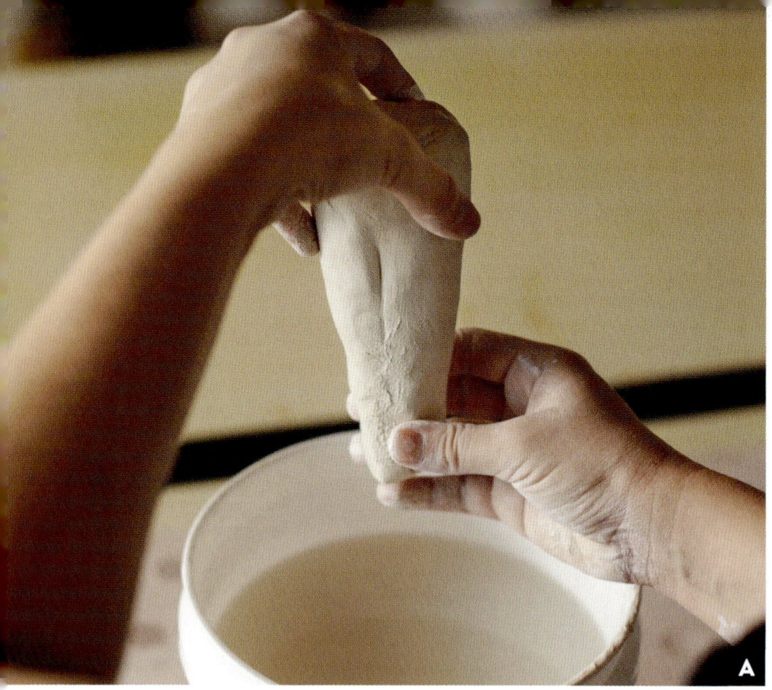

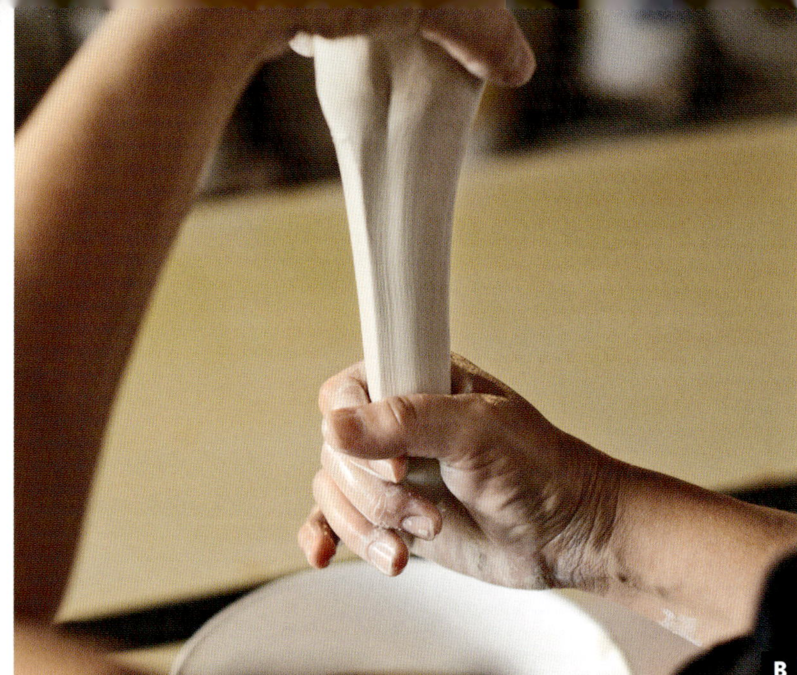

Gezogene Griffe

Traditionell werden Tonhenkel gezogen, sie sind somit im wahrsten Sinn des Wortes Handwerk. Anfangs mag dieser Prozess schwierig erscheinen, aber bei beharrlicher Übung finden Sie den passenden Rhythmus. Einer meiner Dozenten sagte einmal: „Wenn du hundert Griffe gezogen hast, verstehst du es vielleicht." Ich glaube nicht, dass es so lange dauert, bis man es „versteht". Bis man die Technik meisterhaft beherrscht, braucht man jedoch Geduld.

SCHRITT 1 Beginnen Sie mit 450 bis 900 g frisch geknetetem Ton. Klopfen Sie den Ton mit den Händen zu einem Kegel. **[A]**

SCHRITT 2 Halten Sie die Spitze des Tonkegels mit der linken Hand über einen Eimer mit Wasser und beginnen Sie mit der rechten Hand, den Ton anzufeuchten. Sie können sogar den ganzen Kegel bis zu den Fingern der linken Hand ins Wasser tauchen.

SCHRITT 3 Befeuchten Sie die rechte Hand und beginnen Sie, den Ton nach unten zu ziehen. **[B]** Man hat mir gesagt, das sei etwa so, als würde man eine Kuh melken. Da ich mit Kühemelken keine Erfahrung habe, kann ich das nicht bestätigen. Ich kann Ihnen jedoch versichern, dass es einfacher wird, wenn Sie beim Ziehen die rechte Hand wie eine Krabbenschere krümmen. **[C]** Wenn Sie möchten, können Sie mit dem Daumen eine Vertiefung in den Ton machen. **[D]**

TIPP *Ich benutze den Daumen nicht bei jeder Ziehbewegung, um keine tiefe Rille in den Ton zu graben. Wenn Sie jedoch genau diesen Effekt erzielen möchten, setzen Sie Ihren Daumen beim Ziehen häufiger ein. Zum Beispiel: Daumen, Daumen, Daumen, Krabbenschere, wiederholen.*

SCHRITT 4 Schneiden Sie nun von dem lang gezogenen Stück Ton den Griff ab. Legen Sie das Ende des Kegels auf die Tischkante und schneiden Sie mit dem Präzisionsmesser die gewünschte Länge ab. **[E]**

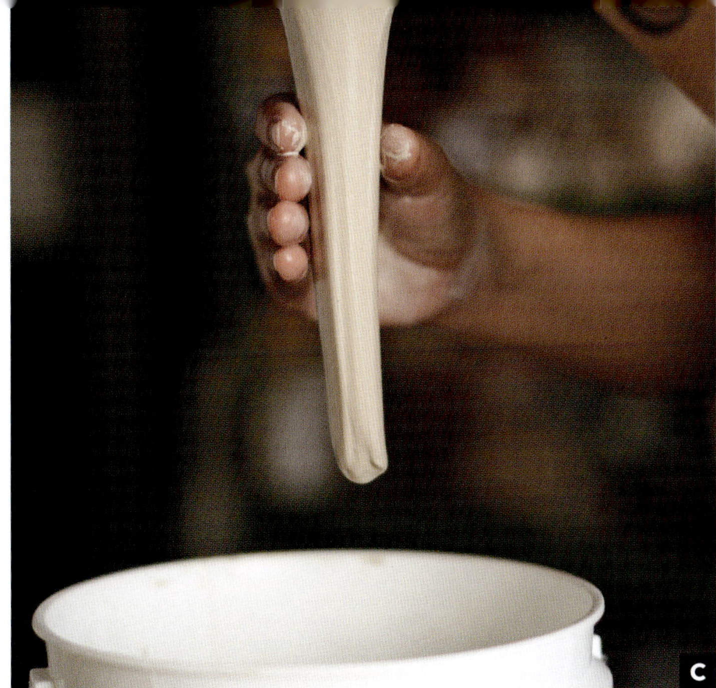

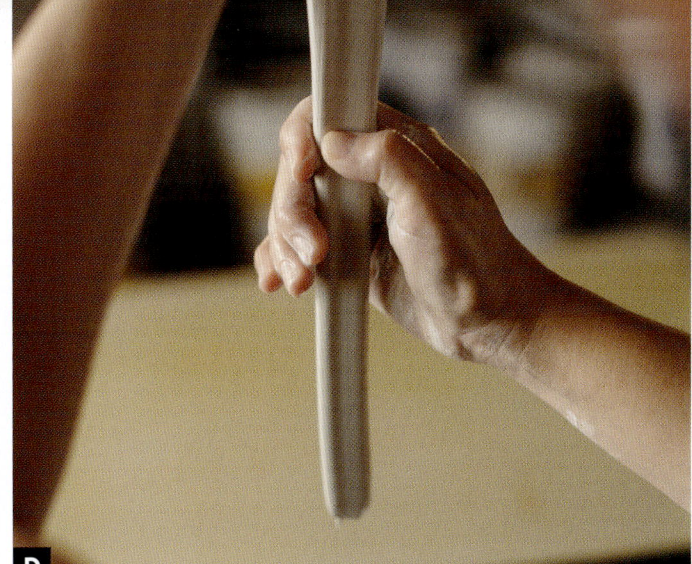

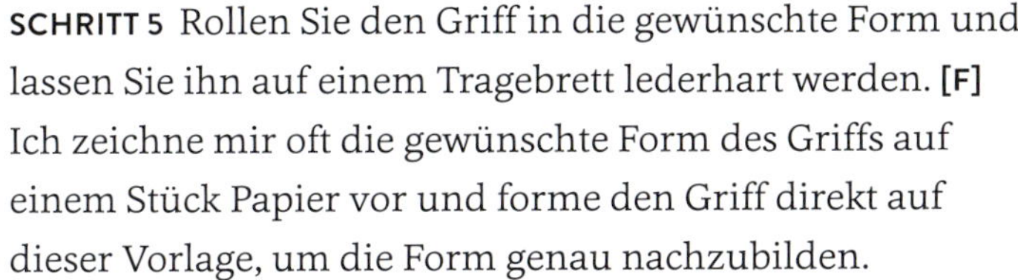

SCHRITT 5 Rollen Sie den Griff in die gewünschte Form und lassen Sie ihn auf einem Tragebrett lederhart werden. **[F]** Ich zeichne mir oft die gewünschte Form des Griffs auf einem Stück Papier vor und forme den Griff direkt auf dieser Vorlage, um die Form genau nachzubilden.

> **TIPP** *Wie beim Drehen auf der Töpferscheibe kommt es auch beim Ziehen der Henkel auf gleichmäßigen Druck an. Bei zu starkem Druck wird der Ton dünn und schwach und kann reißen. Ist der Druck zu gering, wächst der Henkel im Schneckentempo. Grundsätzlich gilt hier wie bei allen Arbeiten mit Ton: Üben, üben, üben!*

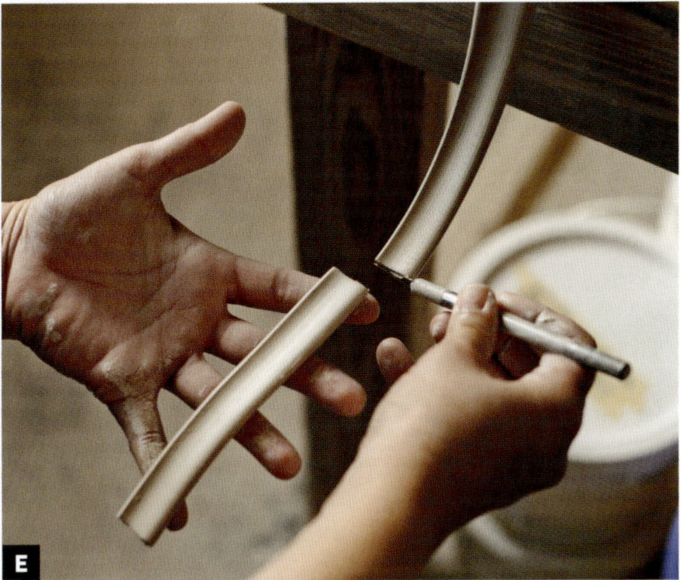

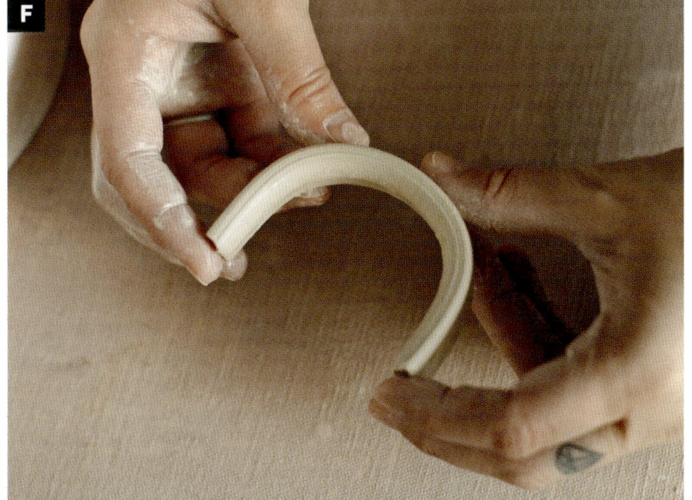

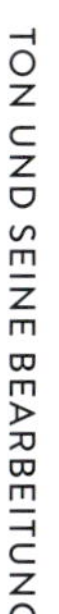

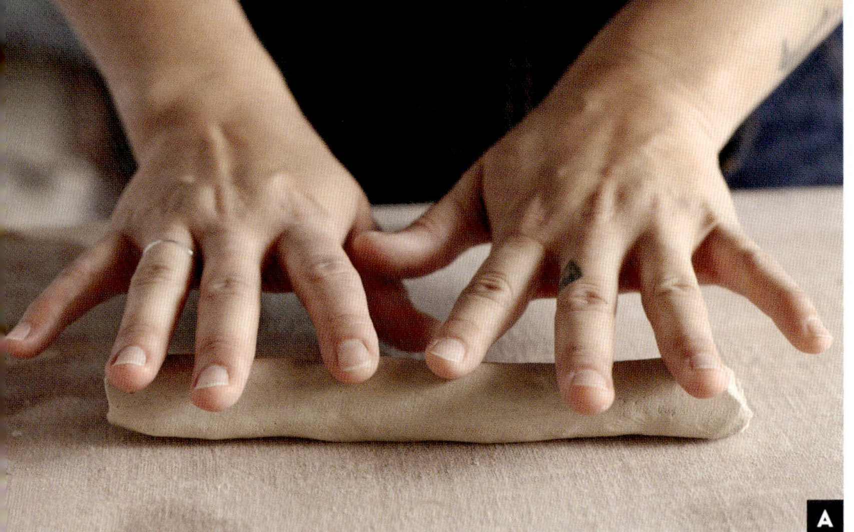

A

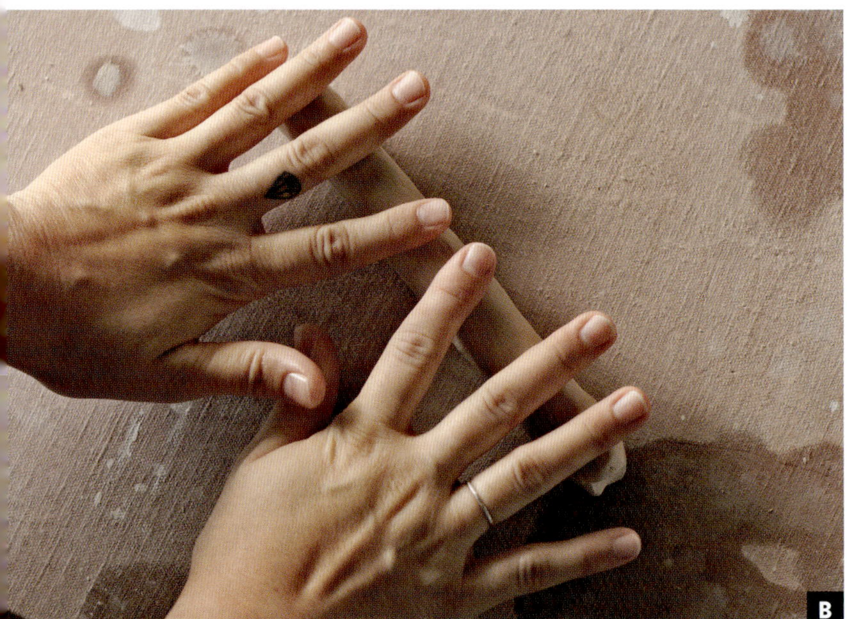

B

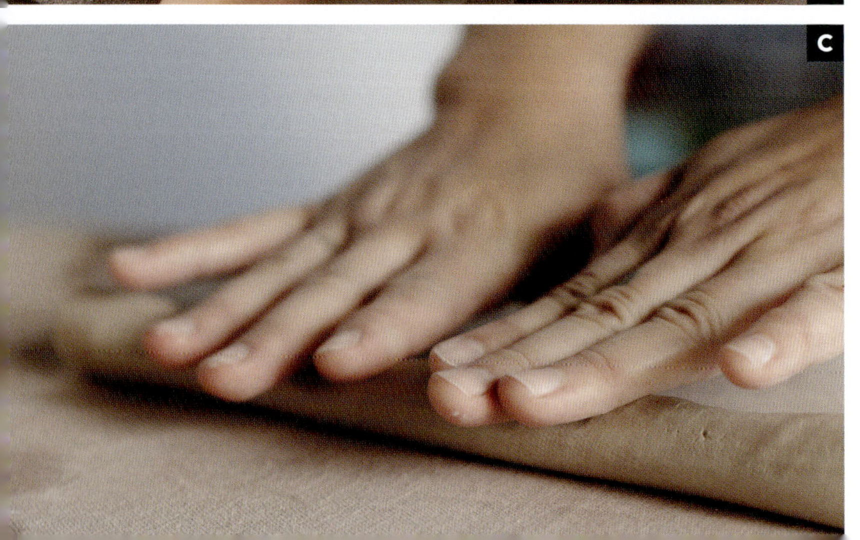

C

Gerollte Griffe

Wenn Sie mit dem Ziehen nicht zurechtkommen und eine schnelle Henkellösung suchen, empfehle ich Ihnen die folgende Technik. Gerollte Henkel können gezogenen sehr ähnlich sehen und manche Kursteilnehmer lassen die Ziehmethode für immer hinter sich. Beide Techniken haben jedoch ihre Daseinsberechtigung.

SCHRITT 1 Nehmen Sie ca. 110 g frischen Ton und klopfen Sie ihn mit den Handflächen zu einem dicken Tonwulst, bevor Sie mit dem Rollen beginnen. **[A]**

SCHRITT 2 Legen Sie den Tonwulst auf einen mit Leinwand abgedeckten Tisch oder ein Tragebrett. Beginnen Sie, mit den Händen von vorne nach hinten über den Ton zu rollen. **[B]**

> **TIPP** *Für einen perfekten Tonwulst spreizen und schließen Sie die Finger abwechseld beim Rollen und bewegen sich von der Mitte nach außen und zurück. Achten Sie darauf, die Hände nicht zu lange stillzuhalten, sonst wird der Tonwulst nicht glatt, sondern klumpig.*

SCHRITT 3 Fahren Sie mit dem Rollen fort, bis der Tonwulst etwa 2 cm dick ist. Der Durchmesser hängt weitgehend von der Größe Ihres Bechers ab – dickere Henkel für große Becher, dünnere für kleine. **[C]**

SCHRITT 4 Fangen Sie an einem Ende der Tonrolle an, sie mit dem Daumen abzuflachen. **[D]** Dabei können Unebenheiten entstehen. Als wahrer Perfektionist greifen Sie in diesem Fall zum Tonroller und fahren einmal mit sanftem Schwung über den Ton. **[E]**

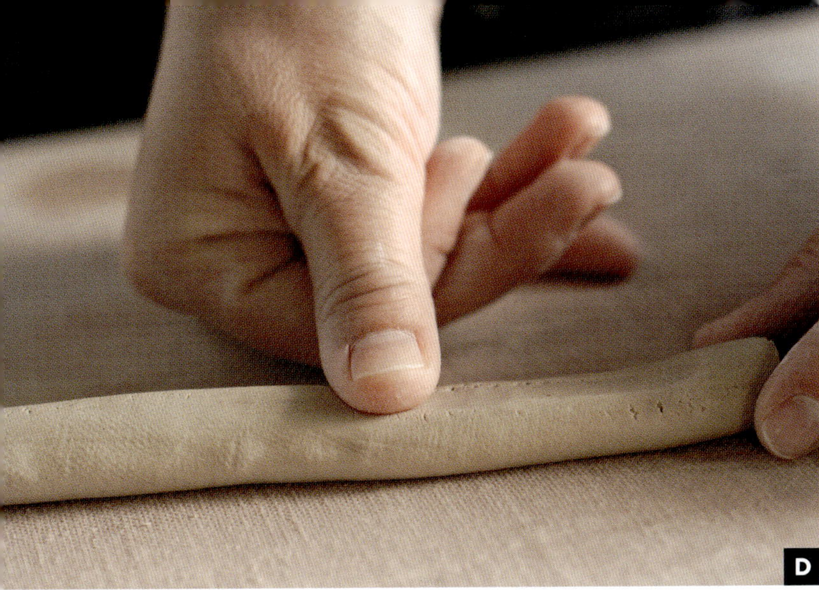

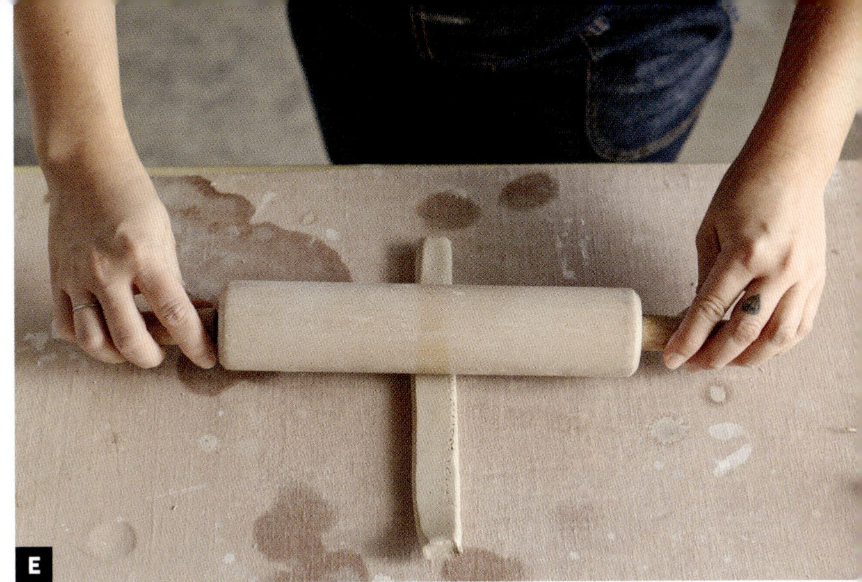

SCHRITT 5 Im letzten Schritt muss der Henkel geformt werden. Schneiden Sie nach der gleichen Methode wie bei den gezogenen Henkeln die gewünschte Länge zu und bringen Sie den Henkel in die gewünschte Form. Lassen Sie ihn auf einem Brett trocknen, bis er ebenso lederhart ist wie Ihr Becher. **[F]**

TIPP *Um den Henkel so aussehen zu lassen, als sei er gezogen worden, empfehle ich die folgende Methode: Bevor Sie den Henkel formen, nehmen Sie den abgeflachten Tonwulst und halten ihn so, als wollten Sie ihn über einem Eimer mit Wasser ziehen. Befeuchten Sie die Hände und „ziehen" Sie ein paar Mal an dem Tonwulst, um ihn zu glätten. Diese Ziehbewegung hat eher eine kosmetische Wirkung: Sie zieht den Ton nicht wirklich in die Länge. Schneiden Sie die gewünschte Form – fertig!*

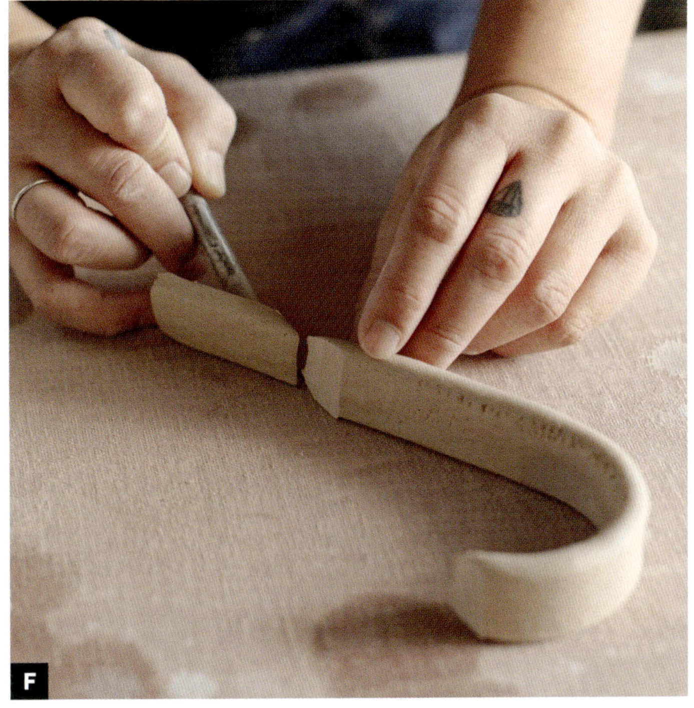

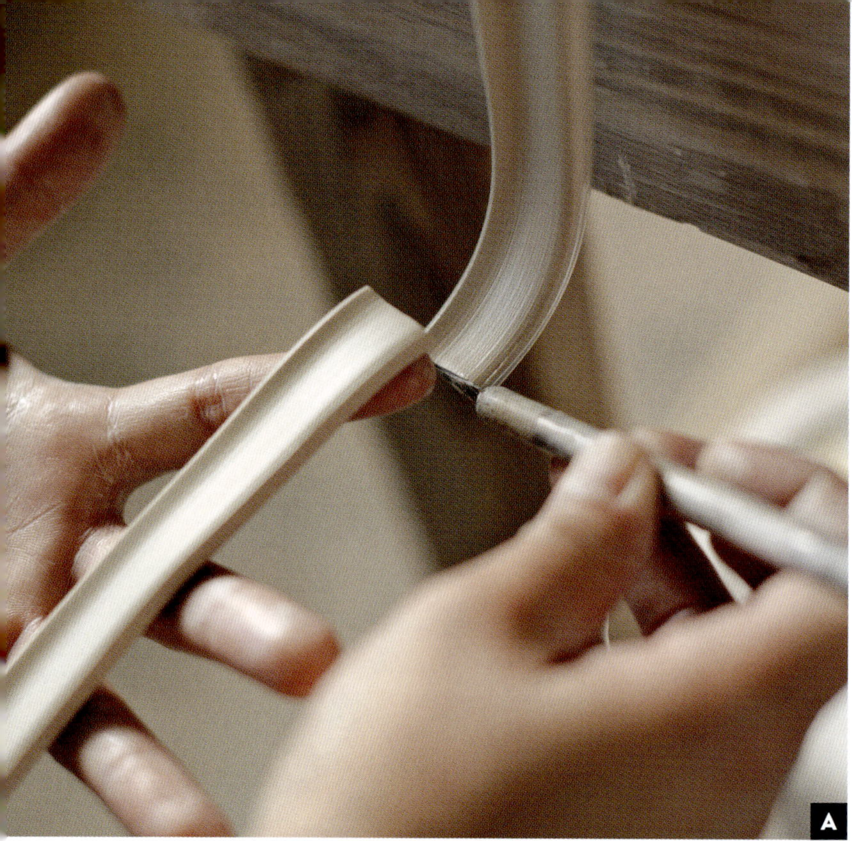

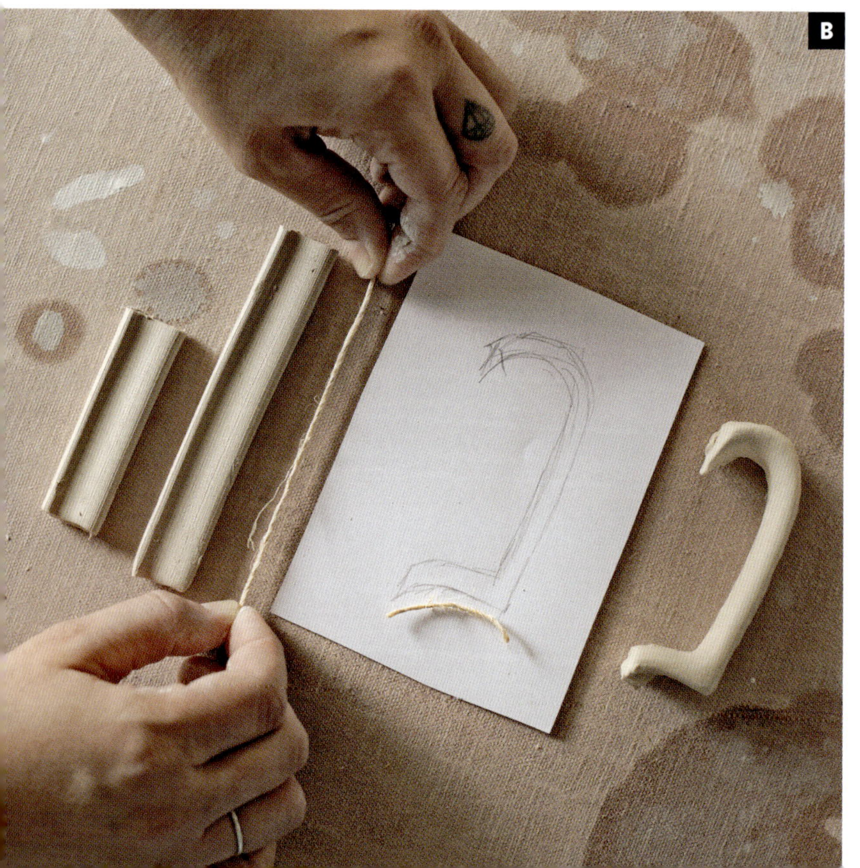

Zusammengesetzte Henkel

Wenn Sie die Augen offen halten, wird Ihnen auffallen, wie viele unterschiedliche Arten von Henkeln es an handgefertigten Bechern gibt. Für die Herstellung von Henkeln bieten sich viele Techniken an: die Daumendruck- und die Plattentechnik oder Schlickerguss, um nur einige zu nennen. Das Zusammensetzen eröffnet Ihnen weitere kreative Möglichkeiten für griffige, ästhetische und dynamische Henkel.

Im Folgenden zeige ich Ihnen Schritt für Schritt, wie der charakteristische „Ohr"-Henkel meines Blue-Ridge-Mountain-Bechers entsteht. Die Gestalt dieses Henkels hat sich nach und nach herausgebildet, als ich auf der Suche nach einem komfortablen Griff für meine Becher war. Als ich wusste, wie er aussehen sollte, habe ich eine maßstabsgetreue Zeichnung angefertigt und den Henkel in Einzelteilen zusammengesetzt.

SCHRITT 1 Ziehen oder rollen Sie einen Henkel und schneiden Sie ein langes Stück und ein kurzes Stück ab. **[A]**

> **TIPP** *Um die Länge der einzelnen Tonstücke zu bestimmen, habe ich mit einer Schnur die Konturen meiner Zeichnung nachgelegt und die beiden Längen abgeschnitten, die ich brauchte.* **[B]** *Machen Sie die Tonstücke vorsichtshalber ein wenig länger. Kürzen können Sie im Zweifelsfall immer.*

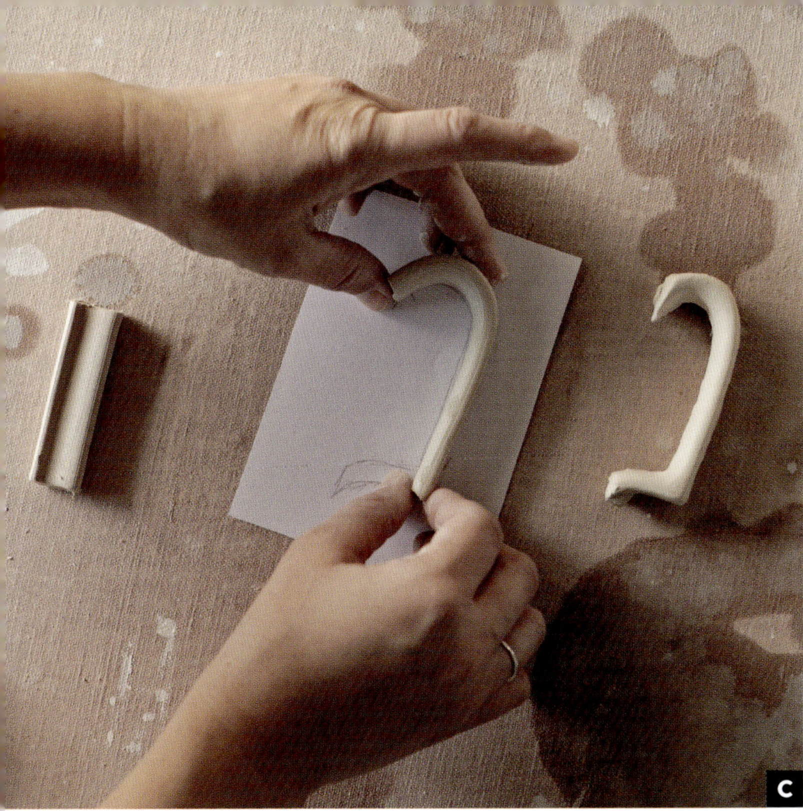

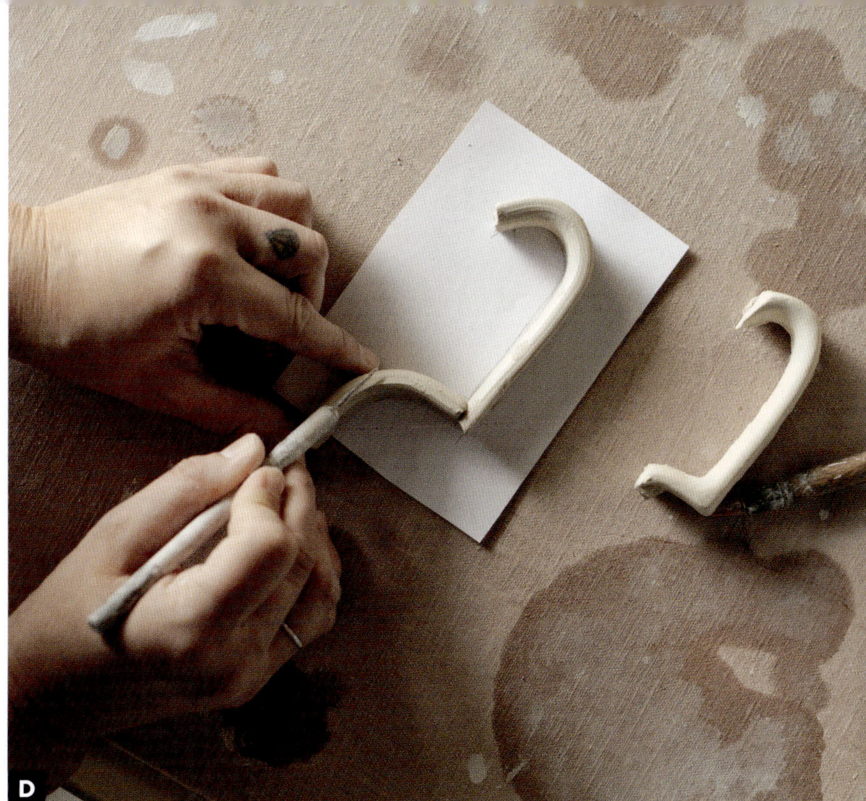

SCHRITT 2 Biegen Sie die beiden Tonstücke nach den Vorgaben der Zeichnung. **[C]**

SCHRITT 3 Wenn Ihr Ton sehr feucht ist, lassen Sie die beiden Teile fast lederhart werden. Um die beiden Teile zu verbinden, tauchen Sie Ihr Ritzwerkzeug in Wasser und rauen die Oberfläche der beiden Verbindungspunkte auf. Gleichzeitig weichen Sie den Ton an den Ansatzpunkten auf. Der so entstandene Schlicker wirkt wie ein Klebstoff, der die beiden Teile zusammenhält.

SCHRITT 4 Befestigen Sie die beiden Tonstücke aneinander. Danach lasse ich meinen Henkel normalerweise eine Weile ruhen. So haben die beiden Tonstücke genug Zeit, sich zu verbinden und fest genug zu werden, um die Ansatznähte zu glätten. **[D]**

SCHRITT 5 Versäubern Sie den Griff mit einem feuchten Pinsel oder einem Schwämmchen. Wenn er fast lederhart ist, können Sie ihn am Becher befestigen.

HENKEL ANGARNIEREN

Jetzt wird es spannend: Ihr schöner Henkel und Ihr schöner Becher finden zusammen. Die Position des Henkels entscheidet sich zunächst nach funktionellen und dann nach ästhetischen Gesichtspunkten. Lässt er sich gut packen? Sieht der Becher ausgewogen aus? Ich verlasse mich dabei eher auf mein Gefühl als auf Gestaltungsregeln, aber methodische Menschen können auch auf mathematische Kompositionsansätze zurückgreifen.

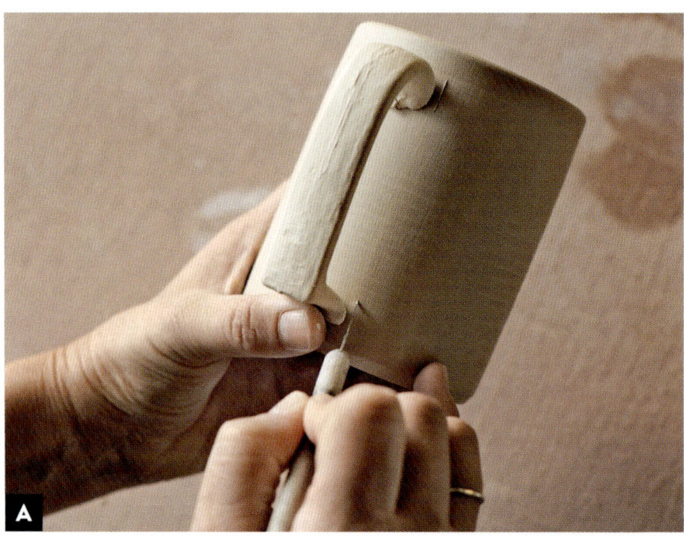

A

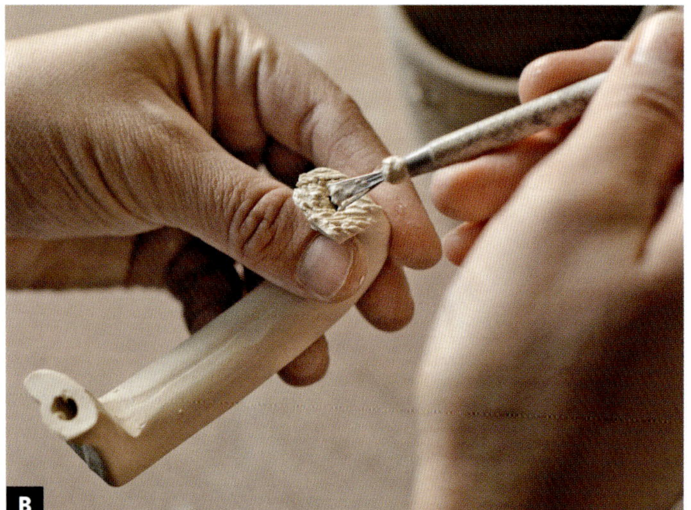

B

WERKZEUGE UND MATERIALIEN

Präzisionsmesser
Töpfernadel
Surform-Feile
Glättwerkzeug
Becher
Henkel
Eimer mit Wasser
Schwamm
Anleitung

SCHRITT 1 Halten Sie den Henkel an den Becher und entscheiden Sie sich für seine Position. Markieren Sie mit der Töpfernadel die Ansatzpunkte am Becher. **[A]** Wenn sich die Ansatzpunkte des Henkels nicht perfekt an die Becheroberfläche anpassen, runden Sie sie vorsichtig mit einem Präzisionsmesser oder einer Surform-Feile.

SCHRITT 2 Tauchen Sie die Surform-Feile in Wasser und rauen Sie an den Markierungspunkten auf dem Becher die Oberfläche auf und weichen Sie sie an. Wiederholen Sie diesen Schritt an den Ansatzpunkten des Henkels. Der so entstandene Schlicker dient als Klebstoff. **[B]**

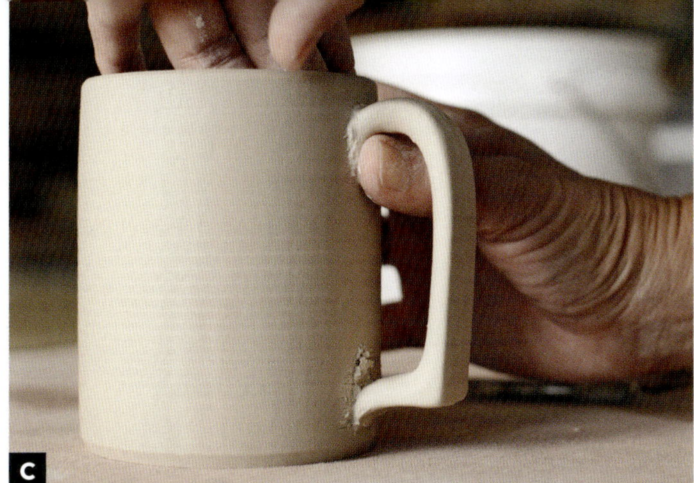

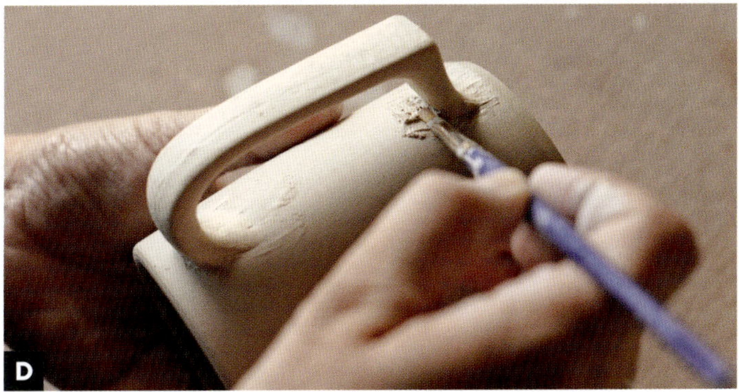

SCHRITT 3 Befestigen Sie den Henkel. Dies ist wirklich der beste Teil des kreativen Prozesses, wenn Ihre Vision Wirklichkeit wird. Drücken Sie den Henkel mit der linken Hand vorsichtig in die Ansatzstellen am Becher. Drücken Sie mit der rechten Hand von innen dagegen, sodass Sie die Tasse an den Henkel und den Henkel an den Becher drücken. So verhindern Sie, dass sich der Becher verformt. Prüfen Sie den Sitz des Henkels von allen Seiten, bevor Sie beide Teile endgültig zusammenfügen. Ich setze meine Henkel oft schief an, daher spreche ich aus Erfahrung! **[C]**

SCHRITT 4 Sobald der Henkel am Becher befestigt ist, kommt der letzte Schritt: das Glätten. Ich verwende dabei eine Kombination aus Glättwerkzeugen und Pinseln, um dem Becher den letzten Schliff zu geben. **[D]** Herzlichen Glückwunsch, Sie haben gerade Ihren ersten Becher geschaffen!

Tipps bei Problemen

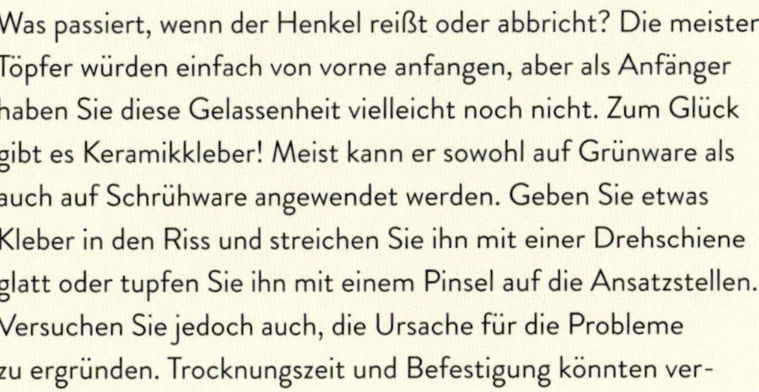

Was passiert, wenn der Henkel reißt oder abbricht? Die meisten Töpfer würden einfach von vorne anfangen, aber als Anfänger haben Sie diese Gelassenheit vielleicht noch nicht. Zum Glück gibt es Keramikkleber! Meist kann er sowohl auf Grünware als auch auf Schrühware angewendet werden. Geben Sie etwas Kleber in den Riss und streichen Sie ihn mit einer Drehschiene glatt oder tupfen Sie ihn mit einem Pinsel auf die Ansatzstellen. Versuchen Sie jedoch auch, die Ursache für die Probleme zu ergründen. Trocknungszeit und Befestigung könnten verantwortlich sein.

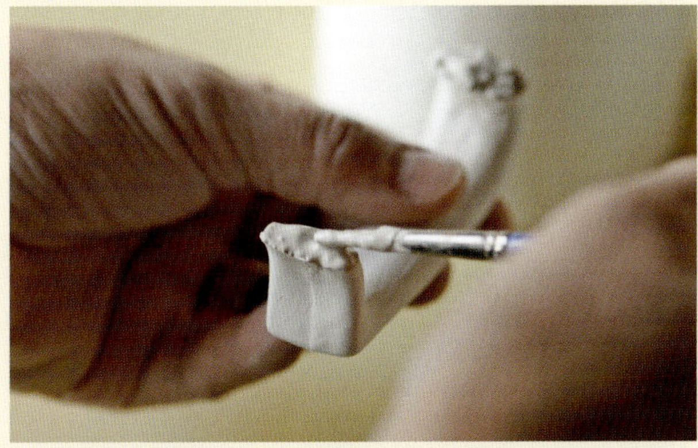

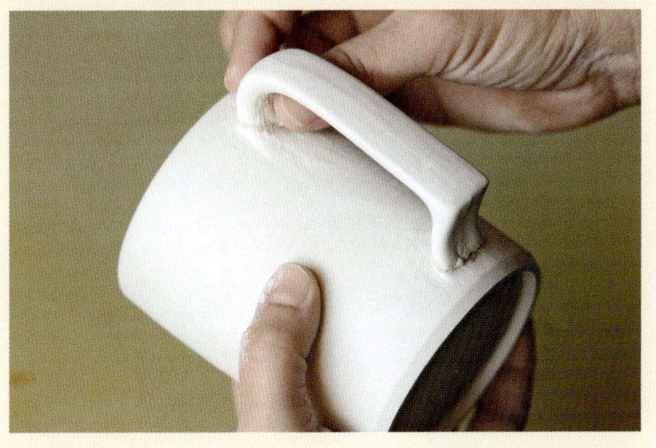

GALERIE

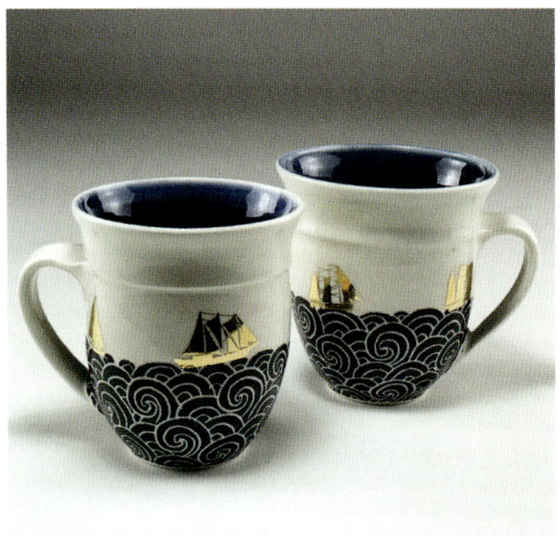

Anja Bartels, Becher mit goldenen Segelbooten
Porzellan, frei gedreht, Elektrobrand bei Kegel 7, Sgraffito-Dekor, goldfarbene Abziehbilder

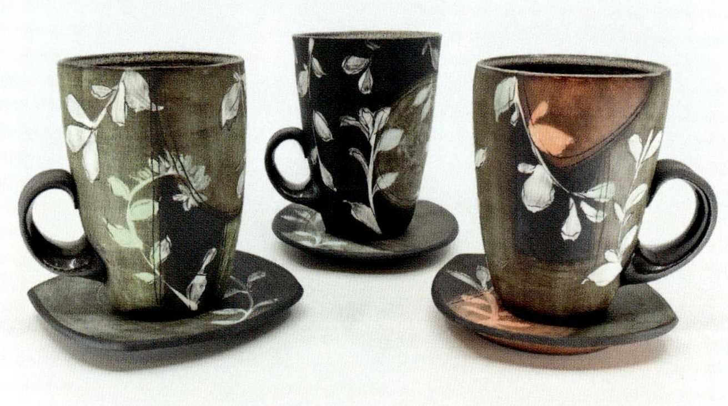

Heather Spontak, Teebecher und Untertassen
Gedrehter schwarzer Ton mit farbiger Terra Sigillata, Engobe, Sgraffito-Technik, Oxidation bei Kegel 5

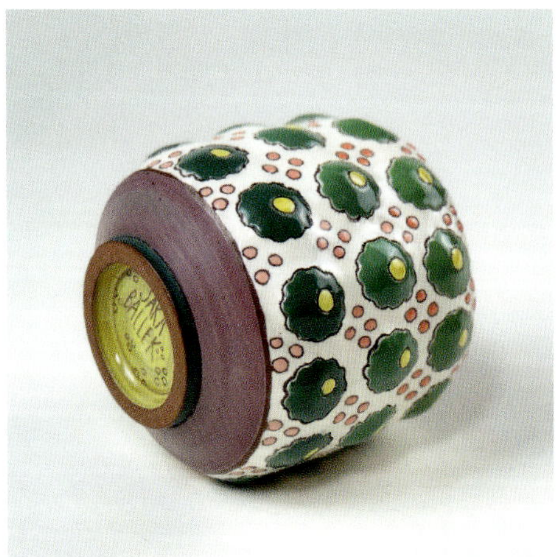

Sara Ballek, Becher mit Blasen, Boden

Der Becherboden wurde so abgedreht, dass die Künstlerin darauf unterschreiben konnte, ohne die Standfestigkeit des Bechers zu beeinträchtigen

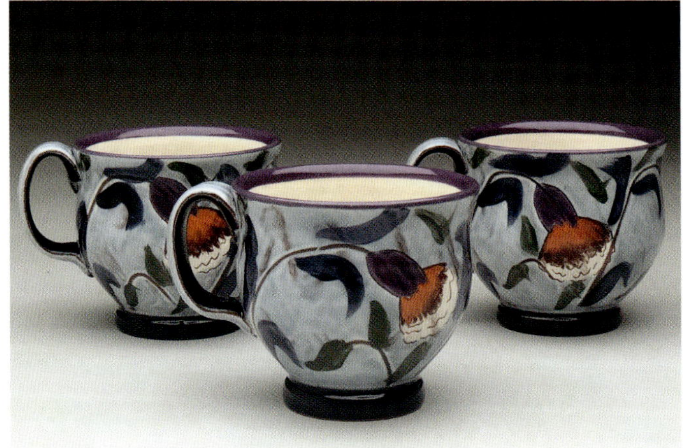

Ben Carter, Drei blaue Becher

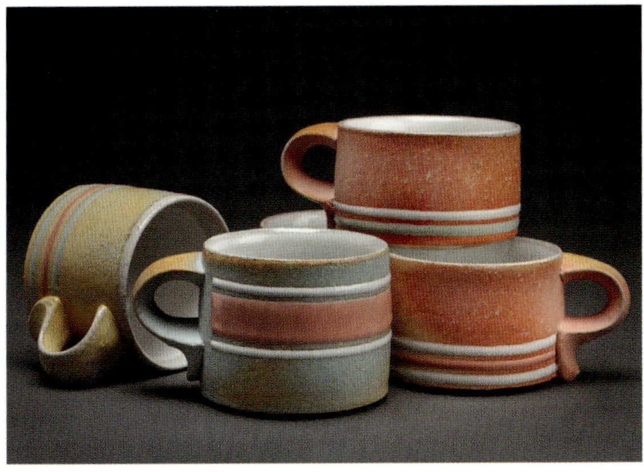

Austin Riddle, Becher
Porzellan, Sodabrand bei Kegel 11
Foto: Robert Batey

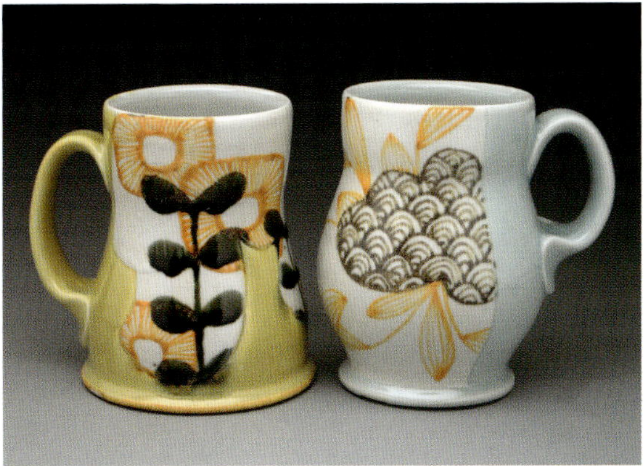

Jen Allen, Zwei Becher
Frei gedrehtes Porzellan

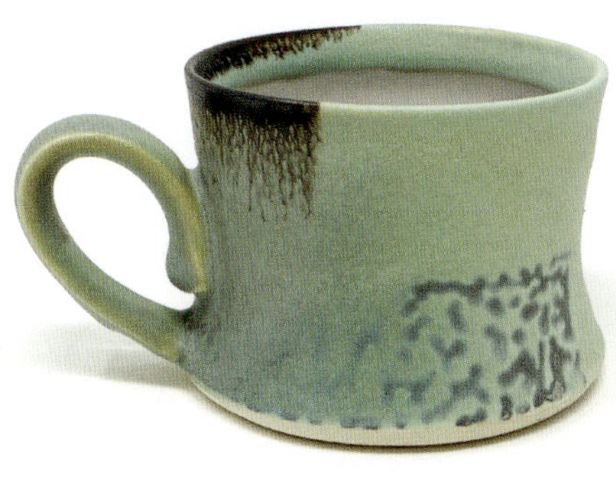

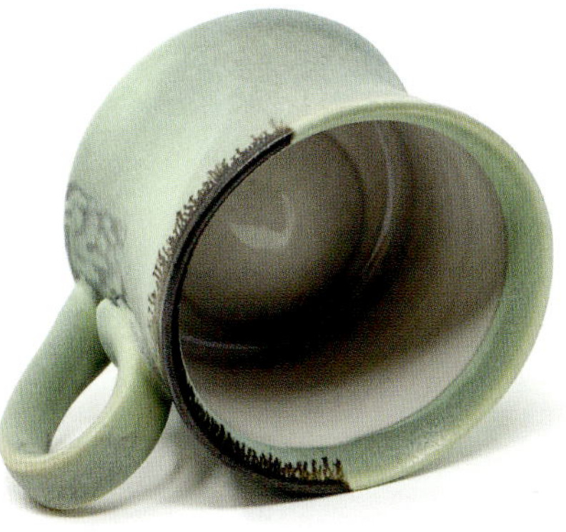

Deb Schwartzkopf, Tasse
Porzellan, gedreht und Aufbautechnik, Elektrobrand bei Kegel 6, mit Punkten aus Unterglasurfarbe

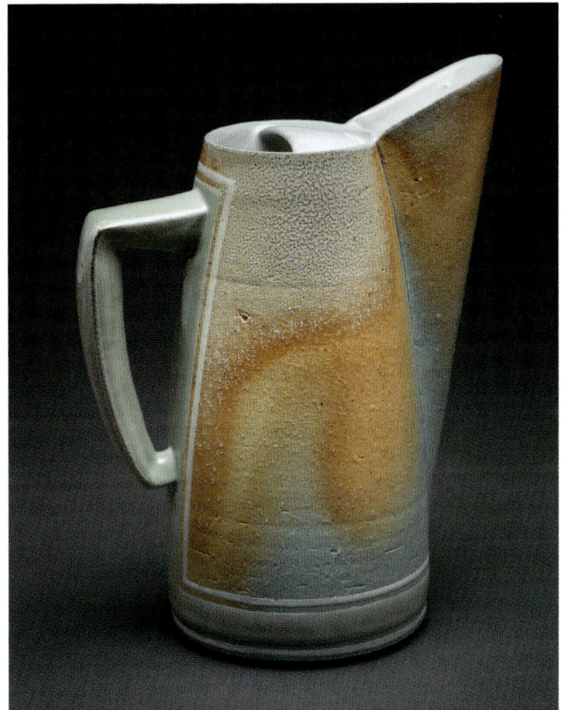

Austin Riddle, Krug
Porzellan, Sodabrand bei Kegel 11
Foto: Robert Batey

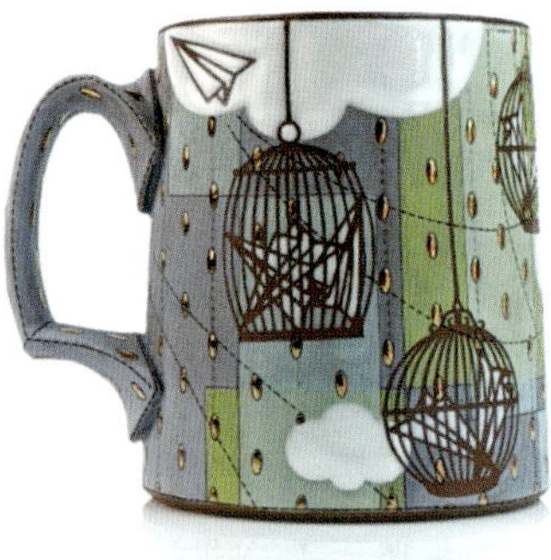

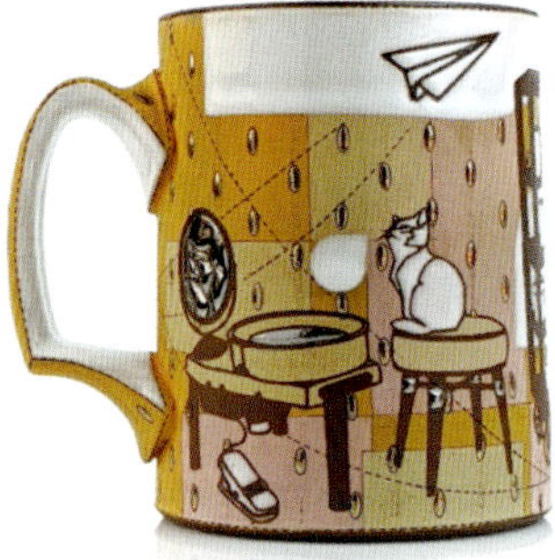

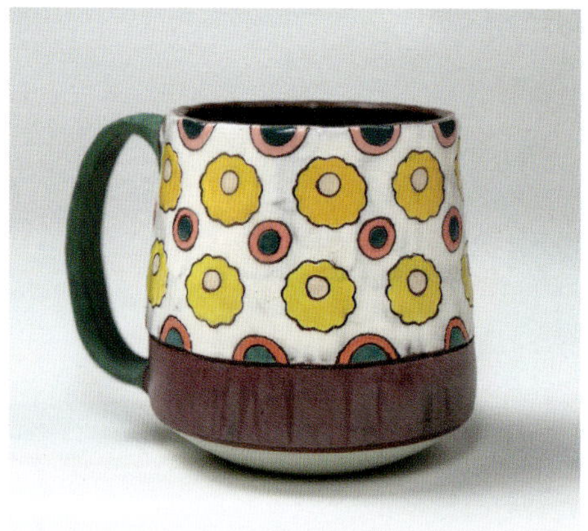

Renee LoPresti, Becher
Frei gedreht, Steinzeug, Unterglasurfarben, Glasuren und Lüster, Oxidation bei Kegel 5 und 019 im Elektroofen

Sara Ballek, Becher

Sara setzt unterschiedliche Techniken aus Kapitel 4 ein. Auf den terracottafarbenen Ton trägt sie zwei Lagen weiße Engobe auf, Muster entstehen in Sgraffito-Technik. Farbige Elemente werden mit Unterglasurfarbe aufgemalt.

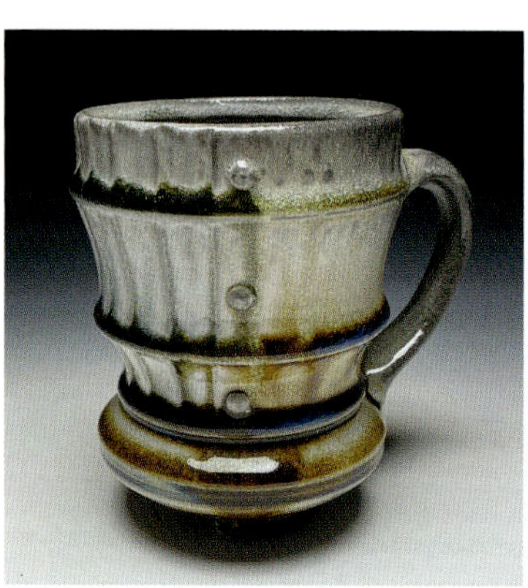

Luke Doyle, Becher
Sodabrand im Holzofen bei Kegel 12

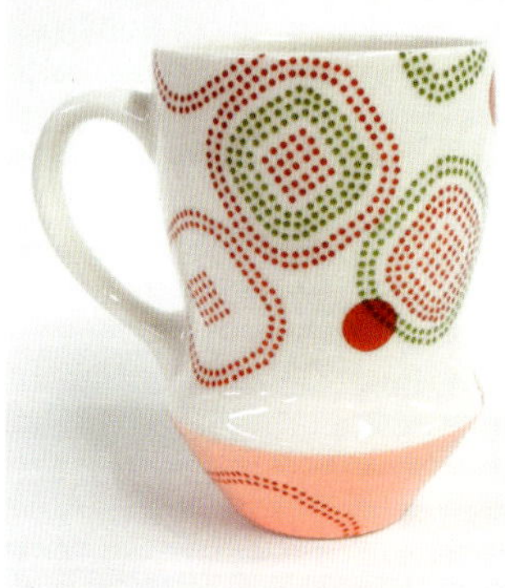

Meredith Host, Punkt Punkt, abgerundete Quadrate, Becher

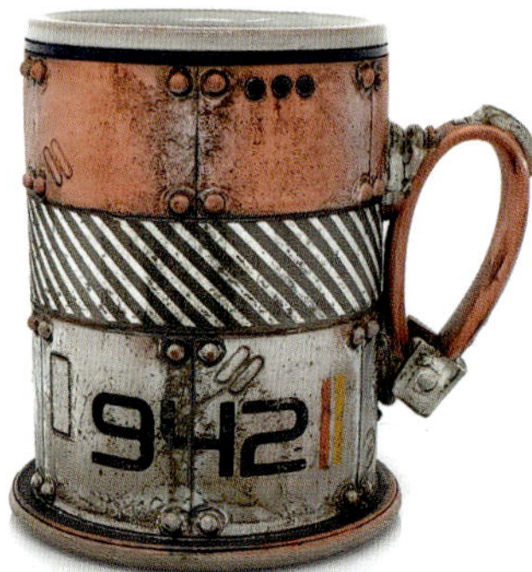

Mike Cinelli, Becher

Schlickerguss

Beim Schlickerguss wird flüssiger Ton in eine Form (meist aus Gips) gegossen, um eine Serie gleicher Formen aus Ton herzustellen. Die Formen können komplex oder einfach sein. Bei Gefäßen mit Henkel arbeiten die meisten Töpfer mit zweiteiligen Formen. Diese können in ihrer Ausführung sehr einfach oder komplexer sein, je nach verfügbarer Technik und vorhandenen Fertigkeiten. Im Folgenden erklärt die Formenbauerin Shannon Toovey, wie aus einer einfachen Henkelform ein Prototyp entsteht.

Der Einsatz des 3D-Drucks bei meinem Gießverfahren ermöglicht es mir, Kunstharzmodelle zu erstellen, die dem Vorgang des Formenbaus standhalten und mehrfach verwendet werden können. Modelle aus Ton oder Gips werden beim Abformen oft beschädigt. Dadurch wird es schwieriger, bei Bedarf eine Replik herzustellen. Zu Beginn eines Projekts erstelle ich mithilfe einer Computersoftware namens Rhinoceros eine 3D-Zeichnung des Produkts, das ich herstellen möchte. Diese Software ist so präzise, dass sie mit Bruchteilen von Millimetern arbeitet und ich eine Form genau in der richtigen Größe und mit der gewünschten Detailtreue bekomme. Sobald ich die Produktdatei maßstabsgetreu erstellt habe, drucke ich sie im SLA-3D-Verfahren aus Standard Resin, damit ich Größe und Form prüfen kann. Wenn mir der Prototyp gefällt, vergrößere ich das Stück mit Rhinoceros um 10 bis 15 Prozent, um die Schwindung des Tons während des Brennvorgangs zu berücksichtigen, und drucke es erneut. Diese vergrößerte Version ist das Modell, mit dem ich die Form herstelle.

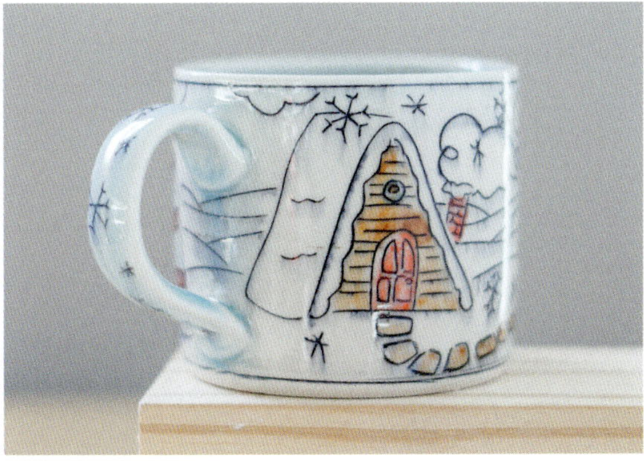

Laurie Caffery, Becher mit Holzhütte
Porzellanton, Unterglasur und Mishima-Technik, Oxidation bei Kegel 6

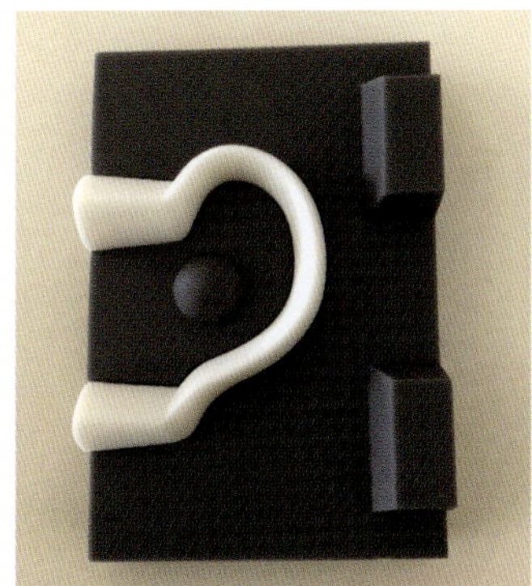

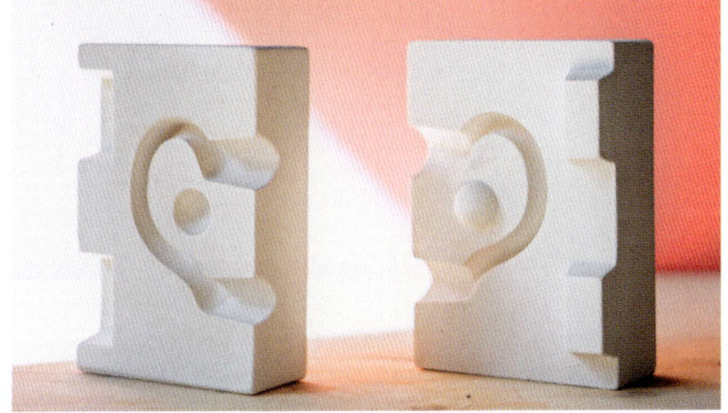

Shannon Tovey, Henkelmodell (Mitte) und -form (unten) für den Laurie-Caffery-Becher
Foto: Laurie Caffery

Ein Hoch auf das Teamwork! Shannon hat diese Form nach der Vorlage von Laurie hergestellt

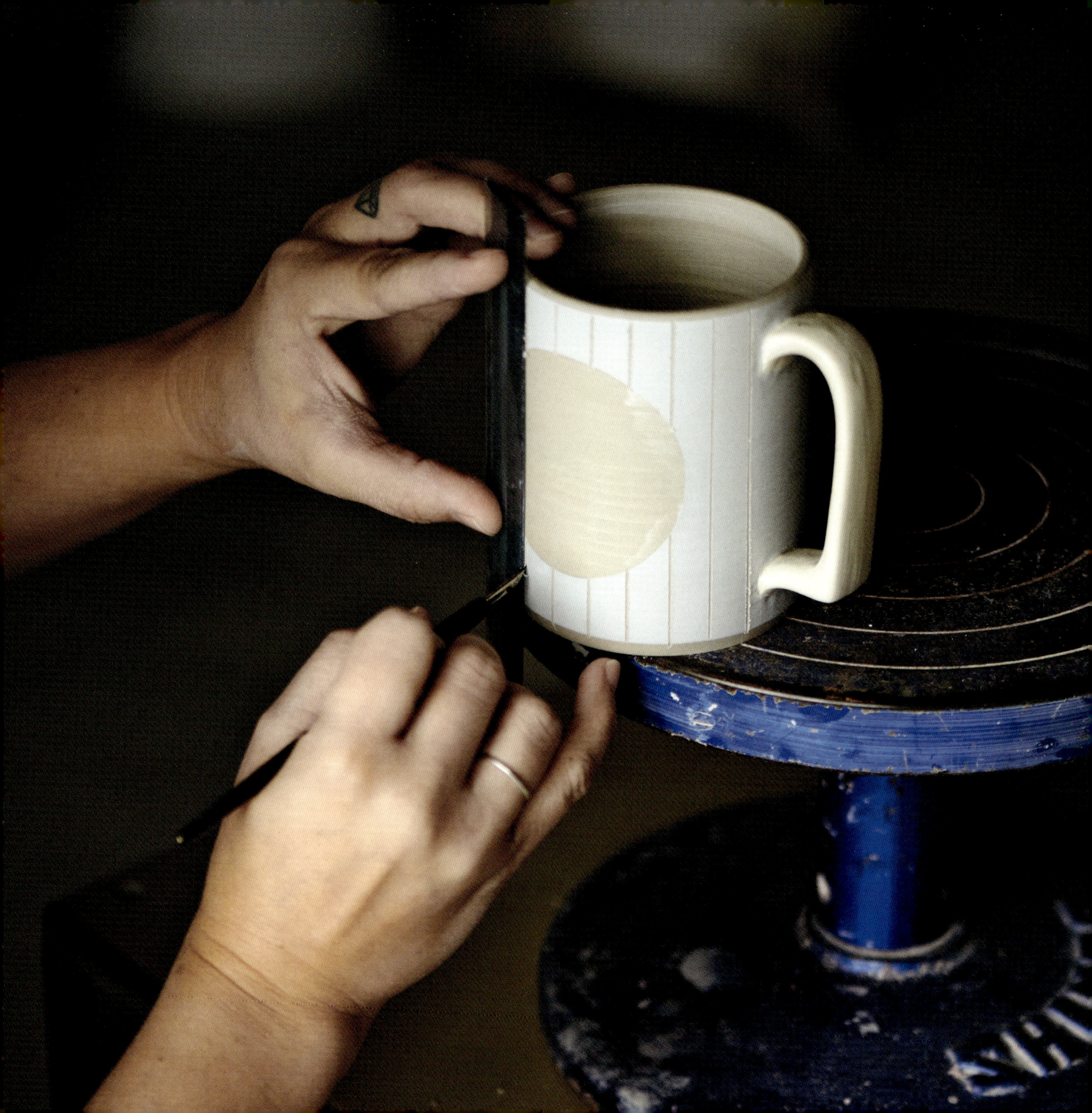

4

OBERFLÄCHENDEKORATION

Wenn Sie etwas Übung im Drehen und Abdrehen komplexerer Formen haben, rückt die Dekoration der Oberfläche in den Fokus. Dabei bieten sich zahllose Möglichkeiten, Ihren persönlichen Stil widerzuspiegeln. Eigentlich erwacht die Kreativität eines angehenden Töpfers erst damit richtig zum Leben.
In diesem Kapitel zeige ich Ihnen eine Fülle von Techniken, mit denen Sie Ihre charakteristische Ästhetik zum Ausdruck bringen können. Sie reichen von der Gestaltung erhabener Oberflächen mit flüssigem Ton bis zur Verwendung von Unterglasurfarben und Schablonen. Wer gerne zeichnet, malt oder mit Mustern und Farben arbeitet, kann sich hier richtig austoben. Nach der Lektüre dieses Kapitels werden Sie sicher kein Gefäß undekoriert lassen.

WICHTIGER HINWEIS: Oft dienen die Arbeiten etablierter Künstler als Inspiration bei der Oberflächengestaltung, Sie sollten solche Vorbilder jedoch nicht einfach kopieren, sondern ihnen immer eine persönliche Note verleihen. Überlegen Sie sich, was Ihnen gefällt, was Ihre Fantasie anregt und wie Sie eine Technik nutzen können, um Ihre Kreativität auszudrücken. Wie entwickelt man aber eigene Ideen? Am besten legen Sie eine Sammlung aus Zeitungsausschnitten, Fotos, Skizzen und Stoffmustern an. So entdecken Sie, welche Muster und Farbkombinationen Sie inspirieren, und finden Ihren eigenen Weg.

ENGOBE MISCHEN

Beim Mischen von Engoben gehen Sie ähnlich vor wie beim Backen: Die Zutaten müssen genau abgemessen werden, damit die Engobe, die Glasur oder der Kuchen so wird, wie gewünscht. Dafür brauchen Sie unbedingt eine ganz exakte Waage – und volle Konzentration beim Abwiegen. Bevor es losgeht, vergewissern Sie sich, dass Sie sich in einem gut belüfteten Raum befinden, und legen Sie dabei eine Atemschutzmaske an. Bei der Arbeit mit pulverförmigen Materialien wirbeln gesundheitsschädliche Staubpartikel auf, die Sie nicht einatmen sollten. Nachfolgend ein Rezept für eine Engobe.

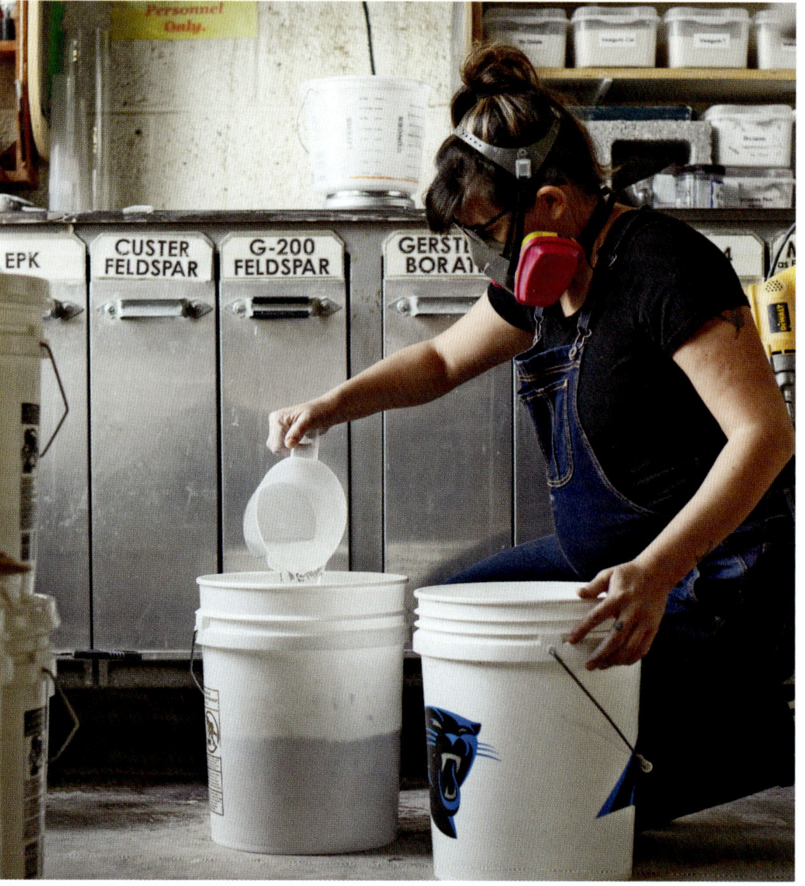

Allzweck-Engobe

MATERIALIEN

Kaolin	28
Ball Clay oder fetter Ton	28
Quarzmehl	22
Fritte M1233	22
	100

FARBKÖRPER

Zirkonsilikat – weißer Farbstoff

6 bis 10 Prozent Farbkörper, je nach gewünschter Farbintensität. Hier hilft nur: testen!

ANMERKUNGEN: Die Zutaten ergeben zusammen eine Einheit von 100 Gramm. Die Anzahl der Einheiten richtet sich nach Ihrem Bedarf. Ich empfehle, mit einer kleinen Menge anzufangen, um Engobe und Farben an Ihrem Ton zu testen, bevor Sie große Mengen mischen. Für den Anfang reichen 200 bis 500 Gramm, für einen 20-Liter-Eimer brauchen Sie etwa 5000 Gramm.

WERKZEUGE UND MATERIALIEN

Waage
1 kleiner Eimer
2 große Eimer
Sieb
harte Drehschiene
Atemschutzmaske
aufgelistete Materialien
Wasser
Krug
Rührwerkzeug
Stift
Spatel oder Rührstab

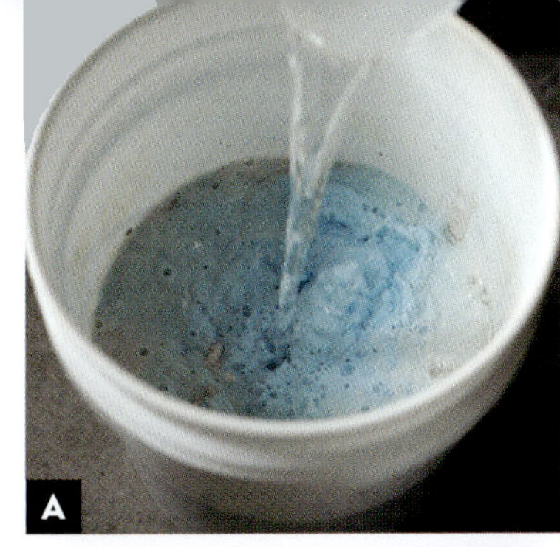
A

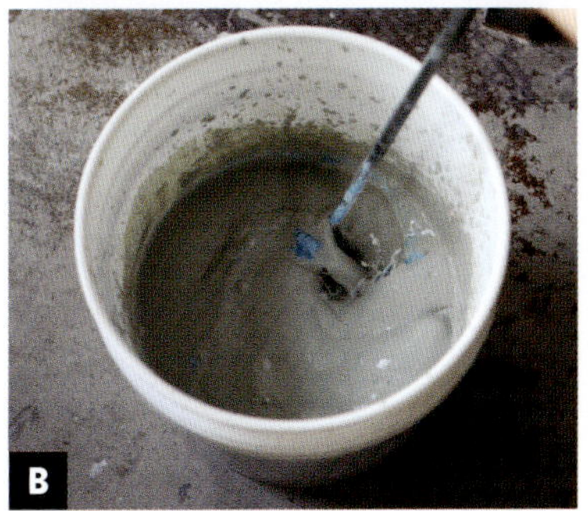
B

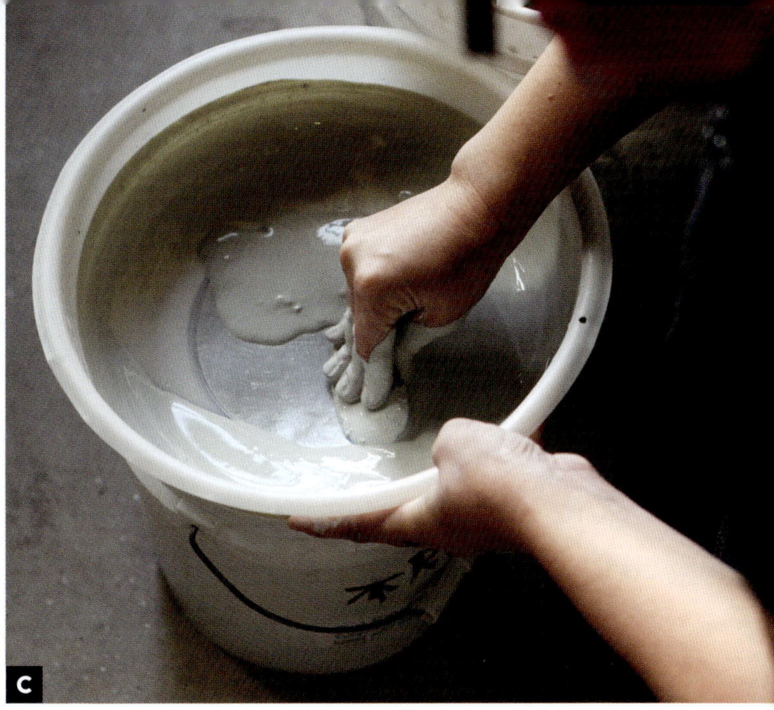
C

Anleitung

SCHRITT 1 Bevor Sie die Materialien abwiegen, stellen Sie die Waage bereit, außerdem den kleinen Eimer zum Wiegen und einen größeren zum Hinzufügen und Mischen. Legen Sie Rezept und Stift zurecht, um nachzuhalten, welche Materialien Sie schon hinzugefügt haben.

SCHRITT 2 Stellen Sie den kleinen Eimer auf die Waage und drücken Sie auf Tara, damit die Waage auf null steht und das Gewicht des Eimers nicht mitgerechnet wird.

SCHRITT 3 Wiegen Sie die Materialien nacheinander ab. Denken Sie daran, jedes Material abzuhaken, wenn Sie es in den größeren Eimer geben. Das klingt selbstverständlich, aber die geringste Ablenkung reicht, um den Überblick zu verlieren. Da trockene Materialien kaum zu unterscheiden sind, können Sie nicht sehen, wo Sie aufgehört haben.

SCHRITT 4 Wenn alle Materialien im Eimer sind, fügen Sie langsam ein wenig Wasser hinzu. Mischen Sie zunächst von Hand mit einem Spatel oder einem Rührstab. **[A]** Sobald die Mischung wie vergorene Milch aussieht, kommt das Rührgerät zum Einsatz, das die Klumpen zerkleinert, sodass die Mischung wie ein Pfannkuchenteig aussieht. Fügen Sie immer wieder Wasser hinzu, bis die Konsistenz von Buttermilch erreicht ist. **[B]**

SCHRITT 5 Wenn die Engobe ziemlich gut vermischt ist, wird sie gesiebt. Dadurch werden die letzten Klumpen beseitigt, die Engobe erhält eine glatte Konsistenz. Ich empfehle eine Maschen-Größe von 100. Halten Sie einen zweiten großen Eimer bereit und legen Sie das Sieb über den Eimer. Gießen Sie die Engobe in das Sieb, bis es fast voll ist, dann schaben Sie es mit der harten Drehschiene durch die Maschen. **[C]**

SCHRITT 6 Nachdem die gesamte Mischung durch das Sieb gelaufen ist, ist sie fertig. Ich empfehle, sie eine Weile ruhen zu lassen, weil die Partikel weiterhin Feuchtigkeit aufnehmen, wenn sich die Engobe absetzt. Möglicherweise müssen Sie vor Gebrauch noch etwas Wasser hinzufügen und erneut mischen. Glückwunsch, Sie haben gerade zum ersten Mal nach Rezept gemischt.

ENGOBENMALEREI

Engoben bestehen wie Schlicker weitgehend aus flüssigem Ton. Im Gegensatz zu Schlicker, der auch für den Formenguss verwendet wird, müssen Engoben nach einem Rezept gemischt werden, das genau auf die verwendete Tonsorte abgestimmt ist. Andernfalls kann es passieren, dass sie abspringen, reißen oder Probleme beim Glasurbrand verursachen. Mit Engoben lassen sich Oberfläche und Farbe getöpferter Gefäße bemalen oder mit regelmäßigen Mustern gestalten. Meist wird weiße Engobe auf einer roten Tonoberfläche verwendet oder um die typischen Farbschattierungen zu erzeugen, die beim Anflug in Holzbrandatmosphäre entstehen. Mit Farbkörpern und Oxiden lassen sich Engoben jedoch in vielen Farben mischen.

Warum Engobe und nicht Unterglasur? Viele professionelle Keramiker bevorzugen Engoben, weil sie preiswerter in der Herstellung sind und größere Mengen ergeben.

Ihre eigenen farbigen Engoben mischen Sie nach Rezept und Anleitung auf Seite 94. Mit Engoben können Sie freihändig oder auf der Töpferscheibe malen. Wie Sie vorgehen, hängt von dem jeweiligen Gefäß ab.

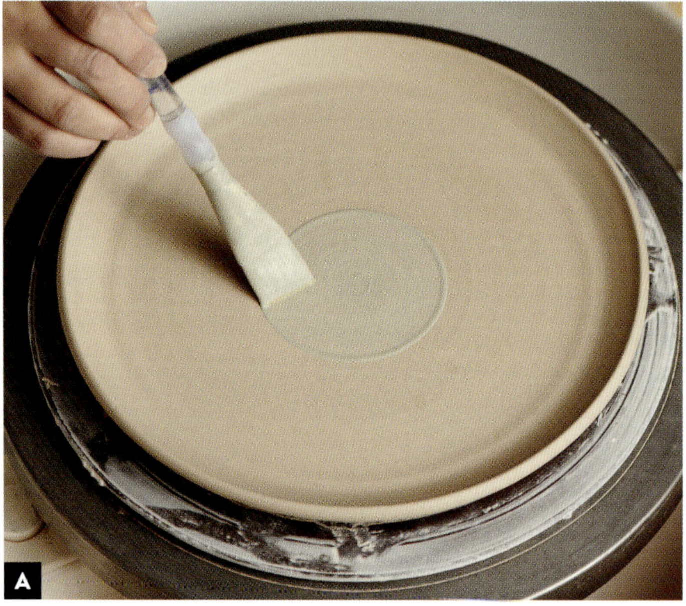
A

WERKZEUGE UND MATERIALIEN

Engobe
Pinsel
lederhartes Gefäß
Töpferscheibe
Tonwülste oder Giffin Grip
Drehschiene
Anleitung

SCHRITT 1 Sichern Sie das Gefäß mit Tonwülsten oder einem Giffin Grip an der Scheibe.

TIPP *Einen Teller lassen Sie auf dem Scheibenaufsatz fester werden, bevor Sie den Aufsatz mit Bat Pin auf der Scheibe sichern und zentrieren.*

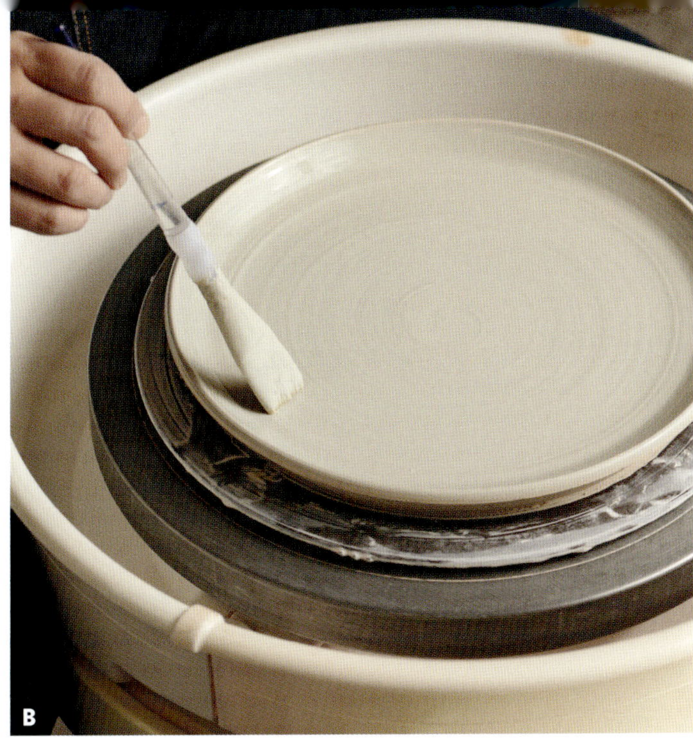

SCHRITT 2 Mischen Sie die Engobe gründlich, tauchen Sie den Pinsel ein und beginnen Sie mit einfachen Mustern wie Spiralen. **[A]** Die Drehgeschwindigkeit der Töpferscheibe und die Geschwindigkeit, mit der Sie den Pinsel nach außen bewegen, bestimmen die Enge der Spirale. **[B]**

SCHRITT 3 Sie können auch das ganze Gefäß gleichmäßig mit Engobe bestreichen und dann bei rotierender Töpferscheibe mit dem Finger oder einer Drehschiene in Spirallinien wieder abnehmen. **[C] [D]**

TIPP *Experimentieren Sie mit verschiedenen Bewegungen mit der Drehschiene oder erzeugen Sie mit einer weiteren farbigen Engobenschicht weitere Farbvariationen. Experimente helfen Ihnen, Ihren persönlichen Stil zu entdecken.*

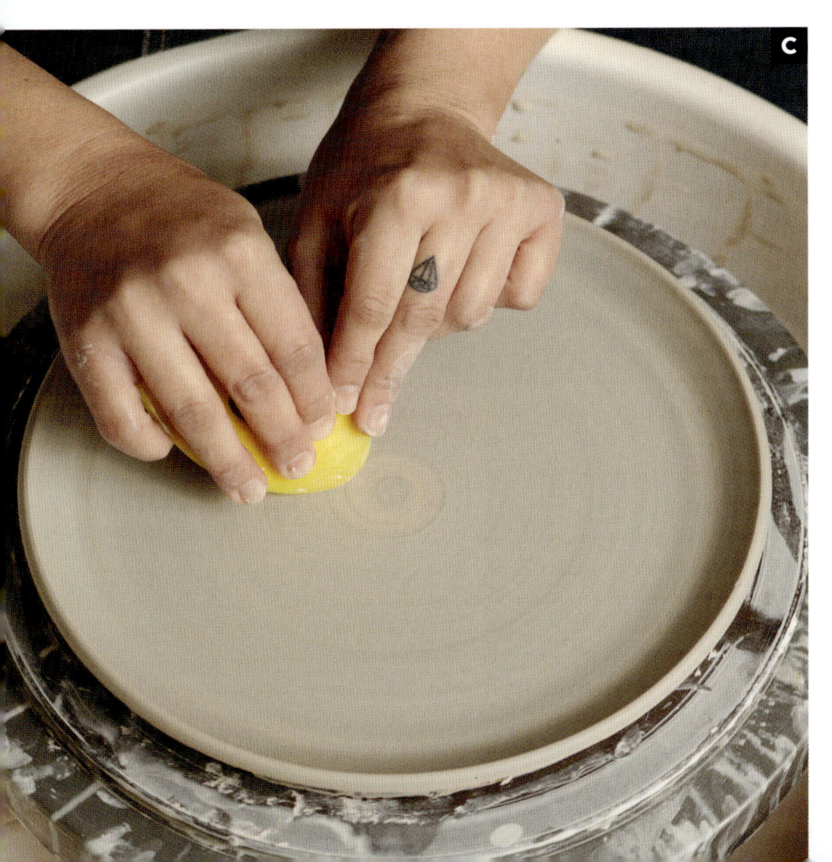

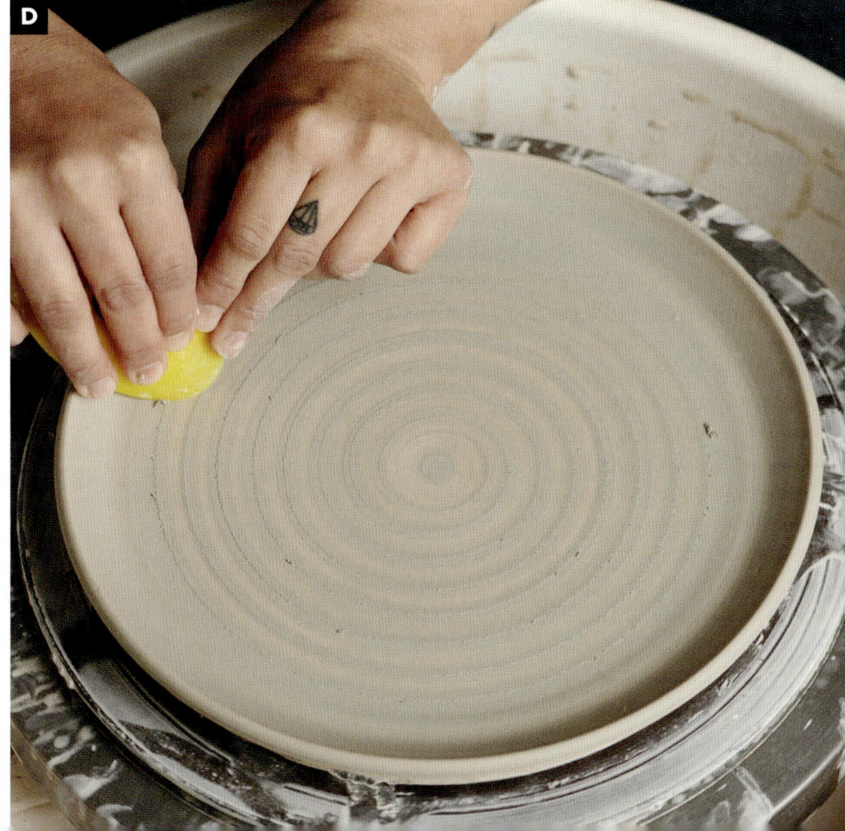

RITZMUSTER IN ENGOBE

Farbige Engobe wird oft zur Gestaltung von Ritzmustern verwendet, sie stellt einen schönen Kontrast zu der Oberfläche des Tons dar. Ob Sie freihändig, mit der Töpferscheibe oder im Tauchverfahren arbeiten, hängt von Ihren persönlichen Vorlieben ab. Beim Tauchverfahren vermeiden Sie Pinselspuren oder einen ungleichmäßigen Auftrag. Mischen Sie eine größere Menge Engobe an, um das Eintauchen zu erleichtern.

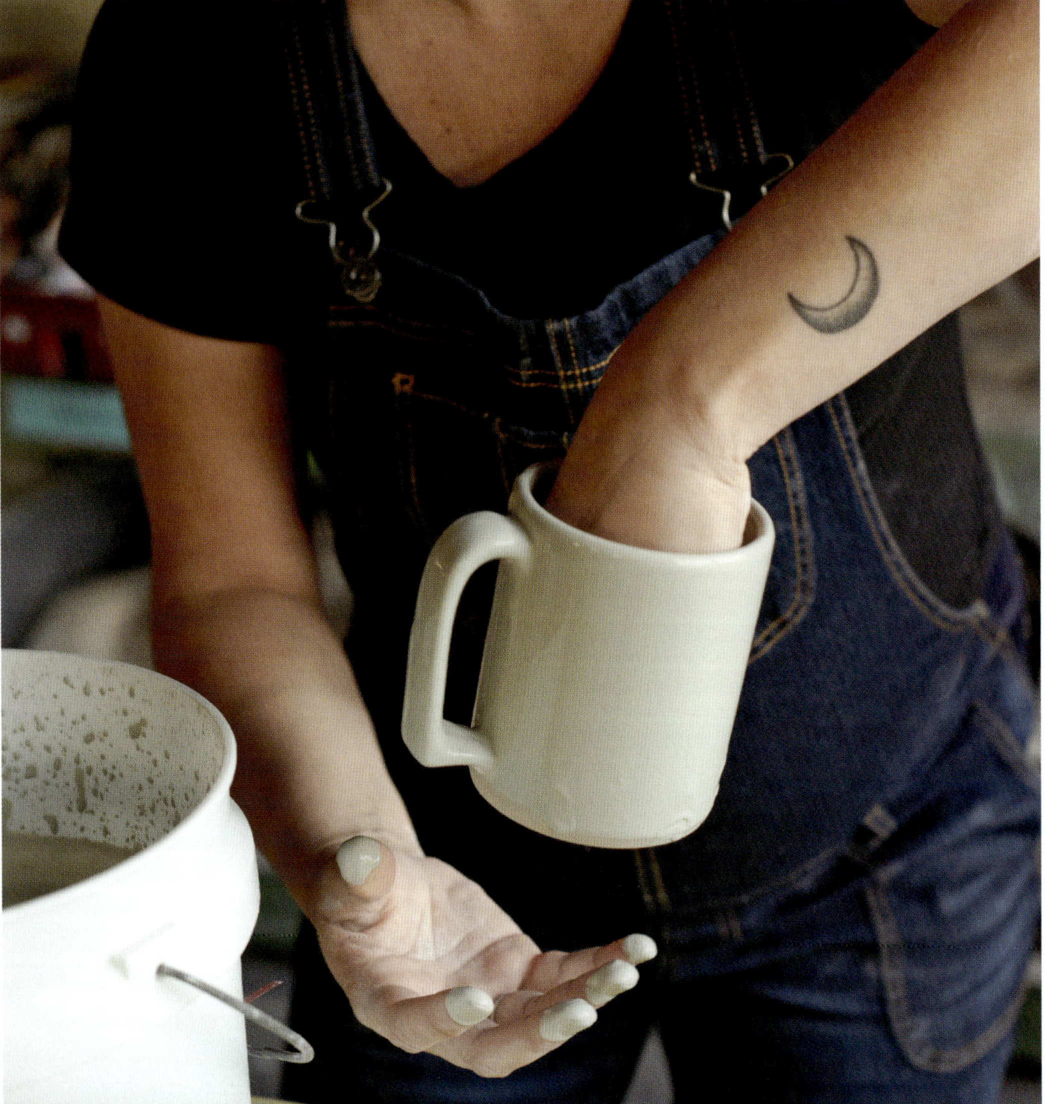

WERKZEUGE UND MATERIALIEN

Engobe
Wasser
Rührwerkzeug
lederhartes Gefäß
Ritzwerkzeug

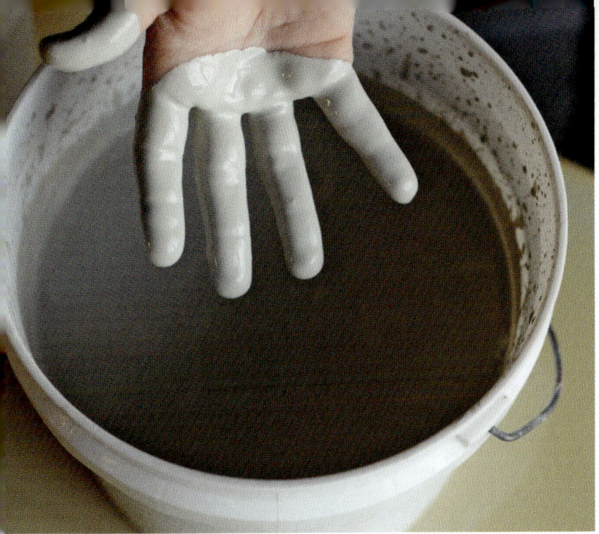

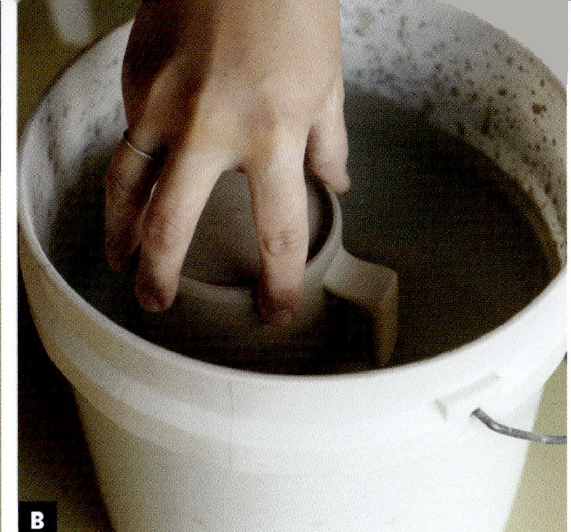

B

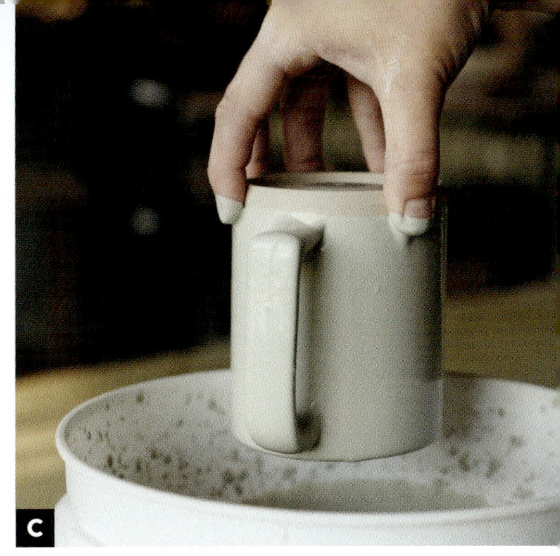

C

Anleitung

SCHRITT 1 Für die richtige Konsistenz zum Eintauchen braucht die Engobe mehr Wasser. Fügen Sie es nach und nach hinzu und mischen Sie gründlich. Wenn sie zu flüssig wird, können Sie sie nur offen stehen lassen, um die überschüssige Feuchtigkeit verdunsten zu lassen. Alternativ können Sie zusätzliche Trockenmischung hinzufügen.

SCHRITT 2 Wenn die Engobe die Konsistenz von Buttermilch hat, ist sie zum Eintauchen bereit. Ich teste sie gerne mit der Hand. Wenn ich durch die Engobe sehen kann, habe ich zu viel Wasser hinzugefügt. Wenn sie wie eine schöne dünne, milchige Schicht aussieht, ist sie fertig. [A]

SCHRITT 3 Nehmen Sie das Gefäß, tauchen Sie es in die Engobe und stellen Sie es dann vorsichtig auf Ihr Tragebrett. [B] [C]

SCHRITT 4 Lassen Sie Ihr Gefäß wieder lederhart trocknen, bevor Sie es weiter bearbeiten. Der Engobenauftrag fügt dem lederharten Ton weitere Feuchtigkeit hinzu, sodass der Ton wieder formbar und feucht wird. Der neuerliche Trockenprozess kann je nach Luftfeuchtigkeit mehrere Stunden oder länger dauern.

SCHRITT 5 Sobald sich die Tonoberfläche nicht mehr klebrig anfühlt, können Sie mit dem Ritzen beginnen, sei es etwas Einfaches wie Linien oder freie Zeichnungen. Die Möglichkeiten sind grenzenlos. Viel Spaß beim Erkunden! [D]

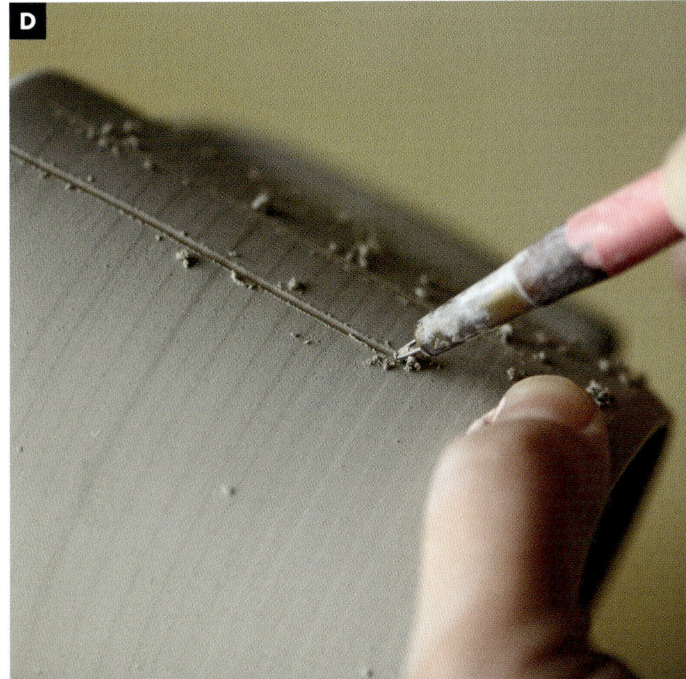

D

UNTERGLASURDEKOR: ARBEIT MIT SCHABLONEN

Wenn Sie Anfänger sind und keine Lust haben, sich mit trockenen Materialien oder Mischeimern herumzuschlagen, sind vorgefertigte Unterglasuren ideal für Sie. Farbige Unterglasuren werden im Fachhandel angeboten, und zwar in der Form von Farbstiften, Bleistiften, Wasserfarben oder als flüssige Mischungen. Unterglasur kann freihändig, auf der Töpferscheibe, mithilfe von Schablonen, innerhalb von eingeritzten Konturlinien und sogar von Zeitungspapier übertragen werden.

Schablonen aus Papier, Selbstklebefolie, Tyvek®-Papier oder aus natürlichen Materialien wie Blättern bieten vielfältige einfache oder komplexe Möglichkeiten der Gestaltung. Papier- und Folienschablonen sind am einfachsten anzubringen, können aber nur einmal verwendet werden, Tyvek®-Papier kann dagegen mehrfach verwendet werden. Bei der visuellen Planung mit Schablonen sollten Sie bedenken, dass die von Ihnen gewählte Form im Design in der Farbe des Tons erscheint, es sei denn, Sie tragen mehrere Farbschichten übereinander auf. Ich finde es nützlich, zunächst Ideen für das Design mit Farbstiften zu skizzieren.

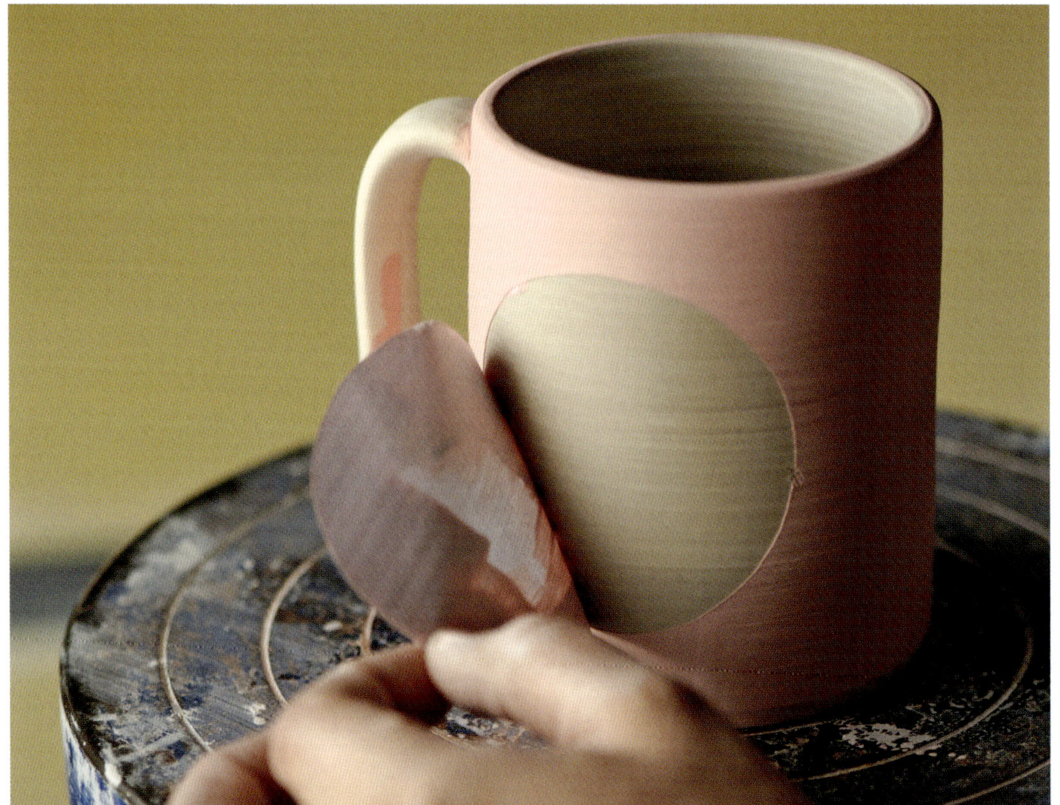

WERKZEUGE UND MATERIALIEN

Blei- oder Filzstift
Tyvek®-Papier
Schere
Ränderscheibe
Teilungsschablone
Pinsel
Eimer mit Wasser
Schwamm
mittelharte Drehschiene

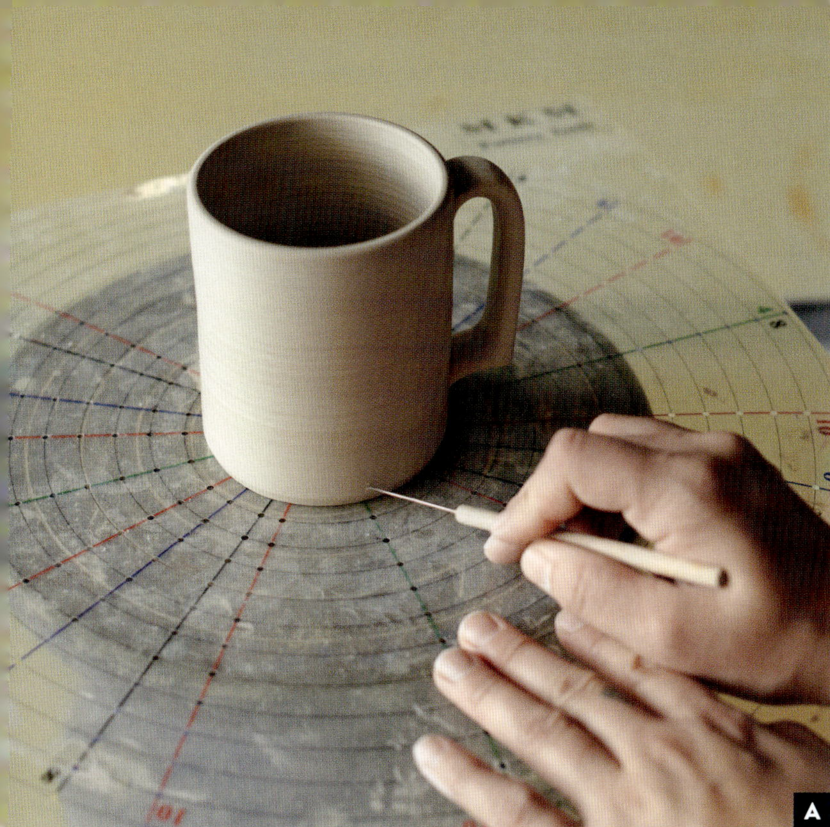

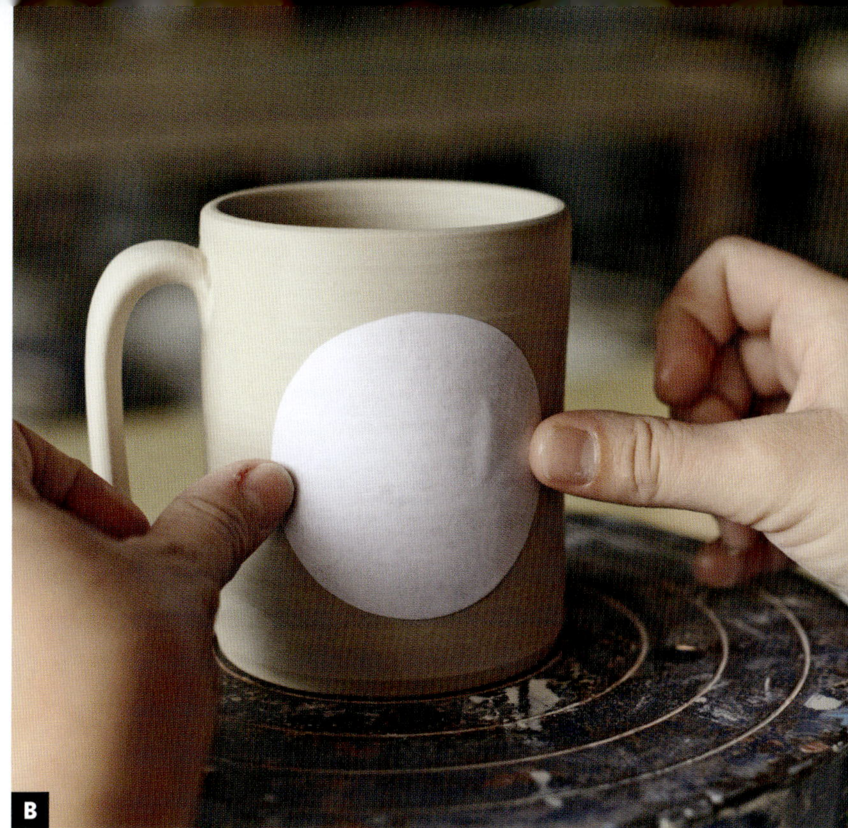

Anleitung

SCHRITT 1 Legen Sie die Größe Ihrer Schablone für Ihren lederharten Becher fest. Als Vorlagen eignen sich Tassen, Kompass, eine grobe Skizze oder etwas Ausgefalleneres wie ein Muster aus Kreisen.

SCHRITT 2 Zeichnen Sie den Kreis auf Papier oder das von Ihnen bevorzugte Schablonenmaterial.

SCHRITT 3 Schneiden Sie den Kreis aus. Bei Tyvek®-Papier oder Selbstklebefolie brauchen Sie eine scharfe Schere. Wenn Sie sich für ein Muster mit geraden Linien entscheiden, nehmen Sie am besten ein Präzisionsmesser und ein Lineal.

SCHRITT 4 Jetzt, wo Sie Ihre Schablonen ausgeschnitten haben, ist es an der Zeit zu entscheiden, wo auf dem Becher Sie sie platzieren möchten, entweder nach Augenmaß oder mithilfe einer Teilungsschablone. Da ich auf beiden Seiten des Bechers ein kreisrundes Fenster haben möchte, markiere ich die exakten Positionen mit der Teilungsscheibe. **[A]**

SCHRITT 5 Tauchen Sie Ihre Schablone in Wasser und legen Sie sie auf den Becher. Am besten schütteln Sie überschüssiges Wasser ab, damit sich am Fuß des Bechers keine Pfütze bildet. **[B]**

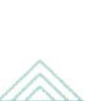

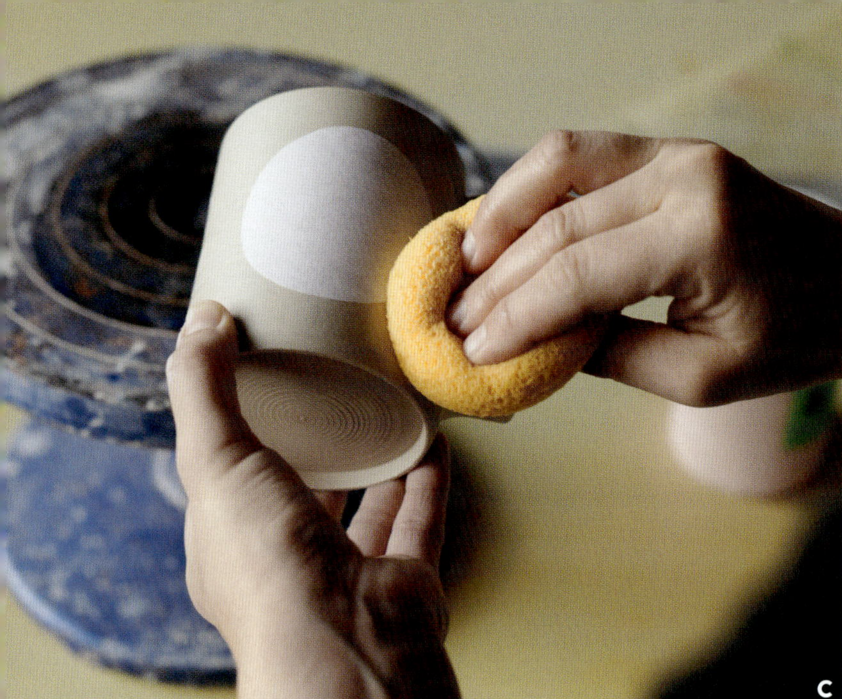

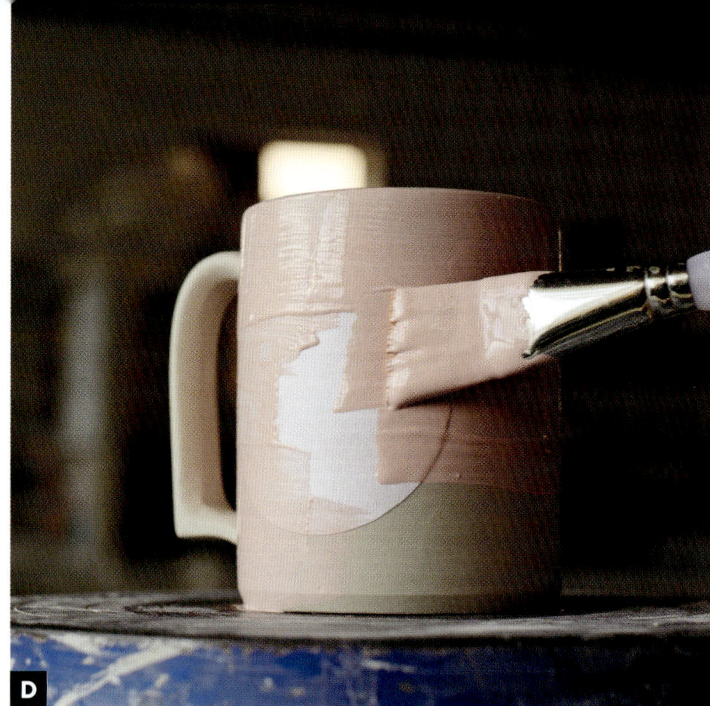

SCHRITT 6 Fahren Sie mit einem sauberen Schwamm sanft über die Schablone. **[C]** Wenn Sie Tyvek®-Papier verwenden, drücken Sie die Ränder der Schablone mit einer Drehschiene an die Oberfläche.

SCHRITT 7 Jetzt können Sie die Schablone übermalen. Wählen Sie einen geeigneten Pinsel, der glatte Striche ermöglicht (falls Sie das anstreben). Meiner Erfahrung nach braucht man für eine opake Schicht drei Anstriche mit Unterglasurfarbe, bei einem transparenten Auftrag sind es weniger. Testen Sie die Dicke des Farbauftrags an kleinen Tonfliesen, bevor Sie den ganzen Topf bemalen, denn alle Unterglasurfarben sind unterschiedlich. Manche sind deckender als andere. **[D]**

> **TIPP** *Lassen Sie die Unterglasurschichten trocknen, bevor Sie die nächste auftragen. Wenn Sie über die nasse Unterglasur malen, wird der Farbauftrag ungleichmäßig oder die darunterliegende Schicht verschmiert. Die Unterglasurschicht ist trocken, wenn sie nicht mehr glänzt. Wenn Sie mit dem Finger einen Abdruck hinterlassen, ist sie noch zu feucht.*

SCHRITT 8 Jetzt wird es spannend: Die Schablone wird entfernt. Wenn Sie sie lange genug auf dem lederharten Ton des Bechers lassen, lösen sich die Ränder beim Trocknen von selbst. Wenn Sie so ungeduldig sind wie ich, heben Sie sie mithilfe eines Präzisionsmessers oder eines anderen spitzen Gegenstandes ab.

> **TIPP** *Wenn Sie eine Schablone auf einem runden Gegenstand wie einem Teller verwenden, erleichtern Sie sich die Arbeit, indem Sie den Teller auf der Töpferscheibe befestigen, bevor Sie die Unterglasurschicht auftragen. Das Gleiche gilt, wenn Sie Überschüssiges entfernen möchten. Sobald die Unterglasurschicht auf meinem Becher vollständig getrocknet ist, setze ich ihn wieder auf die Töpferscheibe und säubere den oberen Rand und den Boden mit einem Abdrehwerkzeug.*

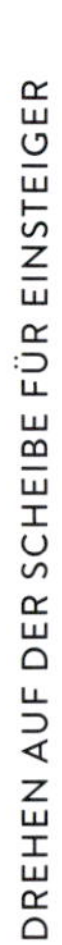

UNTERGLASUR-ABZIEHBILDER

Wenn Malen, Zeichnen oder Ritzen nicht Ihre Stärke ist, lassen sich mit Abziehbildern aus Unterglasurfarbe fantastische Muster auftragen. Sie können sie über den Fachhandel beziehen oder leicht selbst herstellen. Abziehbilder auf Zeitungspapier sind speziell für die Verwendung auf lederhartem Ton gedacht. Und der Clou: Sie können auf diese Weise wunderbar bunte Abziehbilder herstellen.

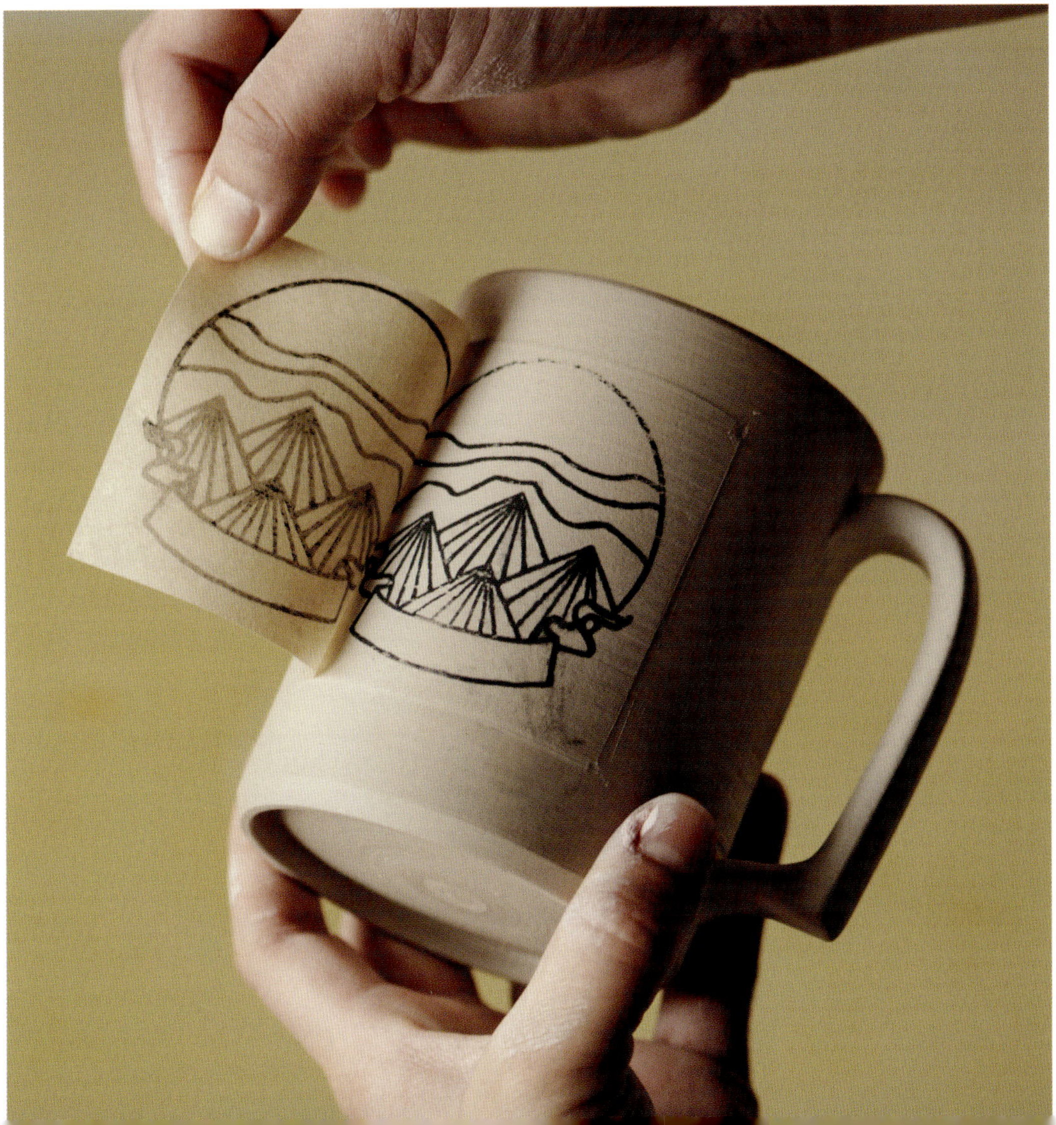

WERKZEUGE UND MATERIALIEN

Abziehbilder auf Zeitungspapier
Unterglasurfarbe
Pinsel
Sprühflasche
Schwamm
Eimer mit Wasser
weiche Drehschiene
lederhartes Gefäß

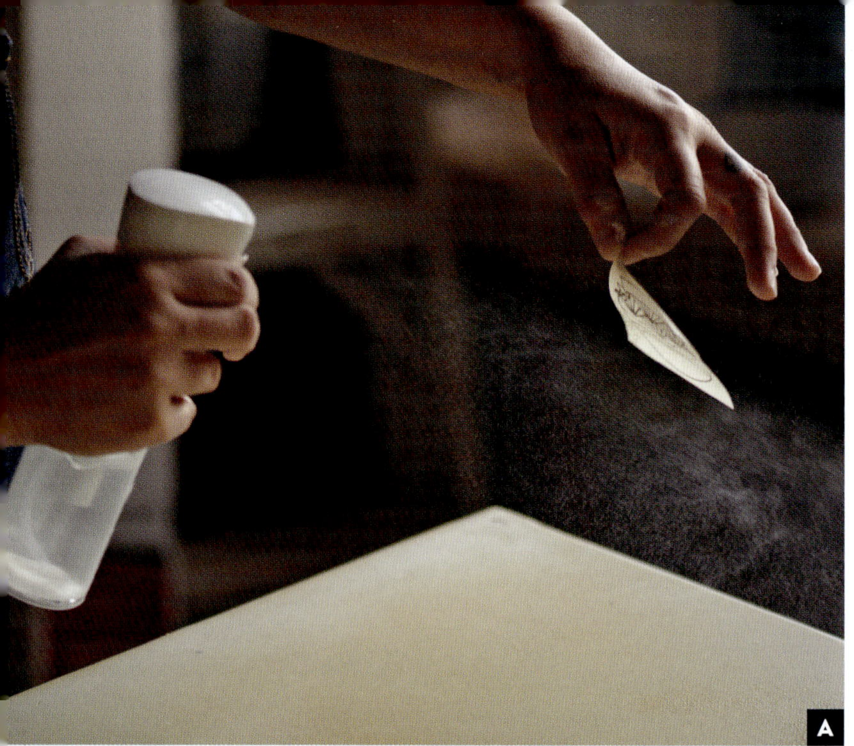
A

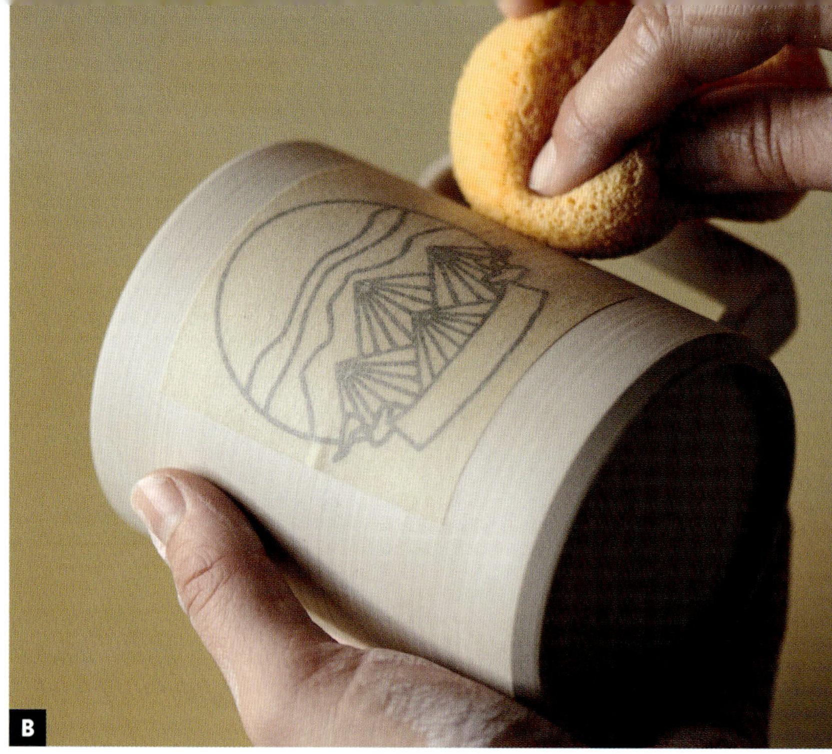
B

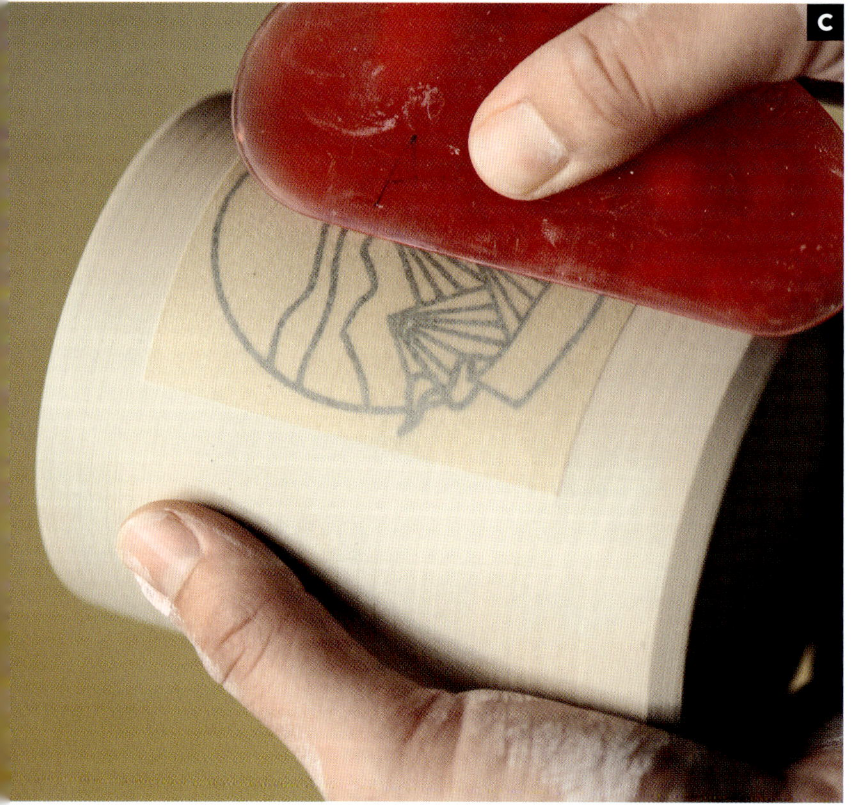
C

Anleitung

SCHRITT 1 Optional: Um Ihrem Abziehbild auf Zeitungspapier Farben hinzuzufügen, malen Sie weitere Muster auf die bedruckte Seite. Bedenken Sie, dass die neu aufgetragene Farbe auf dem Becher unter der bereits vorhandenen Schicht erscheint.

SCHRITT 2 Nachdem die hinzugefügte Unterglasurfarbe getrocknet ist, ist das Abziehbild bereit zum Auflegen. Entscheiden Sie sich zunächst für die Position und schneiden Sie das Bild eventuell auf die passende Größe des Gefäßes zu.

SCHRITT 3 Besprühen Sie erst die Rückseite, dann die Vorderseite des Zeitungspapiers großzügig aus der Sprühflasche. **[A]**

SCHRITT 4 Wenn das Zeitungspapier das Wasser aufgesogen hat und nicht mehr glänzt, legen Sie die bedruckte Seite nach unten auf den Ton. Streichen Sie mit einem feuchten Schwamm darüber, damit das Zeitungspapier gut aufliegt. **[B]**

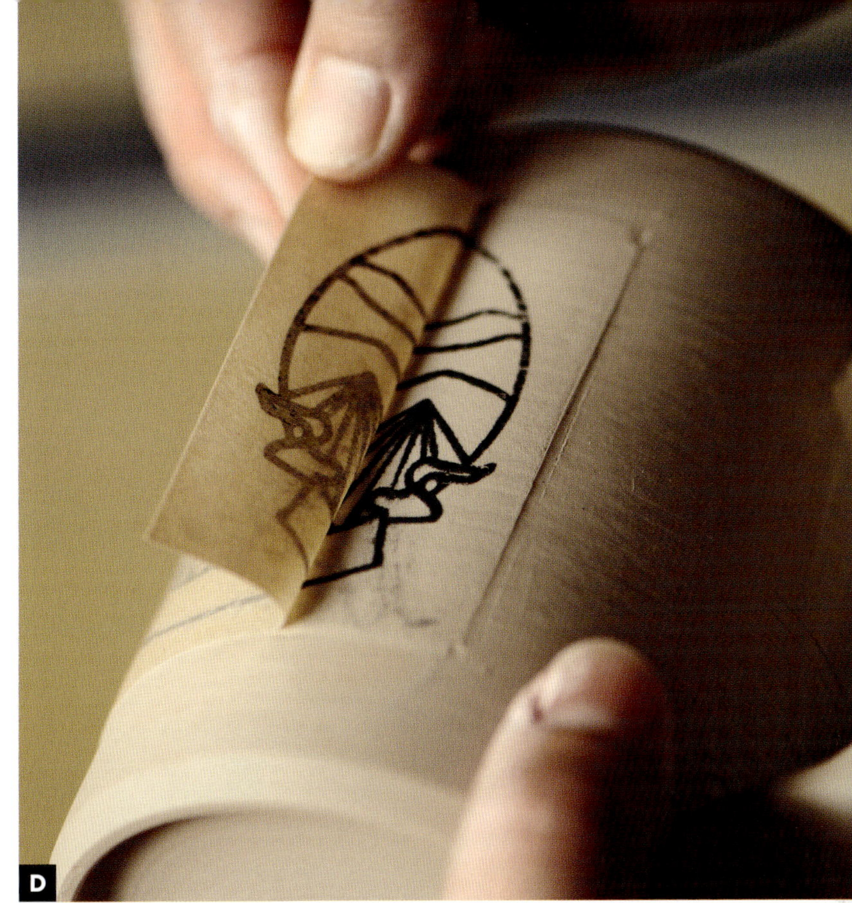

D

SCHRITT 5 Bearbeiten Sie die Rückseite des Abziehbildes mit einer weichen Drehschiene, damit sich die Unterglasurfarbe vom Papier löst. **[C]**

SCHRITT 6 Ziehen Sie vorsichtig eine Ecke des Papiers ab, um zu prüfen, ob Sie weiter über die Rückseite reiben müssen. Für ein gestochen scharfes Bild müssen Sie länger reiben als für einen unvollkommenen Abdruck, der abgeblättert wirkt. **[D]**

SCHRITT 7 Sobald Sie mit der Qualität des Bildes zufrieden sind, ziehen Sie das Zeitungspapier vorsichtig vollständig ab. Das hat doch Spaß gemacht, oder?

Tipps bei Problemen

Warum verlaufen und verschmieren die Linien? Ah ja, Sie haben entweder zu viel Wasser verwendet oder nicht lange genug gewartet, um das Bild auf den Ton zu übertragen. Zeit spielt hierbei eine wichtige Rolle. Geben Sie nicht auf! Ich würde Ihnen empfehlen, Tonplatten auszurollen und mit der Konsistenz und der Technik zu experimentieren, bevor Sie ein Abziehbild auf Ihrem Lieblingsstück anbringen.

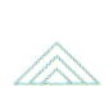

SGRAFFITO-TECHNIK

Der Begriff „Sgraffito“ leitet sich vom italienischen Wort für „kratzen“ ab. Bei dieser Technik wird eine Farbschicht auf das knochentrockene Gefäß aufgetragen. Dann wird ein Muster durch die Farbschicht geritzt, sodass darunter die Wandung zum Vorschein kommt. Der Kontrast des Tons mit der farbigen Oberfläche ist nicht nur visuell ansprechend, sondern schafft auch eine subtile Textur. Tragen Sie beim Ritzen eine Atemschutzmaske – der trockene Tonstaub darf nicht eingeatmet werden. Ich empfehle außerdem, diese Technik im Freien oder bei guter Belüftung anzuwenden. Wenn Sie in einem geschlossenen Raum arbeiten, entfernen Sie die ausgeritzten Staubpartikel mit einem feuchten Schwamm.

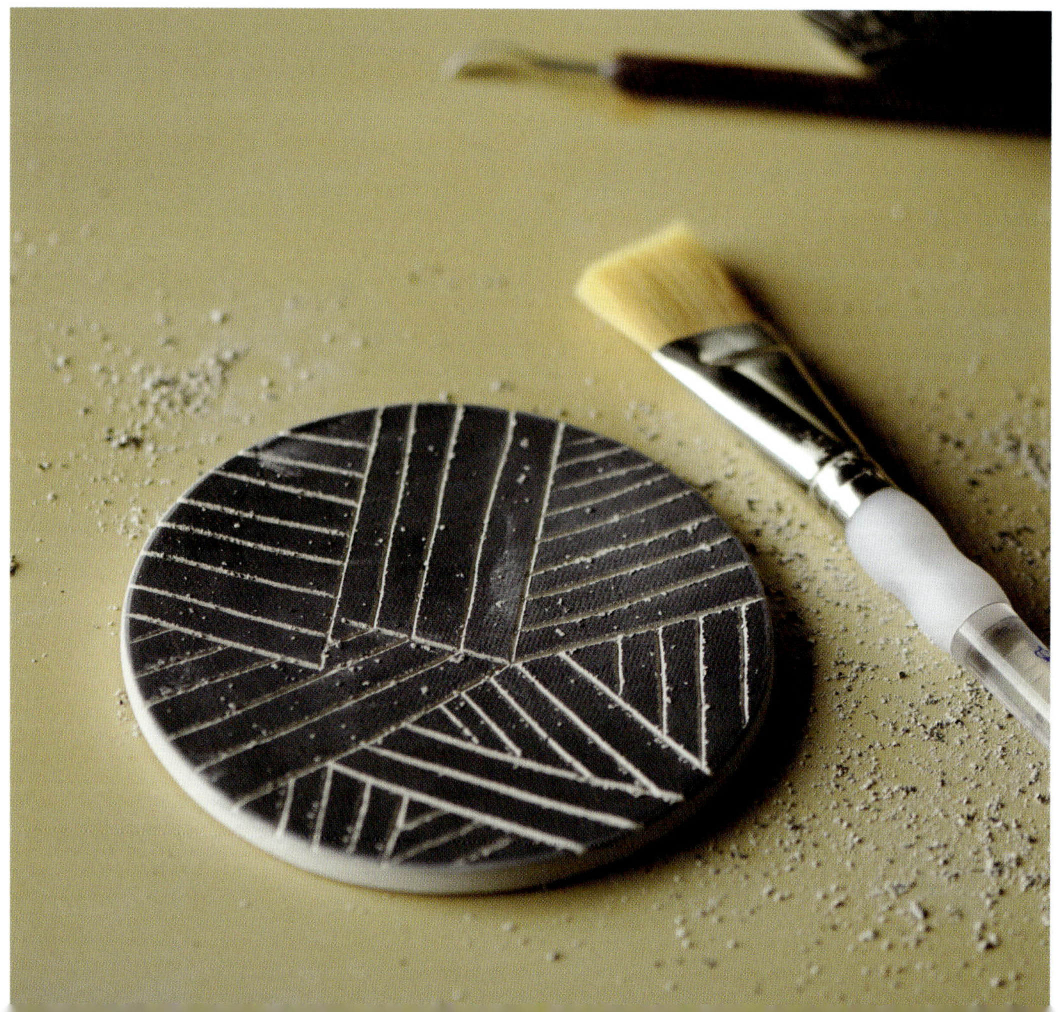

WERKZEUGE UND MATERIALIEN

Gefäß, knochentrocken
Unterglasurfarbe oder Engobe
Pinsel
trockener Pinsel
Ritzwerkzeug
Atemschutzmaske

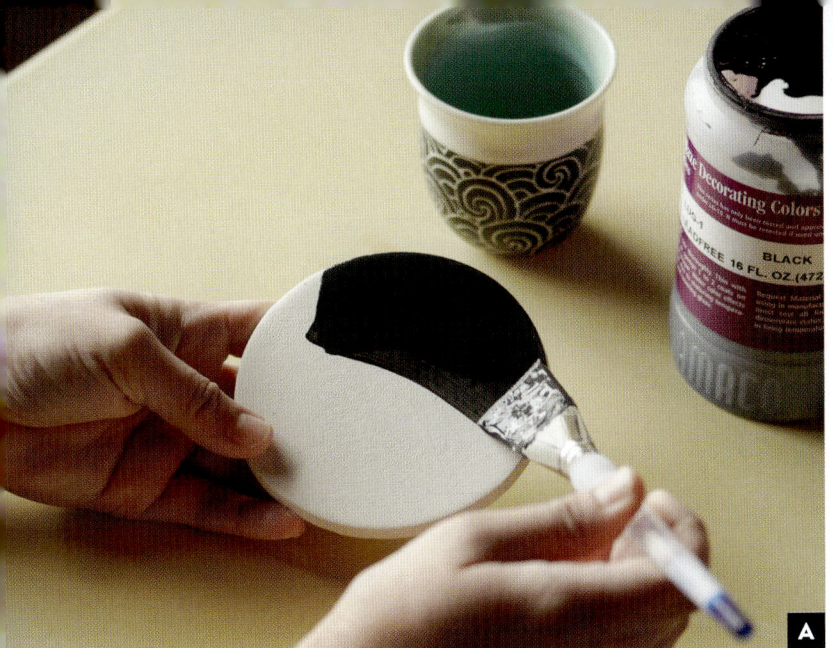

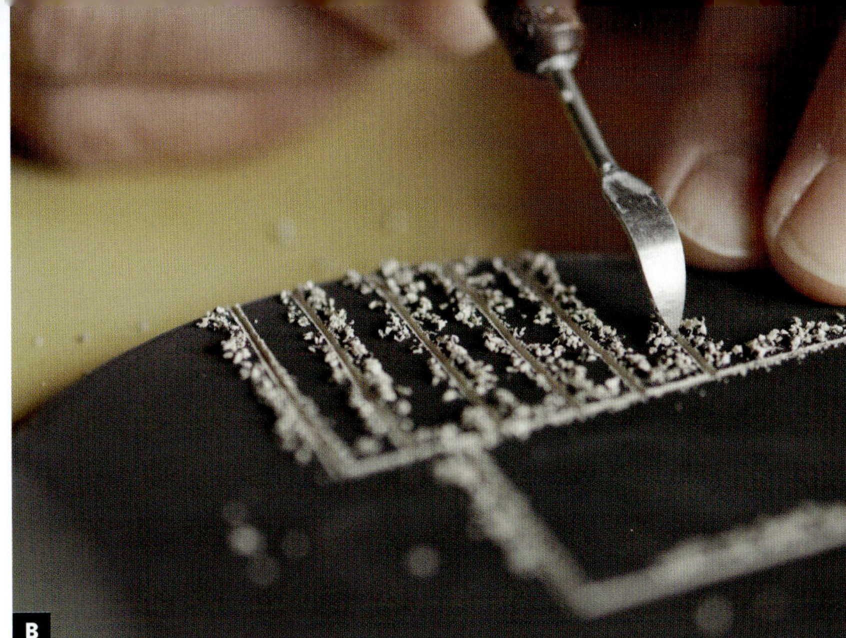

Anleitung

SCHRITT 1 Bestreichen Sie die knochentrockene Oberfläche Ihres Gefäßes mit Unterglasurfarbe. Ich empfehle eine dunklere Farbe, die einen schönen Kontrast zur Farbe des Tons bildet. **[A]**

SCHRITT 2 Lassen Sie die Unterglasurschicht trocknen, beginnen Sie erst dann mit dem Kratzen. Wie bei allen Dekorationen ist es von Vorteil, wenn Sie einen Entwurf haben, bevor Sie loslegen. Sie können freihändig oder mit einer Schablone arbeiten, ganz wie's beliebt. **[B]**

SCHRITT 3 Kratzen Sie weiter, bis Sie mit Ihrem Muster zufrieden sind. **[C]** Wenn Sie in einem geschlossenen Raum arbeiten, entfernen Sie den Staub Ihrer Schnitzereien mit einem trockenen Pinsel, anstatt die Maske abzunehmen und den Staub wegzupusten.

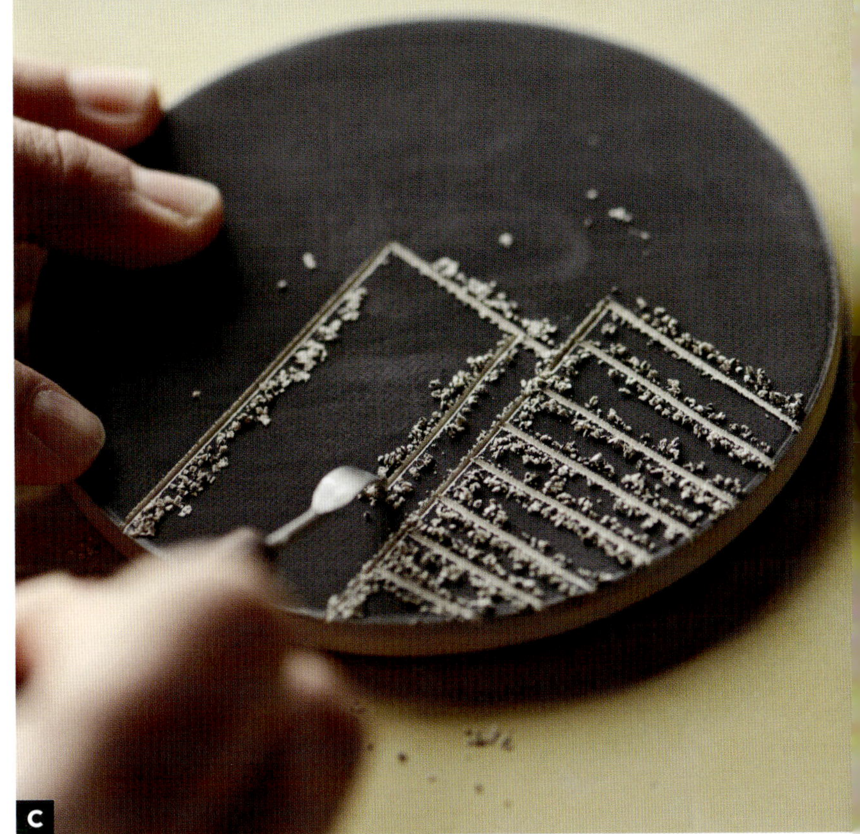

MISHIMA-TECHNIK

Bei der Mishima-Technik wird der Ton mit Einlegemustern aus farbiger Engobe oder Unterglasur dekoriert; es wird also erst geritzt und dann die Farbe eingelegt. Geritzt wird normalerweise im lederharten Zustand, während die Farbe am besten im knochentrockenen Zustand eingelegt wird. Verwenden Sie zum Ritzen spezielle Werkzeuge wie ein Präzisionsmesser oder einen Stilus (mein Lieblingswerkzeug). Das Ritzen kann mit oder ohne Wachs als Abdeckschicht erfolgen. Wenn Sie direkt in den Ton ritzen, brauchen Sie das Wachs nicht, es ist aber nützlich, wenn Sie über einem fertigen Muster ritzen, um es nicht zu zerstören. Wenn Sie die Technik kennenlernen, werden Sie verstehen, was ich meine. Also los!

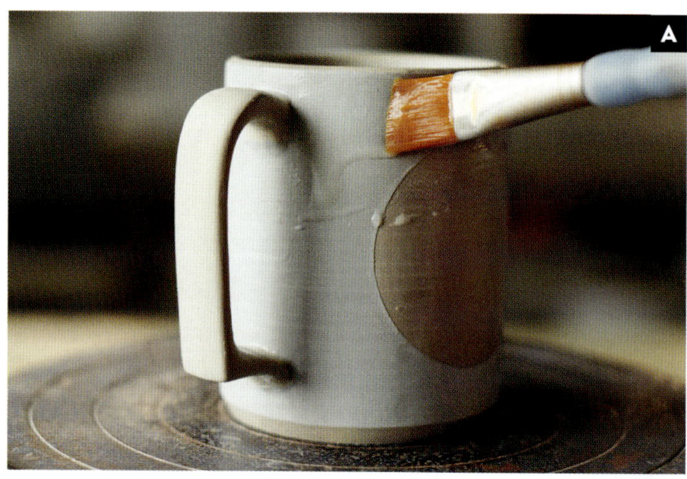
A

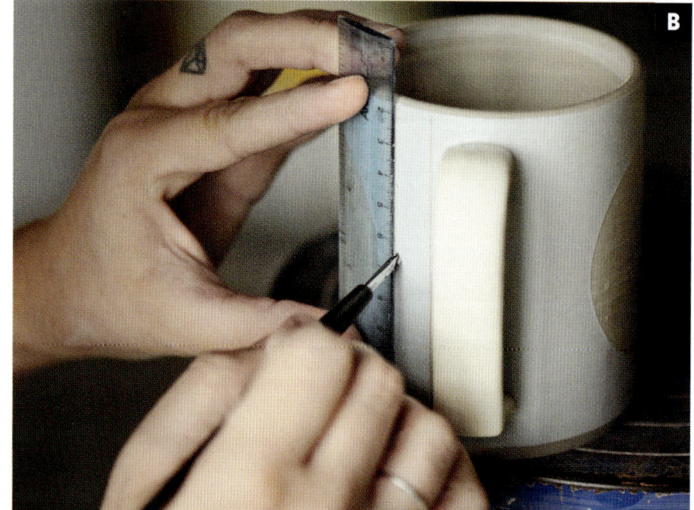
B

WERKZEUGE UND MATERIALIEN

- Abdeckwachs
- Pinsel
- Ritzwerkzeuge
-Ränderscheibe
- Unterglasurfarbe oder Engobe
- harter Pinsel oder Zahnbürste
- Schwamm
- Anleitung

SCHRITT 1 Tragen Sie eine Wachsschicht dort auf ein lederhartes, bereits unterglasiertes Gefäß auf, wo Sie ein Muster einritzen wollen. **[A]**

> **TIPP** *Ich trage das Wachs auch ein wenig weiter unten auf und decke alle Vertiefungen ab, die möglicherweise Farbe von den Einlegearbeiten aufnehmen könnten.*

SCHRITT 2 Sobald sich das Wachs vollständig trocken anfühlt, können Sie in den Ton ritzen, freihändig, mit einem Lineal oder einer Schablone. **[B]**

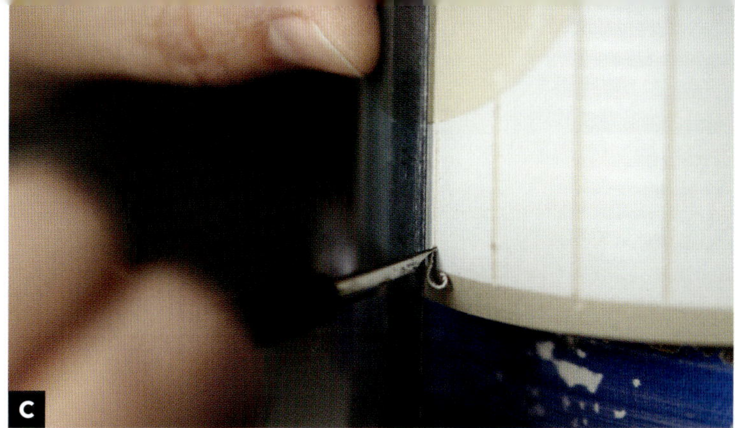

C

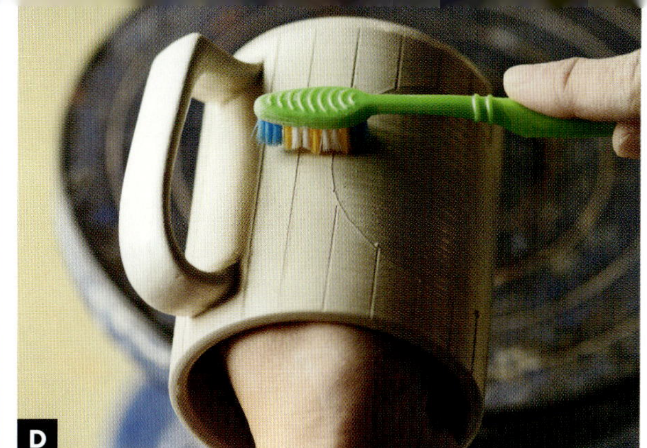

D

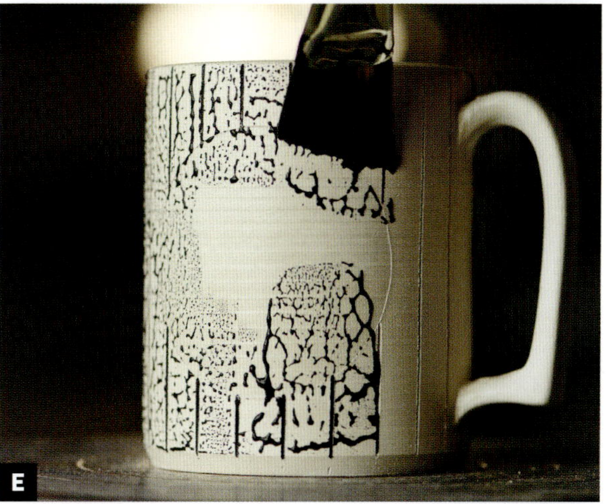

E

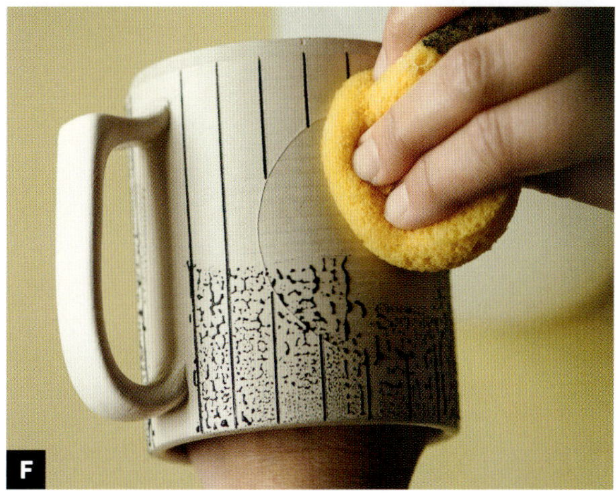

F

TIPP *Ich benutze gerne alte Visitenkarten statt eines Lineals. Sie passen sich der Form an und sind leichter zu halten.*

SCHRITT 3 Ritzen, ritzen, ritzen. **[C]**

SCHRITT 4 Wenn Sie das gewünschte Muster geritzt haben, lassen Sie alles knochentrocken werden. Es ist verlockend, gleich mit dem Einlegen zu beginnen, aber im knochentrockenen Zustand haftet die eingelegte Farbe besser und kommt richtig zur Geltung. Außerdem lassen sich dann die Grate leichter entfernen, die beim Ritzen entstehen. Dafür eignet sich ein Pinsel mit harten Borsten oder meine Lieblingsalternative, eine Zahnbürste. Schrubben Sie das Gefäß kurz ab. **[D]**

SCHRITT 5 Als Nächstes tragen Sie die Einlegefarbe auf. Rühren Sie die Farbe um oder schütteln Sie sie und streichen Sie sie dann über die geritzten Linien. Möglicherweise müssen Sie den Pinsel schräg halten, um alle Rillen zu füllen, oder die Farbe verdünnen, falls sie zu dickflüssig ist. **[E]**

SCHRITT 6 Füllen Sie alle Ritzlinien, dann beginnen Sie mit dem Abwischen. In diesem Stadium können Sie bereits sehen, wie das Wachs die Farbe von allen Bereichen fernhält, die nicht mit Ritzmustern versehen sind. Zum Abwischen brauchen Sie einen Eimer mit frischem Wasser und einen sauberen Schwamm, den Sie möglicherweise mehrmals ausspülen müssen, bis die Farbe von der Oberfläche verschwunden ist. **[F]**

GALERIE

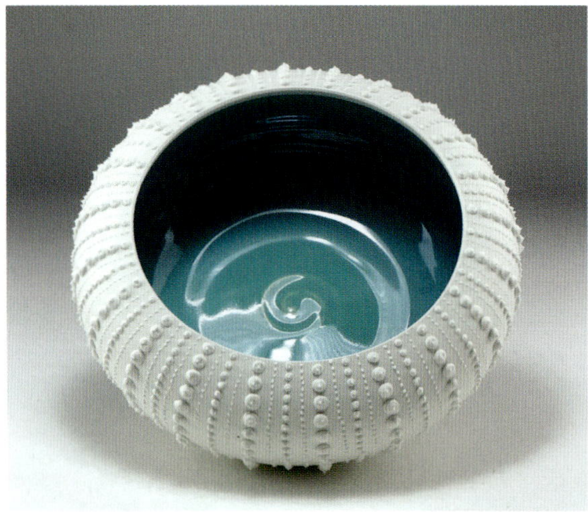

Anja Bartels, Seeigel-Schale
Frei gedrehter Porzellanton, Brand bis Kegel 7 im Elektroofen, Engobendekor, innen drei Schichten Glasur

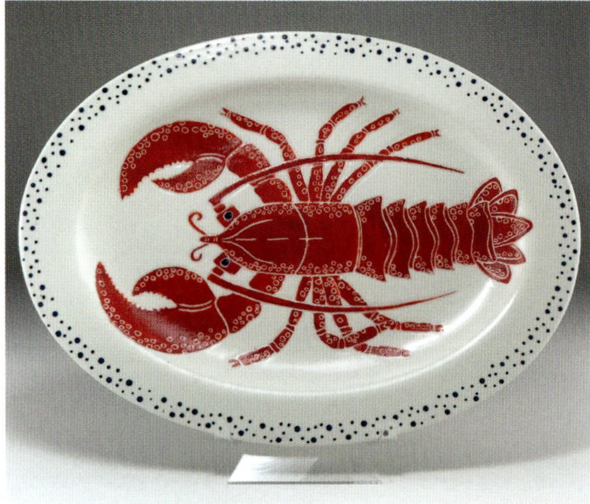

Anja Bartels, Hummer-Servierplatte
Sgraffito-Technik, Brand bis Kegel 7 im Elekroofen

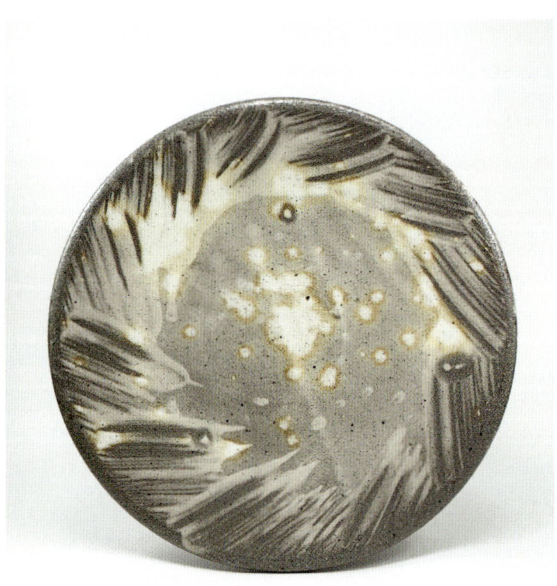

Gillan Doty, Teller Holzbrand

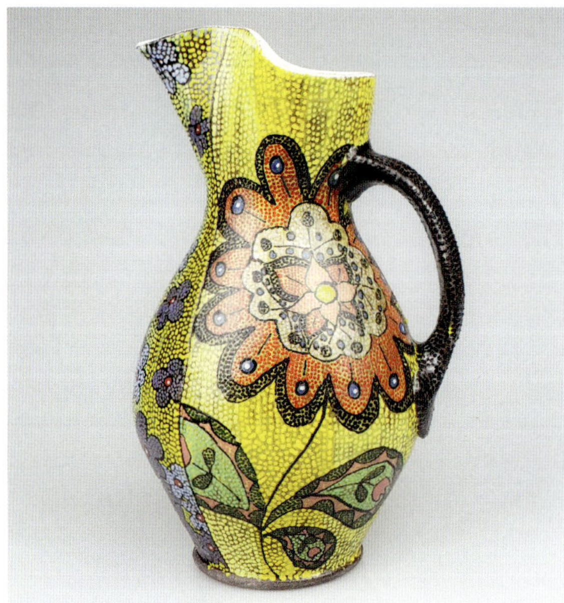

Matthew Schiemann

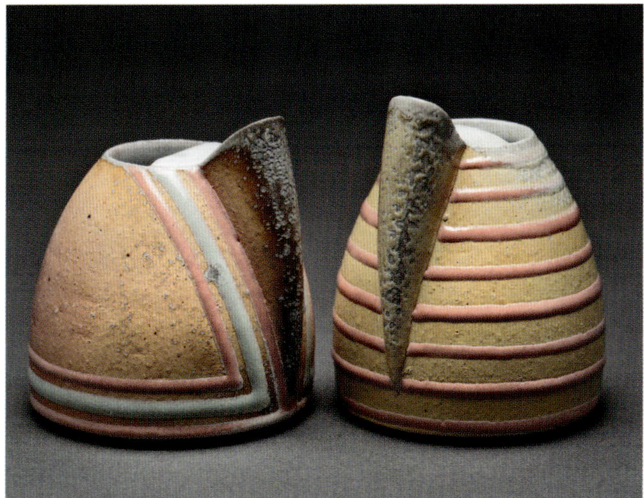

Austin Riddle, Milchkännchen
Porzellan, Sodabrand, Kegel 11

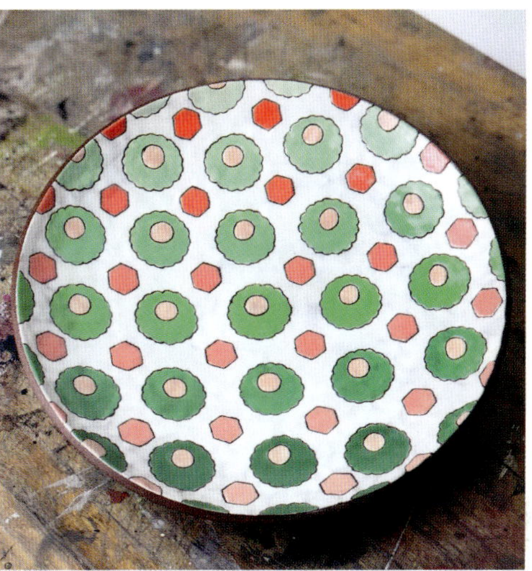

Sara Ballek, Flache Schale

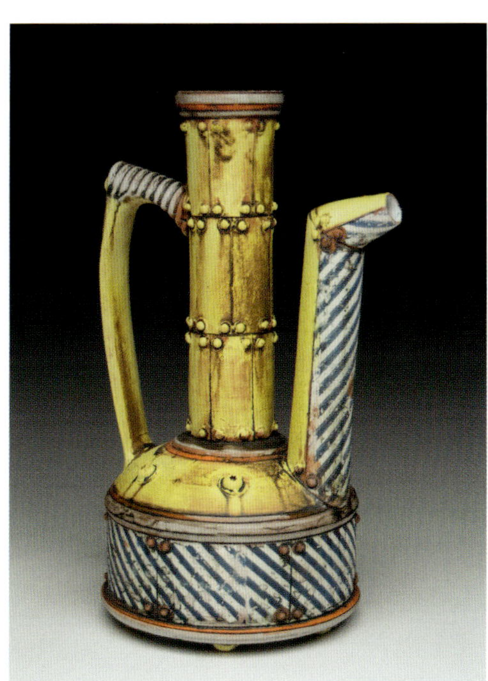

Mike Cinelli, Krug

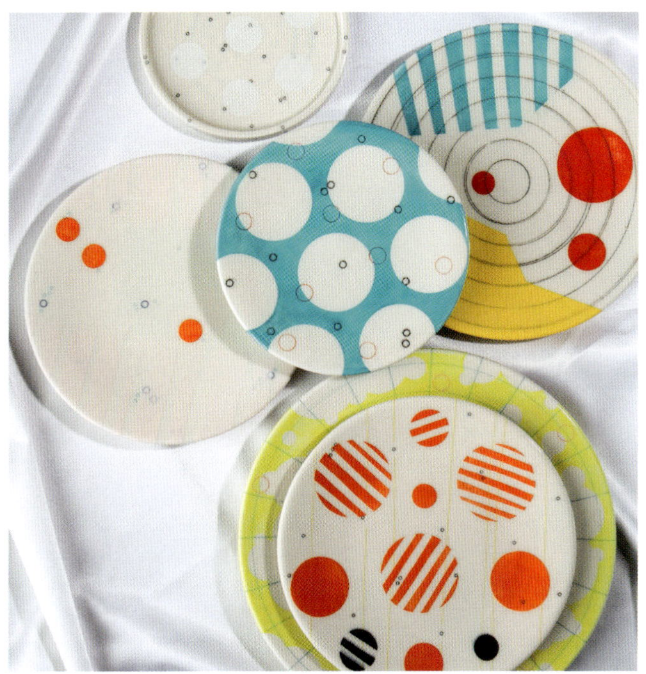

Rachel Donner, Teller
Foto: Emily Mason

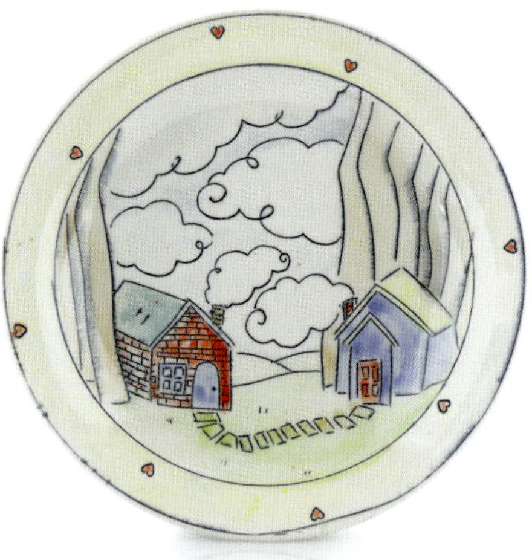

Laurie Caffery, Kleiner Teller mit Holzhütte
Porzellan, Unterglasur und Mishima-Technik, Oxidation bei Kegel 6

Laurie ritzt die Mishima-Linien in den lederharten Ton und wartet, bis er knochentrocken ist, bevor sie die Vertiefungen füllt und die Oberfläche abwischt. Auf diese Weise kann sie die Grate beseitigen, die beim Ritzen entstehen. Nach dem Schrühbrand malt sie die Konturen mit verdünnter Unterglasurfarbe aus.

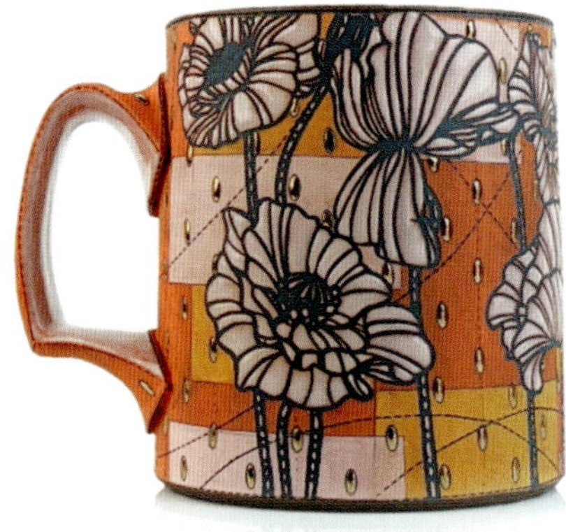

Renee LoPresti, Becher
2020 gedreht, Steinzeugton, Unterglasurfarben, Glasur und Lüster, Oxidation bei Kegel 5 und 019 im Elektroofen

Ich habe mich vor Jahren in Renees Stücke verliebt. Ihre mehrschichtigen Oberflächen und Farbgebung beeindrucken mich immer wieder. Ich hatte meine Schablonen von Hand ausgeschnitten, bis ich gesehen habe, dass sie sie aus Selbstklebefolie ausstanzt. Einfach, aber brillant!

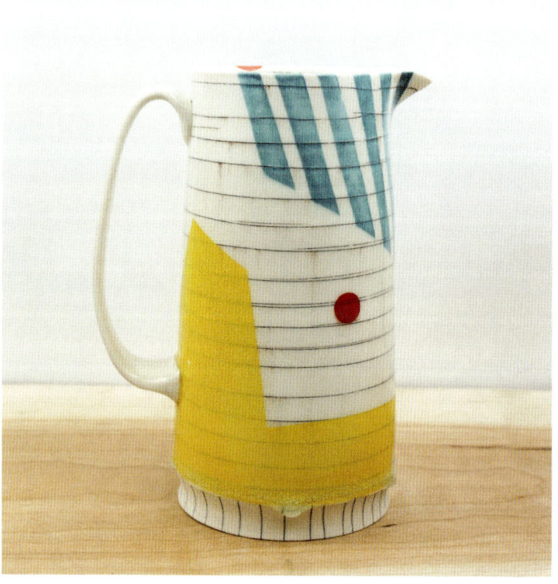

Rachel Donner, Kanne

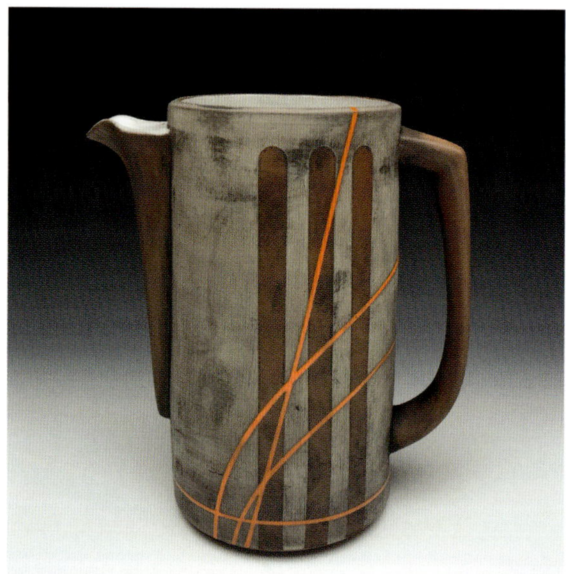

Eric Herspink, Kanne

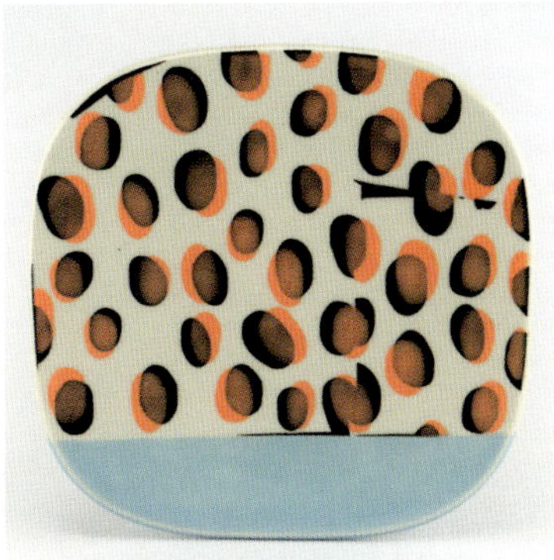

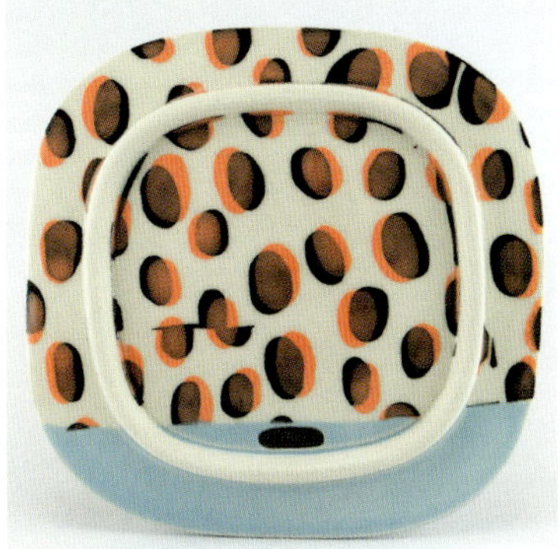

Adrienne Eliades, Teller, Vorder- und Rückseite Porzellan, Aufbautechnik, Unterglasur- und Glasurdekor, Oxidation bei Kegel 7
Foto der Künstlerin

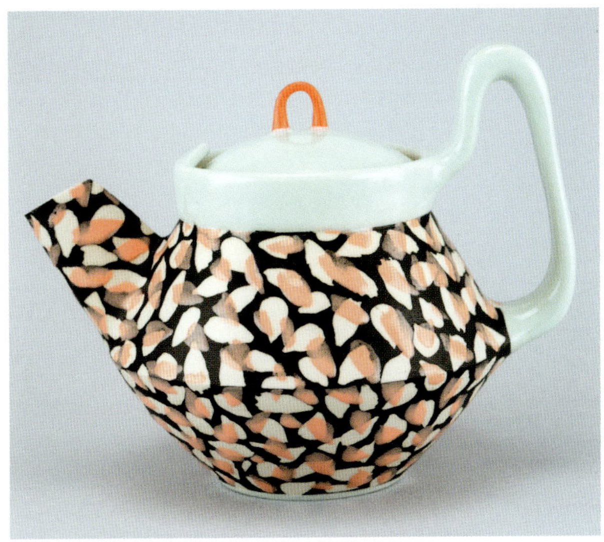

Adrienne Eliades, Teekanne
Frei gedreht, von Hand geformter Deckel und Henkel. Unterglasur- und Glasurdekor, Oxidation bei Kegel 7

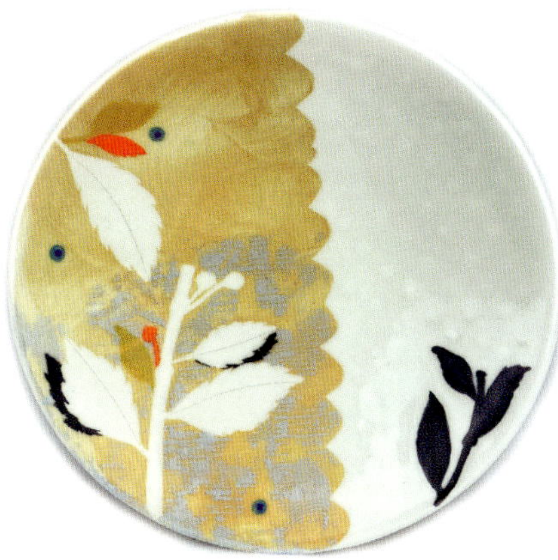

Liana Agnew, Teller

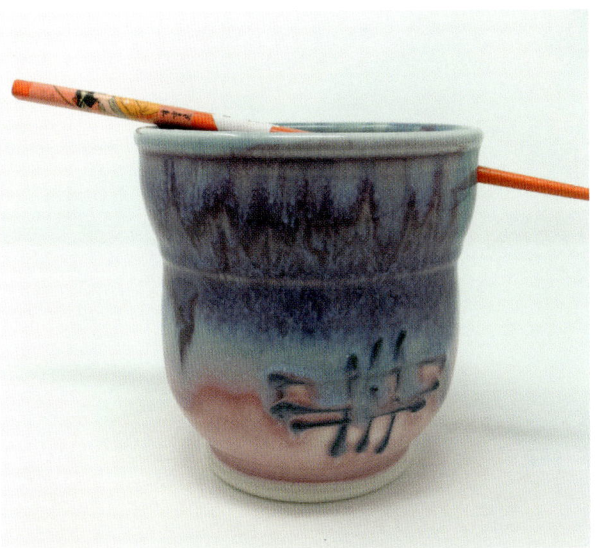

Gabriel Kline, Reisschale Kegel 7

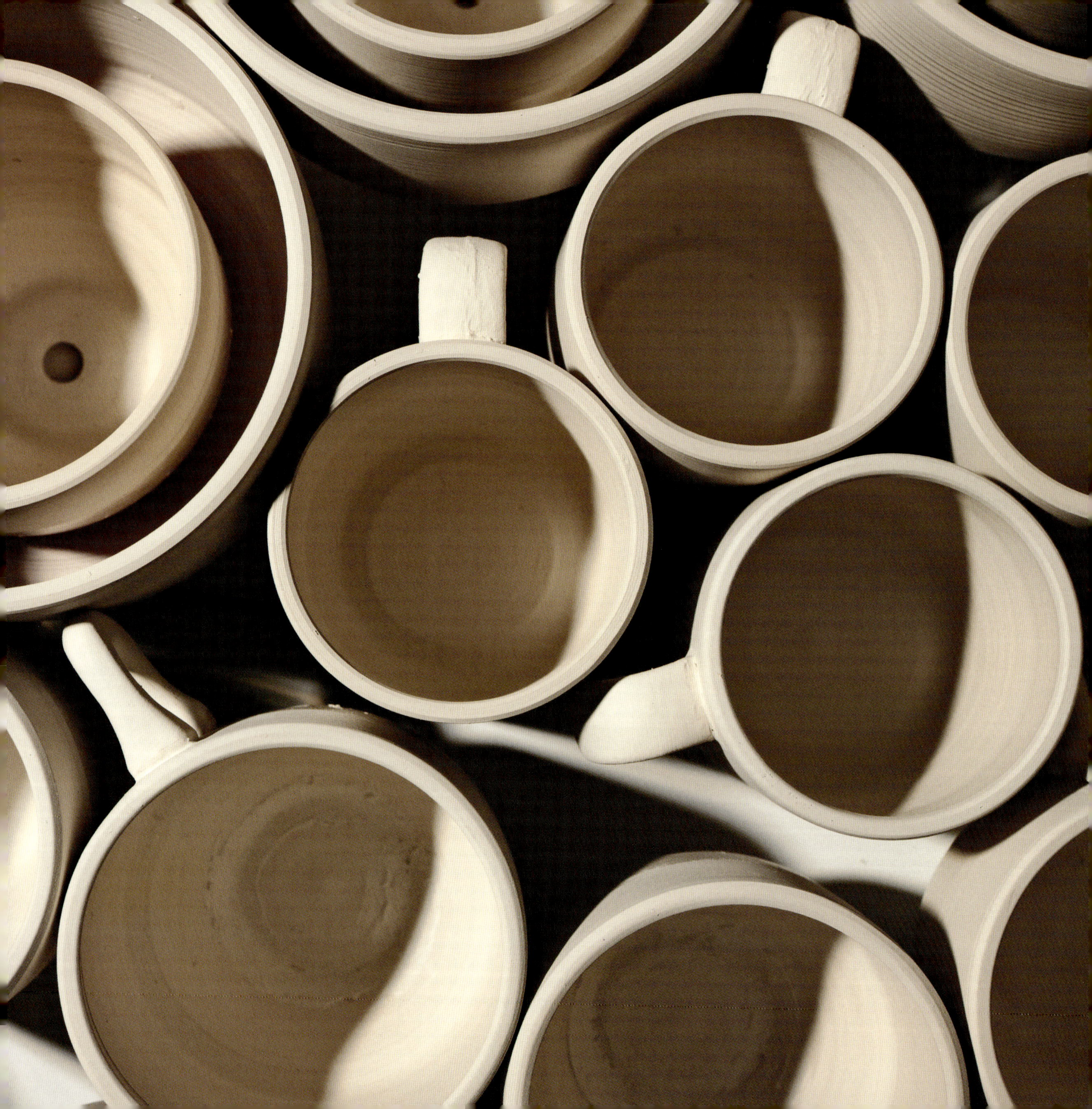

5

GLASIEREN UND BRENNEN

Das Brennen ist oft der letzte Schritt, doch er kann der entscheidende sein. Für Neulinge ist der Brand besonders aufregend. In diesem Kapitel behandeln wir den Schrühbrand, bevor wir uns mit dem Glasieren beschäftigen. Wenn Sie noch nie glasiert haben, sollten Sie einen Keramikkurs besuchen oder sich ein weiteres Buch zum Thema anschaffen, doch ich gehe hier auf einige Grundlagen ein. Sobald Sie ein gewisses Maß an Sicherheit erlangt haben, können Sie Ihren eigenen Stil entwickeln. Wenn Sie Zugang zu einer Vielzahl von Glasuren haben möchten, empfehle ich, sich einem Keramikstudio anzuschließen oder einen Kurs für Fortgeschrittene zu besuchen.

EINEN BRENNOFEN BELADEN

Wenn Sie an einem Töpferkurs teilnehmen, werden Sie nicht zwangsläufig in den Brennprozess einbezogen, es sei denn, Sie melden sich freiwillig, um zu helfen und zu lernen. Dennoch ist es hilfreich, die Grundlagen des Brennens zu verstehen. Der Schrühbrand ist der erste Brennvorgang, den Ihre Keramik erlebt, nachdem Sie die Arbeit mit dem feuchten Ton erledigt haben. Woher wissen Sie, ob Ihre Gefäße bereit für den Schrühbrand sind? Sobald sie vollständig trocken sind, also knochentrocken. Halten Sie zum Testen das Gefäß ans Gesicht. Wenn es sich kühl anfühlt, muss es möglicherweise noch ein wenig trocknen.

TIPP *Nehmen Sie knochentrockene Stücke beim Transport immer in beide Hände. Wenn Sie am Rand anfassen, wird er brechen. Und packen Sie ungebrannte Stücke nie an den Henkeln!*

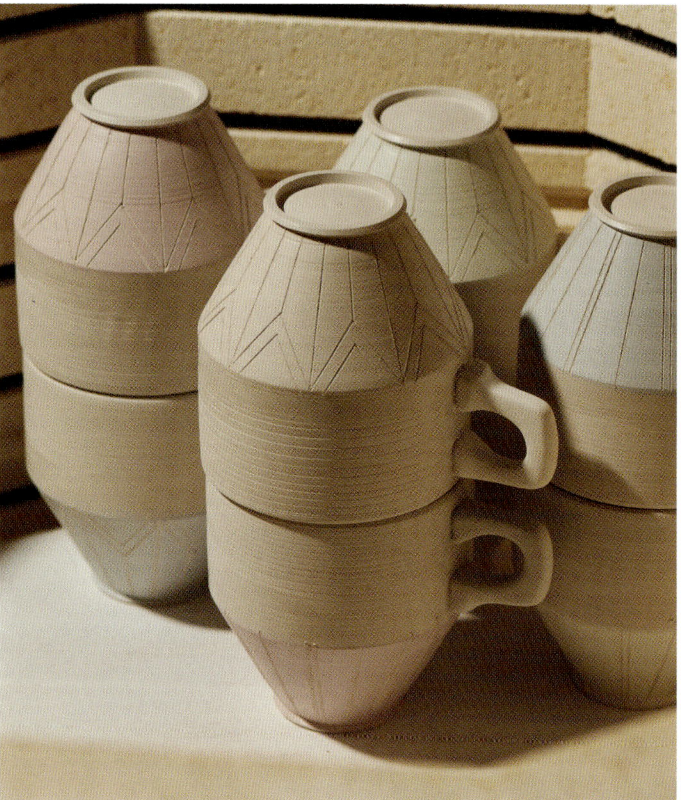

Das Beschicken eines Brennofens sieht schwierig aus, aber wenn Sie diese einfachen Anweisungen befolgen, wird es schon klappen. Bevor ich den Ofen belade, überprüfe ich, ob die Böden meiner Gefäße glatt sind und beim Transport keine Kratzer bekommen haben. Eventuelle Schrammen glätte ich mit einem feuchten Schwamm. Dann sortieren Sie das Brenngut nach der Höhe. Dies ist wichtig, um den Platz im Brennofen optimal zu nutzen. Wenn möglich stapeln Sie Gefäße: Eine kleine Schale lässt sich in einer größeren Schale brennen. Hier ist Kreativität gefragt!

Einen Schrühofen beschicken

SCHRITT 1 Sorgen Sie mit vier kleinen Stützen unter der ersten Ofenplatte für ein wenig Abstand vom Ofenboden, damit Luft und Wärme gleichmäßig zirkulieren können. Außerdem werden einige Brennöfen von unten belüftet, d. h. Sie sollten die Belüftungslöcher nicht abdecken.

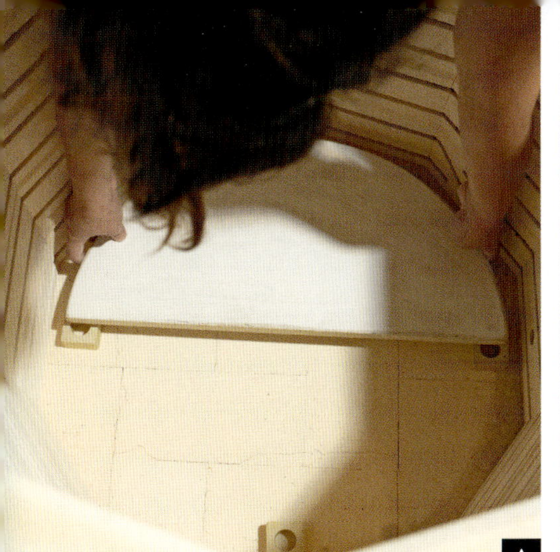
A

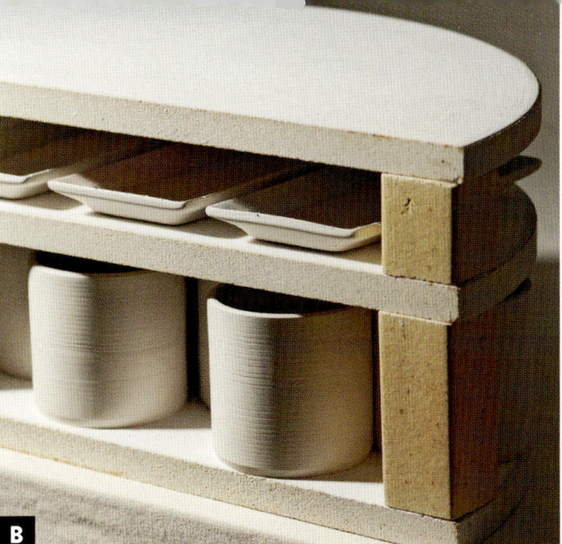
B

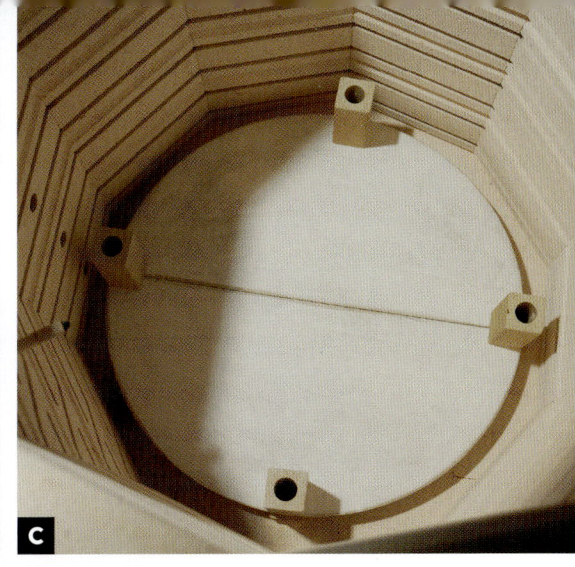
C

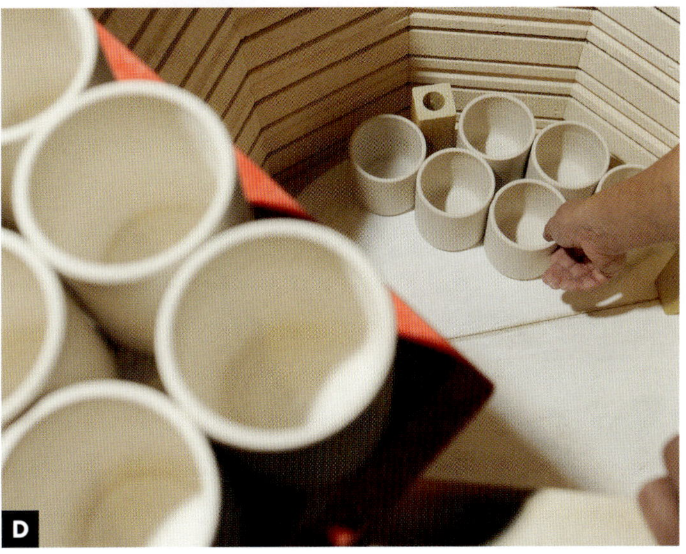
D

SCHRITT 2 Setzen Sie die erste Ofenplatte so in die Brennkammer, dass die Enden die Stützen nur halb abdecken, um Platz für die nächste Platte zu lassen. Auf diese Weise sparen Sie Platz und brauchen weniger Stützen. **[A]**

SCHRITT 3 Setzen Sie auf der anderen Seite einen weiteren Ofenboden ein.

SCHRITT 4 Als Nächstes entscheiden Sie, was Sie zuerst laden wollen. Ich empfehle, zur untersten Ofenplatte einen Mindestabstand von 10 cm zu lassen. Im unteren Teil des Ofens kann es sein, dass die Stücke nicht ausreichend gebrannt werden, da sich dort keine Heizelemente befinden. Suchen Sie als Nächstes vier passende Ofenstützen, die dieser Größe am nächsten kommen, und achten Sie darauf, dass sie mindestens 1,5 cm höher sind als Ihre Gefäße. **[B]**

SCHRITT 5 Setzen Sie die Stützen in den Ofen, und zwar an der gleichen Stelle wie die unteren Stützen. **[C]**

SCHRITT 6 Laden Sie Ihre Gefäße. Da beim Schrühbrand kein Schmelzvorgang stattfindet, dürfen sie sich berühren. Allerdings sollten Sie daran denken, sie vorsichtig zu behandeln. **[D]**

TIPP *Die meisten Brennöfen mit digitaler Steuerung sind mit einem Thermoelement ausgestattet, das die Temperatur misst. Achten Sie beim Beladen darauf, dass es nicht von Ofenplatten oder Brenngut verdeckt wird. Das Thermoelement braucht etwas Platz, um genaue Messungen vorzunehmen.*

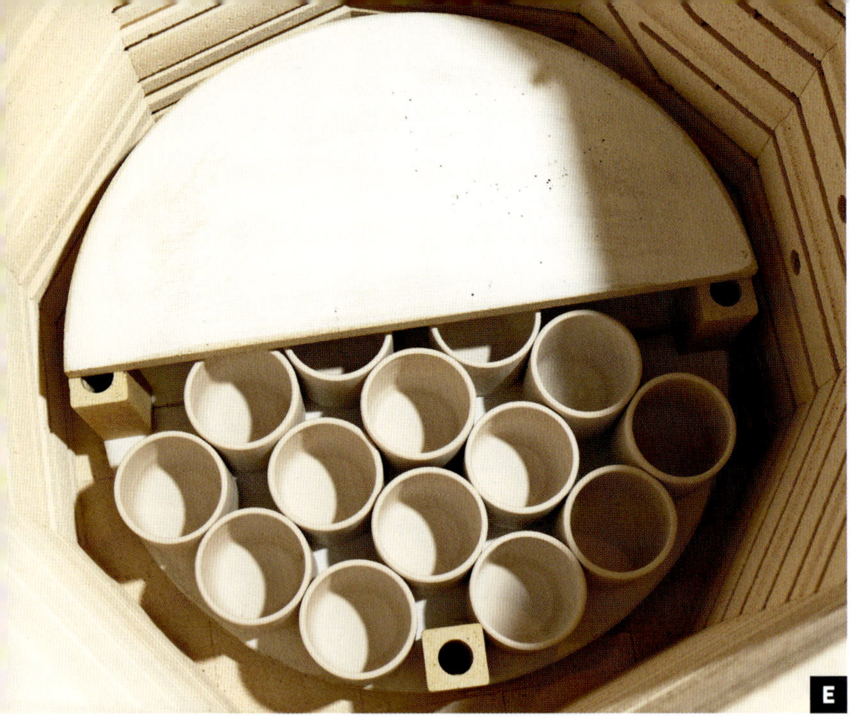

E

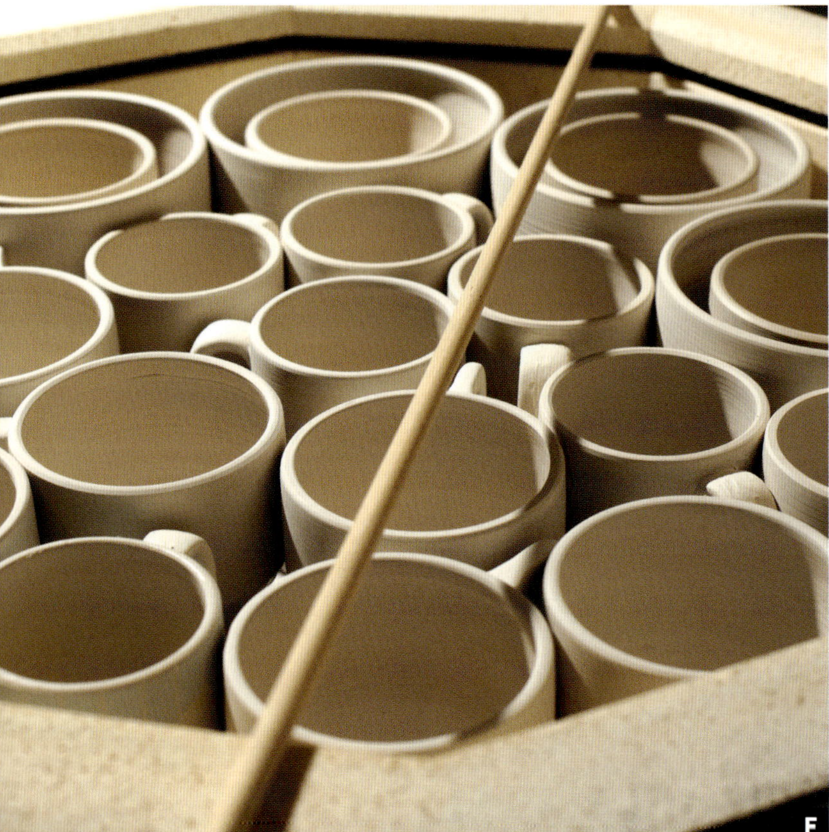

F

SCHRITT 7 Wenn die erste Lage voll ist, fügen Sie eine weitere hinzu und wiederholen die Schritte 2 bis 6, bis die Brennkammer voll ist. **[E]**

> **TIPP** *Bevor Sie den Ofen schließen, fahren Sie mit einem langen Lineal oder einem Rundholz über den Ofenrand. Wenn Sie die Gefäße nicht berühren, ragt keines der Gefäße über den Rand.* **[F]**

Einen Schrühofen bedienen

Zum Programmieren Ihres Ofens folgen Sie bitte unbedingt den Anweisungen im dazugehörigen Handbuch, da die Öfen je nach Hersteller und Modell unterschiedlich sind. Verschließen Sie vor dem Programmieren alle Gucklöcher und vergewissern Sie sich, dass die Belüftung des Ofens eingeschaltet ist. Auf die Belüftung des Raumes gehe ich hier nicht ein, sie ist aber aus Sicherheitsgründen absolut notwendig.
Viel Glück und viel Spaß beim Schrühen!

Was geht da drinnen vor sich?

Das Programmieren ist eine Sache. Zu verstehen, was mit dem Ton beim Brennen passiert, eine andere. Beim Schrühbrand wird das chemische Wasser aus dem Ton gebrannt, sodass er eine poröse Oberfläche für die Glasur bietet. Es passieren aber noch viele andere Dinge. Als Faustregel gilt: Die Brenntemperatur sollte langsam steigen, damit die Feuchtigkeit aus dem Ton entweichen kann. Wasser kocht bei 100 °C; wenn es im Ofen also zu schnell zu heiß wird, kann Ihr Gefäß explodieren! Wenn das passiert, seien Sie nicht zu streng mit sich. Es ist jedem Töpfer mindestens einmal passiert.

GLASUR VERSTEHEN

Nach dem Schrühbrand geht es ans Glasieren! Die Wahl der Glasur richtet sich nach Brenntemperatur und -atmosphäre. Ein Glasurrezept besteht aus sorgsam ausgesuchten Zutaten, die zusammen eine perfekte Mischung ergeben.

Was ist also eine Glasur? Glasuren bestehen aus drei Hauptkomponenten: Siliciumdioxid, Flussmittel und Tonerde. Siliciumdioxid ist der wichtigste Bestandteil von Glas und kommt in der Natur in Sand, Quarz, Sandstein oder Granit vor. Es schmilzt bei einer extrem hohen Temperatur von über 1650 °C, höher, als Tone und Öfen brennen können. Daher fügt man einem Glasurrezept ein Flussmittel (Natrium-, Kalium-, Lithium- und Magnesiumoxid, um nur einige zu nennen) hinzu, das den Schmelzpunkt von Siliziumdioxid senkt. Die letzte wichtige Zutat ist Tonerde. Sie ist ein Hauptbestandteil von Ton. In der Glasur hält sie die Partikel in der Schwebe.

Diese drei Zutaten werden oft als Basisglasur bezeichnet. Sie sind so aufeinander abgestimmt, dass sie bei ihrer spezifischen Brenntemperatur schmelzen. Die meisten Glasurrezepte enthalten auch Zusätze wie Farbstoffe oder Trübungsmittel, die die Farbe der Glasur verändern oder ihre Deckkraft beeinflussen.

Brenntemperaturen

In den meisten Gemeinschaftswerkstätten arbeiten Sie mit Ton und Glasuren im niedrigen oder mittleren Brennbereich und brennen bei Oxidationsatmosphäre. Denken Sie aber immer daran, dass Sie an den spezifischen Temperaturbereich Ihres Tons gebunden sind. Niedrigbrennender Ton eignet sich nicht für Holzbrand.

Brennarten (von niedrig bis hoch)

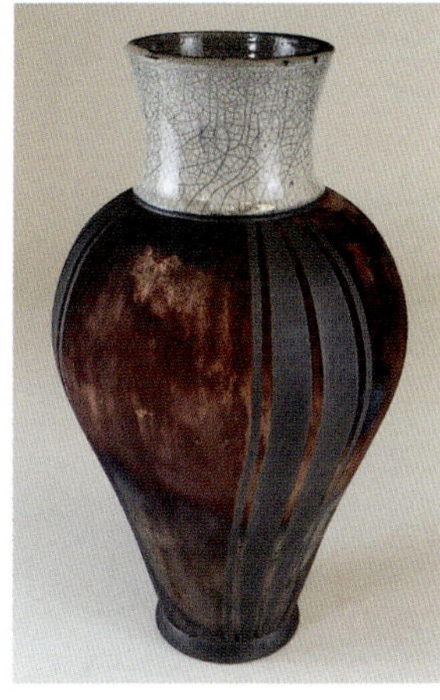

Paul Gisondo

RAKU – Eine alte japanische Brenntechnik. Die glühend heißen Gefäße werden mit einer speziellen Zange aus dem Ofen genommen und in einen Metalleimer oder eine Grube mit brennbarem Material, wie Sägemehl oder Zeitungspapier, gestellt. Dann kommt ein Deckel drauf, sodass dem Gefäß der Sauerstoff entzogen wird. So entstehen bei der geschmolzenen Glasur schöne Farbvarianten, die man nur so erzielen kann. Der Vorteil: Man sieht das Ergebnis sofort, man muss nicht warten, bis der Ofen abgekühlt ist. Die Gefäße werden in der Regel in einem speziellen gasbetriebenen Ofen gebrannt. Kegel 08 – Kegel 06

MAJOLIKA – Eine historische Technik. Dabei wird nach dem Schrühbrand auf den Steinguttonn eine zinnhaltige weiße Glasur mit dem Pinsel oder durch Eintauchen aufgetragen, dann werden Farben und Glasuren direkt darüber gemalt. Das Gefäß wird bei niedriger Temperatur in einem elektrischen Brennofen gebrannt. Diese Technik sorgt für farbenfrohe und lebendige Dekors. Kegel 04 – Kegel 03

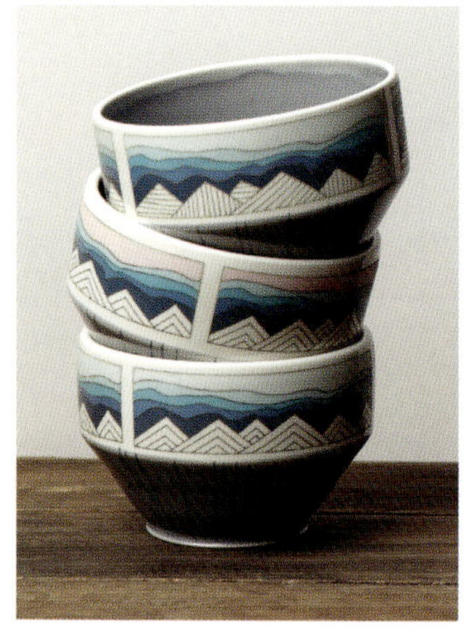

OXIDATION – Die gebräuchlichste und am leichtesten zugängliche Brennmethode in einem Elektroofen. Die Sauerstoffmenge im elektrischen Brennofen sorgt für eine vollständige Verbrennung. Da diese Methode sehr beliebt ist, steht eine Vielzahl von Glasurrezepten und kommerziellen Glasuren zur Verfügung. Kegel 06 – Kegel 8

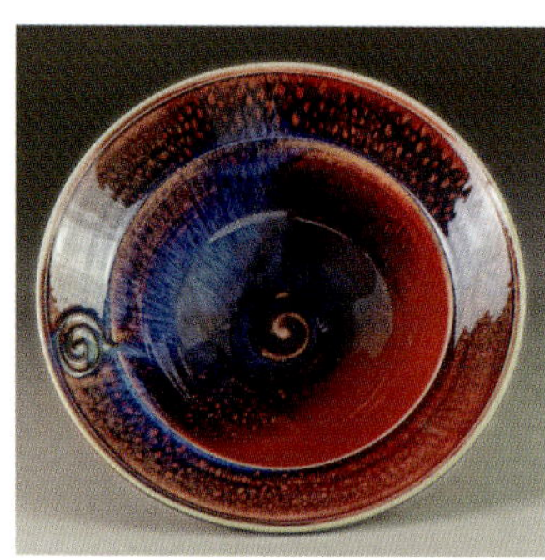

Gabriel Kline

REDUKTION – Eine Brenntechnik im Gasofen. Beim Reduktionsbrand wird dem Ofen der Sauerstoff entzogen, was zu einer unvollständigen Verbrennung führt. Kohlenmonoxid entzieht den Bestandteilen der Glasur Sauerstoff, sodass die für diese Brenntechnik typischen Glasureffekte entstehen, wie z. B. Tenmokuglasur und kupferrote Glasur. Kegel 06 – Kegel 10

SALZBRAND – Salzbrand ist ein atmosphärischer Brand, bei dem Salz (Natriumchlorid) gegen Ende des Brennvorgangs bei sehr hoher Temperatur in den Ofen gegeben wird. Das Salz verdampft und wird von der Flamme durch den Ofen und auf die Gefäße getragen, wo es sich mit dem Siliziumdioxid auf der Oberfläche zu einer harten Glasur verbindet. Mit Salz gebrannte Gefäße erkennt man meist an ihrer „Orangenhaut". Diese Brennmethode erfordert einen speziell für diesen Zweck gebauten Gasofen, da sich das Salz an den Ziegelwänden des Ofens absetzt. Kegel 10

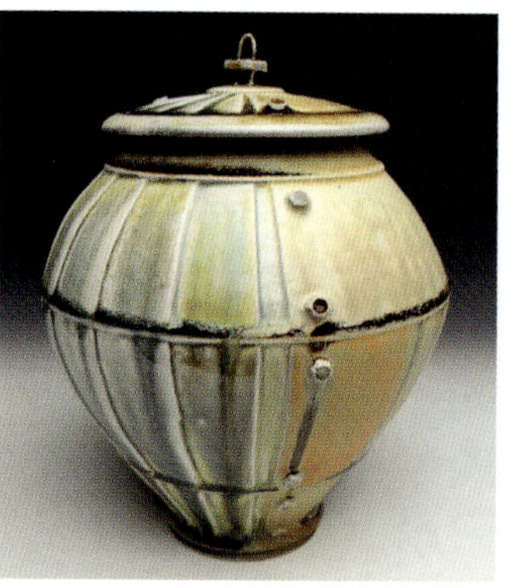

Luke Doyle

SODABRAND – Nicht zu verwechseln mit Salzbrand, obwohl die Techniken ähnlich sind. Der Hauptunterschied besteht darin, dass eine Mischung aus Backpulver und Soda mit Wasser gemischt und kurz vor der Gartemperatur in den Ofen gesprüht wird. Das Natrium bildet mit dem Siliziumdioxid und dem Kalziumkarbonat in der Glasur eine Glasschicht. Auch für den Sodabrand ist ein spezieller Gasofen erforderlich. Kegel 10

HOLZBRAND – Die älteste Brennmethode für Töpferwaren in einem großen Kammerofen, der nur mit Holz befeuert wird. Er wurde traditionell in Höhlen oder an Berghängen gebaut, kann aber auch aus Ziegeln und freistehend konstruiert werden. Diese Art des Brennens dauert mehrere Tage, der Ofen muss dabei ständig befeuert und überwacht werden – oft eine Gruppenarbeit. Bei der Verbrennung von Holz entsteht Holzasche, die bei sehr hohen Temperaturen auf die Oberfläche der Gefäße fällt und eine oft glänzende, manchmal graubraune Glasurschicht bildet. Kegel 10 – Kegel 13

GLASURBRAND: DEN OFEN BESCHICKEN UND ANFEUERN

In einer Gemeinschaftswerkstatt wird der Ofen meist von den Mitarbeitern beschickt und befeuert. Wenn Sie jedoch bei der Töpferei als Hobby bleiben wollen, ist es von Vorteil, ein wenig mehr zu wissen. Egal ob Sie Ihre Werkstücke zum Brennen in eine Werkstatt bringen oder zu Hause arbeiten: Elektrische Brennöfen sind am leichtesten zugänglich und erschwinglich. Hier konzentriere ich mich auf das Laden und Brennen.

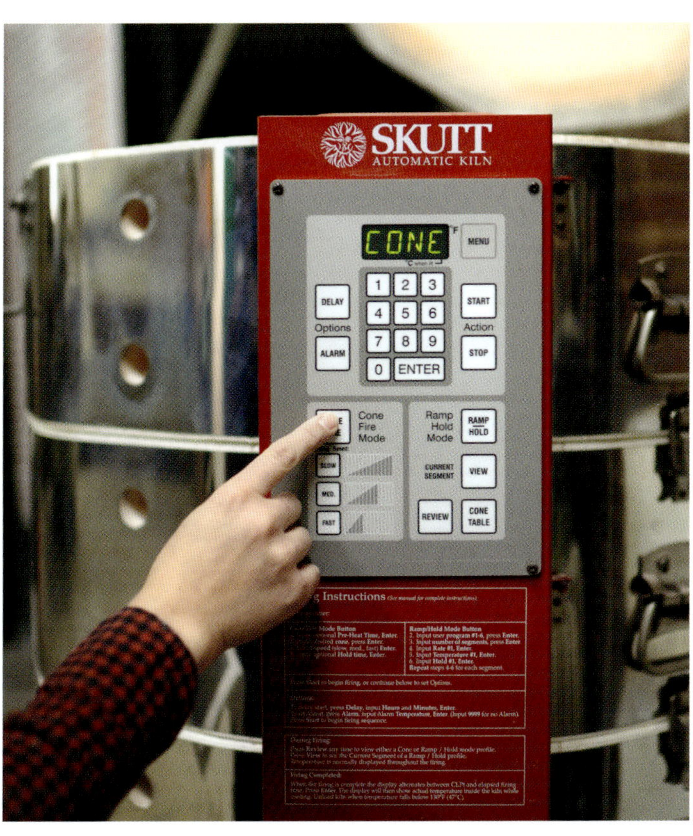

Beschicken

Für den Glasurbrand wird der Ofen ähnlich beladen wie für den Schrühbrand, die Anordnung der Stücke unterscheidet sich jedoch in einem wichtigen Punkt: Beim Glasurbrand müssen die Gefäße frei stehen, sie können also nicht gestapelt werden und dürfen nicht mit der Ofenwand, den Ofenplatten und nicht miteinander in Berührung kommen. Wenn sich die Gefäße berühren, kleben sie wahrscheinlich auf ewig zusammen. Um das zu verhindern, lassen Sie zwischen den Gefäßen einen Fingerbreit Platz, da die Glasur beim Erhitzen leicht blubbern kann.

Beim Einräumen des Ofens sollten Sie auch den Boden der Gefäße überprüfen. Am Fuß oder nahe am Fuß dürfen keine Glasurreste sein.

Ein weiterer Tipp: Versuchen Sie, unterschiedlich hohe Etagen zu schaffen und pro Platte drei statt vier Stützen zu verwenden. Dadurch entsteht ein gleichmäßiger Wärmefluss in der gesamten Brennkammer. Diese Anordnung ist nicht unbedingt notwendig, aber viele Töpfer bevorzugen eine solche Art der Beschickung, insbesondere bei Gasöfen, wenn die Atmosphäre eine Rolle spielt.

Den Ofen programmieren

Wenn der Brennofen vollständig beladen, der Deckel geschlossen und die Gucklöcher zugestopft sind, wird der Ofen programmiert. Lesen Sie immer zuerst das Handbuch, da sich die Ofenmodelle in Funktion und Programmierung unterscheiden. Die meisten Töpfer stellen einfach die gewünschte Endtemperatur und Aufheizgeschwindigkeit ein, während andere ihren eigenen Brennplan programmieren möchten. Unabhängig vom Ofenmodell oder der Programmiermethode empfehle ich Ihnen, Ihren Ofen beim Glasurbrand so zu programmieren, dass er mit einer mittleren Geschwindigkeit aufheizt. Das ist ein guter Mittelweg. Manche Töpfer haben es eilig und geben eine kurze, heftige Aufheizphase ein, andere dagegen entscheiden sich für ein langsames Aufheizen, damit sich die Glasur voll entfalten kann.

Wenn Sie sich nicht sicher sind, probieren Sie alle drei Möglichkeiten aus und machen Sie sich Notizen. Nebenstehend sehen Sie ein Beispiel für einen typischen Glasurbrand bei mittlerer Geschwindigkeit.

Kegel 6 bei mittlerer Aufheizgeschwindigkeit im Elektroofen

Unten sehen Sie ein Beispiel für ein werkseitig installiertes Programm mit mehreren Segmenten, das erscheint, wenn Sie bei einem Brennofen der Fa. Skutt auf „Kegel 6, mittlere Geschwindigkeit“ drücken.

SEGMENT	STEIGERUNGSRATE	TEMPERATUR
1	93 °C / h	82 °C
2	93 °C / h	121 °C
3	204 °C / h	538 °C
4	82 °C / h	621 °C
5	149 °C / h	1083 °C
6	49 °C / h	1222 °C

EIN WERKSTÜCK FÜR DIE GLASUR VORBEREITEN

Vor dem Glasieren vergewissern Sie sich, dass Ihr Werkstück staubfrei ist, damit die Glasur am Gefäß haftet. Den Boden streichen Sie mit Wachs ein, sodass er nicht mitglasiert wird. Für diesen Schritt brauchen Sie nur einen Pinsel und Geduld – und Sorgfalt: Wenn das Wachs an Stellen landet, wo Sie es nicht haben wollen, müssen Sie es mit einem Brenner wegschmelzen oder das Stück erneut schrühen.

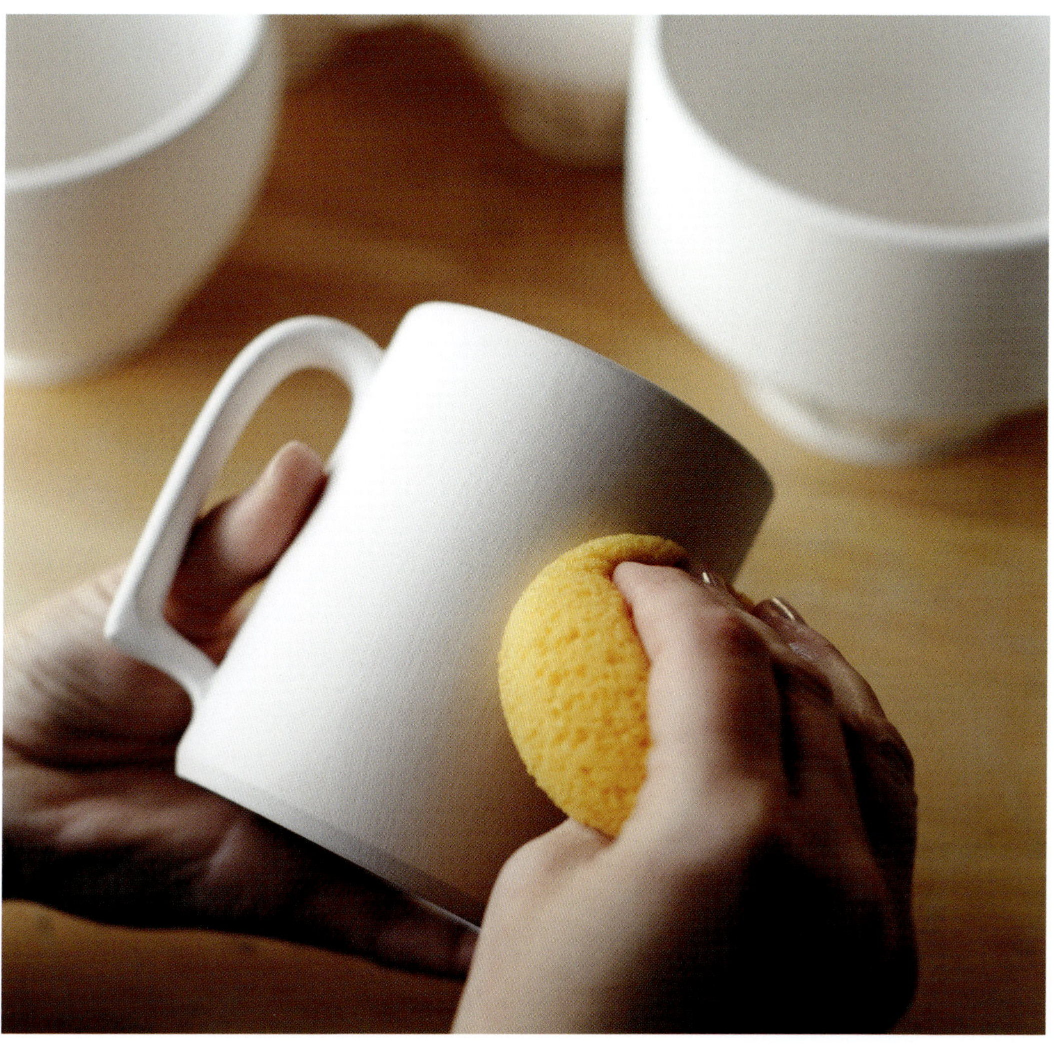

WERKZEUGE UND MATERIALIEN

sauberer Schwamm
Eimer mit sauberem Wasser
Wachs als Sperrschicht
Pinsel
geschrühtes Gefäß

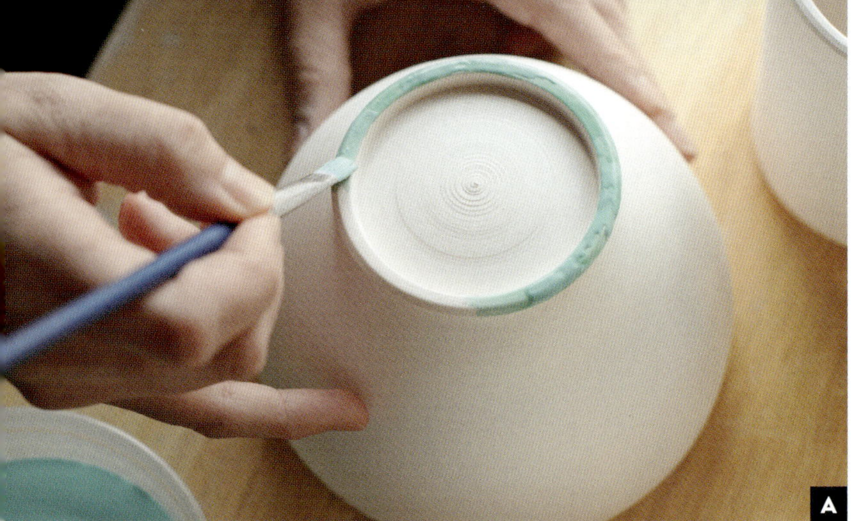
A

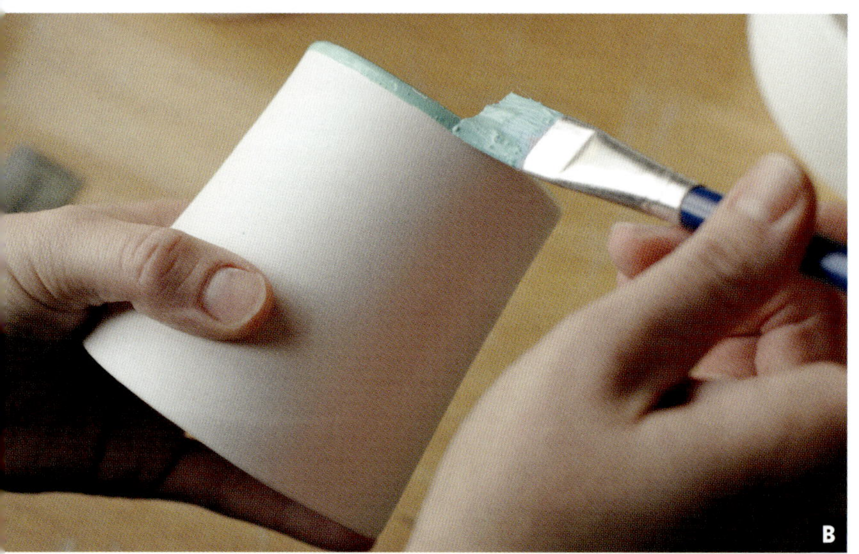
B

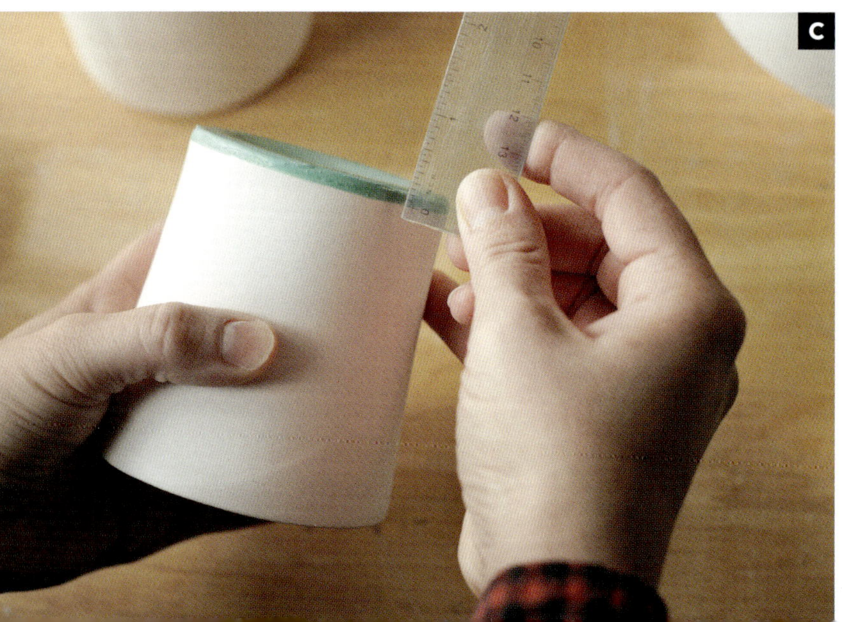
C

Sauberwischen

SCHRITT 1 Wischen Sie jedes Gefäß innen und außen mit einem leicht feuchten Schwamm ab. Verwenden Sie nicht zu viel Wasser, sonst haben Ihre Werkstücke nicht genügend Zeit, vor dem Glasieren richtig zu trocknen und die Glasur wirkt nach dem Brand dünn und durchscheinend. Die Oberfläche sollte fast so schnell trocknen, wie Sie sie abwischen.

> **TIPP** *Achten Sie darauf, dass Ihre Hände sauber sind! Wenn Sie vom Mittagessen fettige Finger haben, sollten Sie Ihre Tongefäße nicht anfassen. Öl und Staub verhindern, dass die Glasur auf der Oberfläche haftet.*

Den Boden wachsen

SCHRITT 1 Benutzen Sie einen Pinsel, um den Fußring und alle Teile, die mit der Ofenplatte in Berührung kommen, mit Wachs zu bestreichen. **[A]** Wenn Sie sich wegen der Glasur unsicher sind, bestreichen Sie einen breiteren Streifen am unteren Ende des Gefäßes mit Wachs.

> **TIPP** *Um den Wachsauftrag besser sehen zu können, mischen Sie einfach ein bisschen Lebensmittelfarbe in das Wachs. Die Konsistenz des Wachses ändert sich dadurch nicht und die Farbe geht nicht auf den Ton über. Das Wachs brennt beim Brennen einfach aus.* **[B] [C]**

Tauchmethode

Das Eintauchen von Werkstücken in Glasur ist die häufigste Art zu glasieren. Dies ist der einfachste und schnellste Weg zu einem gleichmäßigen Glasurauftrag, verglichen mit dem Aufpinseln, bei dem einige Bereiche eine dickere, andere eine dünnere Schicht bekommen. Beim Eintauchen wird das Gefäß mit der Glasurzange festgehalten, aber Sie können auch die Hände benutzen, wenn Ihr Gefäß einen Fuß zum Festhalten hat.

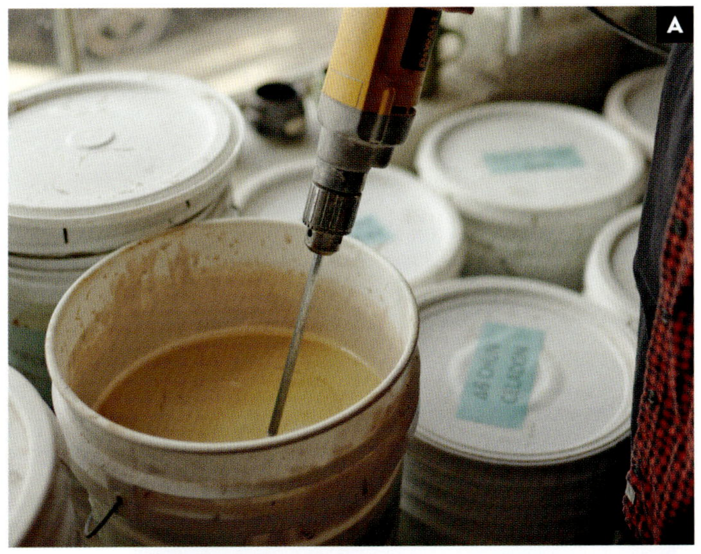
A

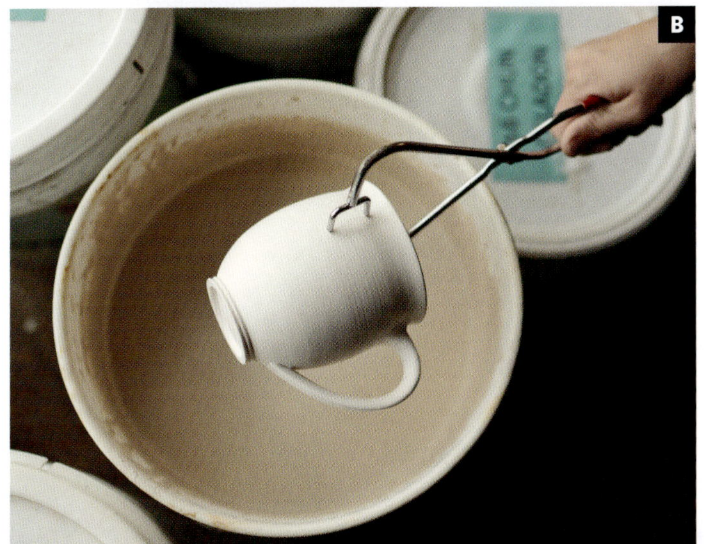
B

WERKZEUGE UND MATERIALIEN

Schrühware
Glasur
Glasurzange
Rührgerät oder Rührstab
Schwamm
Anleitung

SCHRITT 1 Mischen Sie zunächst die Glasur gründlich, am besten mit einem elektrischen Rührgerät – das leistet ganze Arbeit. Alternativ können Sie einen Holzstab oder Spatel verwenden. Ganz gleich, welche Methode Sie verwenden: Achten Sie darauf, dass keine Glasur am Boden des Eimers zurückbleibt. **[A]**

SCHRITT 2 Öffnen Sie die Glasurzange und greifen Sie das Gefäß vorsichtig. Wenn Sie die Hände zu fest zusammendrücken, kann es passieren, dass Sie die Wandung durchbohren. Wenn Sie allerdings nicht fest genug zupacken, fällt das Gefäß möglicherweise in die Glasur. Mit der Zeit lernen Sie, den Druck richtig einzuschätzen. **[B]**

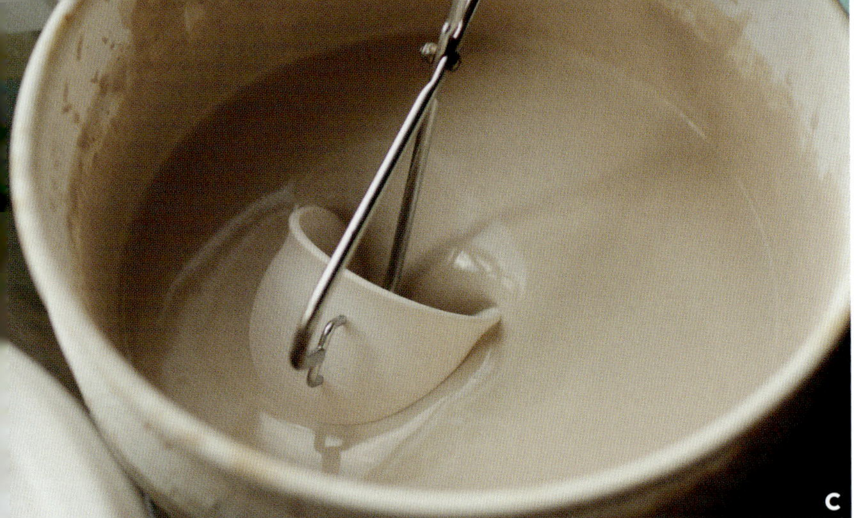

C

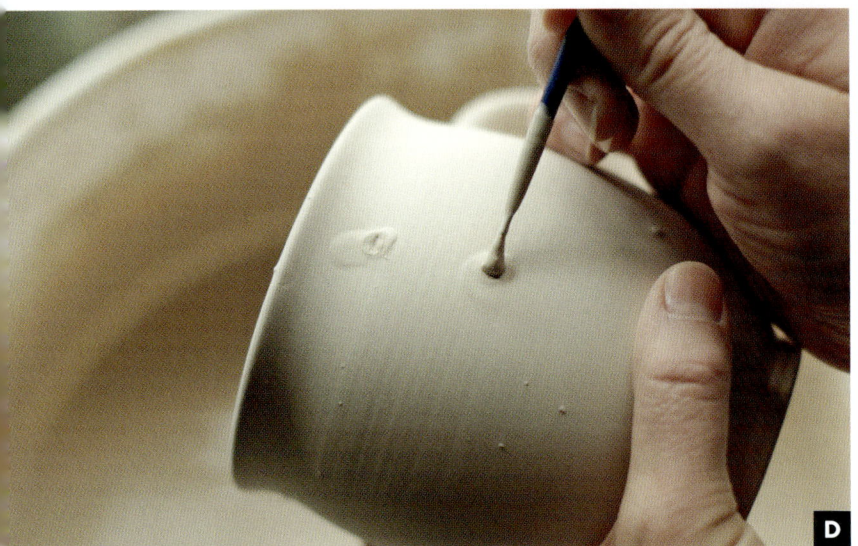

D

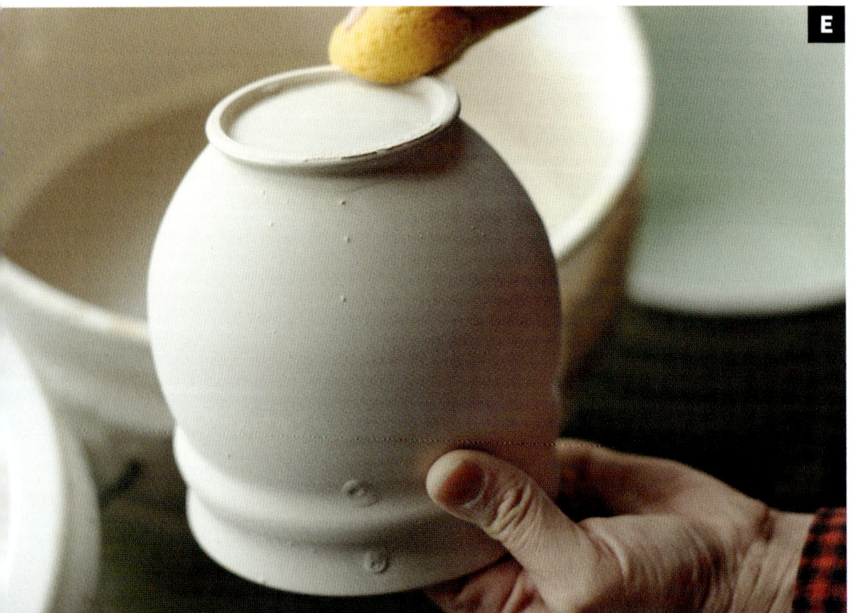

E

SCHRITT 3 Tauchen Sie das Gefäß mit einer fließenden Bewegung und nicht länger als ein paar Sekunden in die Glasur. Zählen Sie 1-2-3, dann ziehen Sie es wieder heraus. **[C]**

SCHRITT 4 Wenn Sie das Gefäß herausziehen, schütteln Sie die überschüssige Glasur vorsichtig ab und lassen Sie es einige Augenblicke trocknen, bevor Sie es abstellen und aus dem Zangengriff lösen.

SCHRITT 5 Sobald das Gefäß vollständig getrocknet ist, reiben Sie vorsichtig alle Spuren ab, die die Zange hinterlassen hat. Wenn Ihnen diese Spuren zu auffällig erscheinen, tupfen Sie mit einem Pinsel Glasur darauf, um sie zu überdecken. **[D]**

SCHRITT 6 Wischen Sie mit einem sauberen Schwamm alle Glasurreste vom Boden Ihres Gefäßes ab. Nun ist es bereit für den Glasurbrand. **[E]**

ZWEI FARBEN: GIESSEN UND EINTAUCHEN

Wenn das Gefäßinnere eine andere Farbe haben soll als das Äußere, bietet sich die Gießtechnik an. Sie ist auch bei großen Gefäßen nützlich, die zu ausladend für den Glasureimer sind. Am besten funktioniert das Gießen mit einem leichten Plastikkrug. Vorher muss die Glasur gründlich durchgerührt werden, auch wenn Sie gerade ein Gefäß hineingetaucht haben. Die Glasurpartikel setzen sich schnell am Boden des Glasureimers ab.

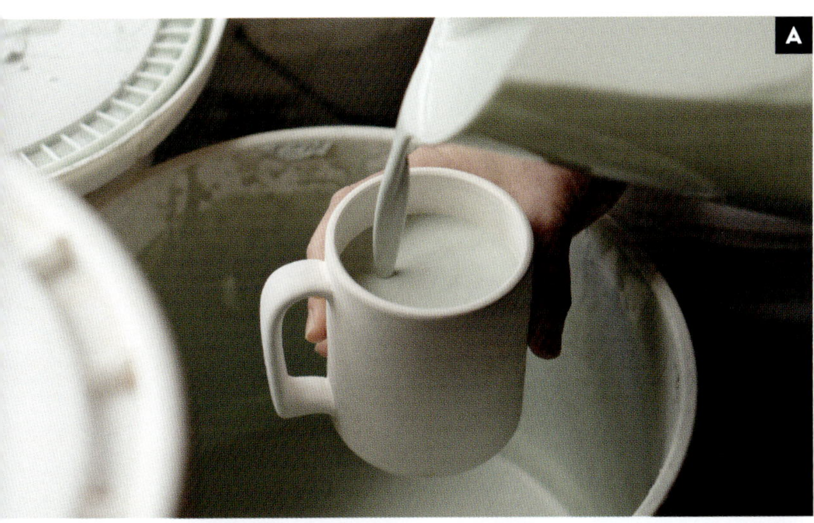

A

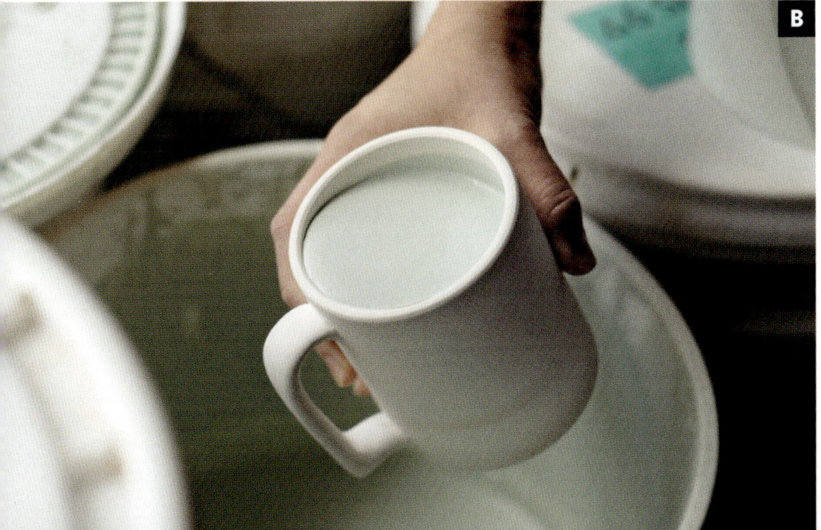

B

WERKZEUGE UND MATERIALIEN

geschrühtes Gefäß
Glasur
Rührstab
Krug
Schwamm
Anleitung

SCHRITT 1 Füllen Sie den Krug mit Glasur. Halten Sie das Gefäß über den Glasureimer und gießen Sie die Glasur bis knapp unter den Rand. Wenn Sie genau bis zum Rand gießen, kann es schwieriger sein, die Glasur wieder auszugießen, und sie könnte an der Außenwand herunterlaufen. **[A]**

SCHRITT 2 Schwenken Sie das Gefäß und schütten Sie die Glasur schwungvoll in den Eimer zurück. Lassen Sie die Glasur nicht zu lange im Gefäß stehen, sonst sammelt sich die Glasur am Boden. Eine zu dicke Glasurschicht brennt möglicherweise nicht richtig. **[B] [C]**

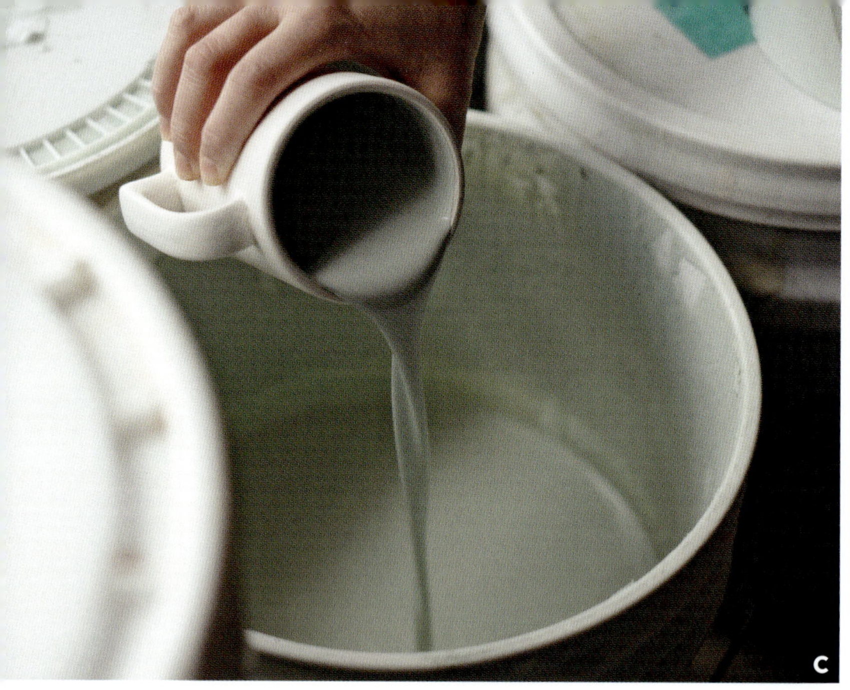
C

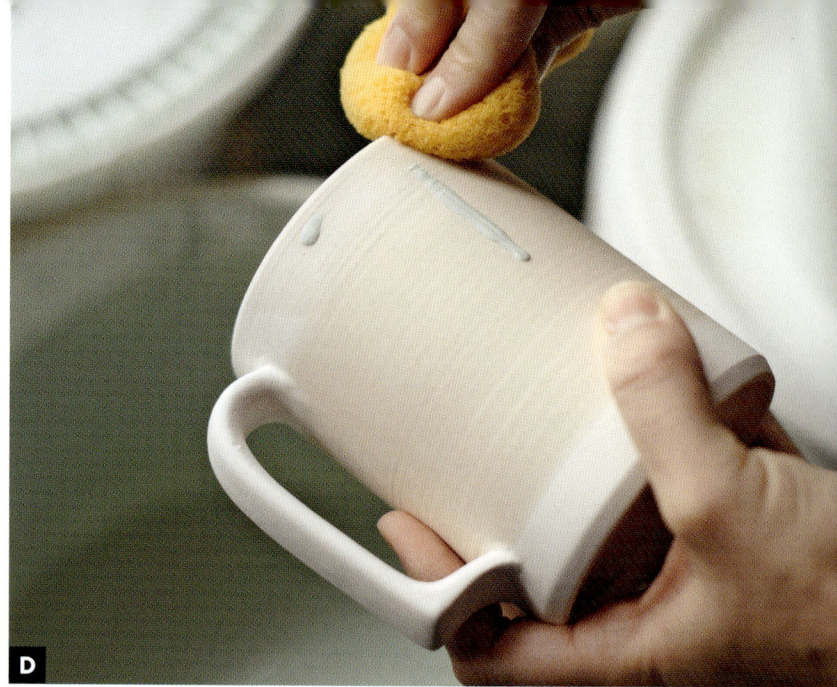
D

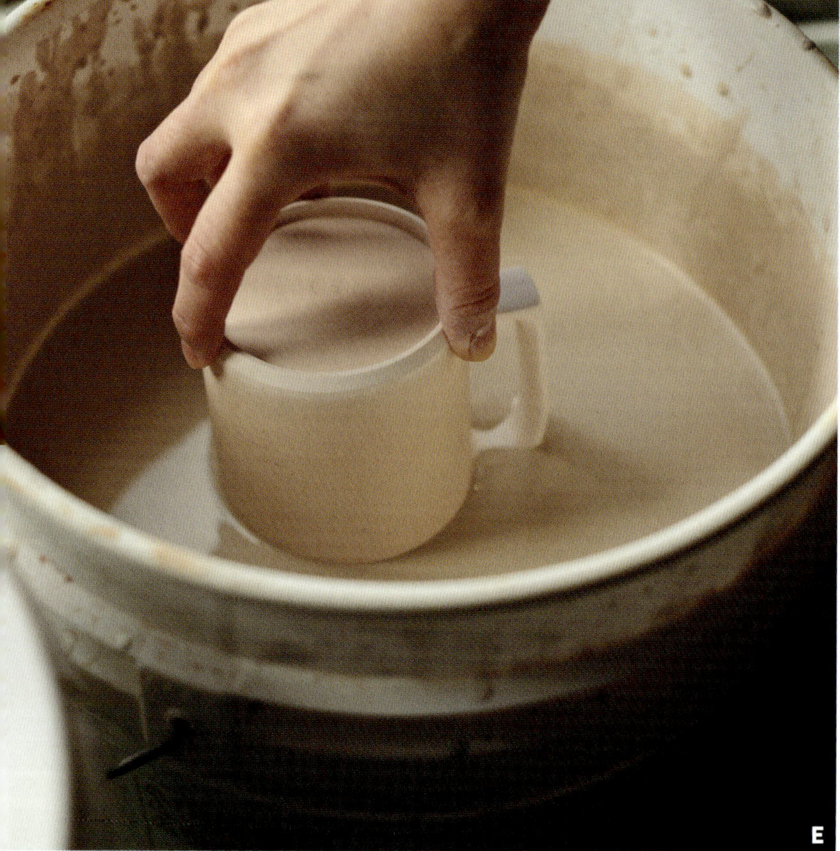
E

SCHRITT 3 Wenn Sie gerne Glasurtropfen auf dem Rand und an der Außenwand des Gefäßes haben, lassen Sie sie stehen. Wenn Sie klare Linien mögen, wischen Sie sie ab. **[D]**

SCHRITT 4 Glasieren Sie die Außenseite des Gefäßes. Wenn es nicht sehr groß ist, empfehle ich die Tauchtechnik. Ist der Fuß stabil genug zum Anfassen, tauchen Sie es mit einer einzigen Bewegung kopfüber in die Glasur. Wenn nicht, glasieren Sie es in zwei Schritten.

SCHRITT 5 Nun fassen Sie das Gefäß am Rand, tauchen es zu drei Viertel in die Glasur, ziehen es heraus und schütteln überschüssige Glasur ab. Den Rand glasieren Sie, wenn sich die Wandung trocken anfühlt.

SCHRITT 6 Ist die Glasur getrocknet, fassen Sie das Gefäß am Fuß, tauchen es erneut kopfüber in den Glasureimer und schwenken es ein wenig, um die Innenseite mit der zweiten Glasur zu überziehen. **[E]** Ziehen Sie das Gefäß heraus und schütteln Sie die überschüssige Glasur ab. Vergessen Sie nicht, vor dem Brennen die Glasur vom Boden abzuwischen.

Glasuren übereinander auftragen

Glasuren zu schichten, ist für manche Töpfer eine Obsession. Die einzigartigen Farben und Kombinationen bringen feurige und üppig glasierte Oberflächen hervor. Fangen Sie mit zwei Glasuren pro Gefäß an und testen Sie verschiedene Kombinationen. Auf diese Weise bekommen Sie ein Gefühl für die „Bewegungen" der Glasur während des Brennvorgangs, sodass Sie Ihr Gefäß nicht versehentlich auf der Ofenplatte festkleben. Mit der doppelten Glasur verdopppeln sich das Volumen und die Wahrscheinlichkeit, dass die Glasur während des Brandes am Gefäß herunterläuft. Bevor Sie eine zweite Glasur auftragen, muss sich die erste Glasur vollständig trocken anfühlen. Ein häufiger Fehler ist es, das Gefäß zu früh anzufassen, sodass die Glasur an den Fingern klebt und sich von der Wandung löst.

Am besten tragen Sie die Glasurschichten von oben auf, da die Glasur so mehr Platz zum Verlaufen hat. Nehmen Sie dazu ein Gefäß, das Sie bereits mit einer Farbe glasiert haben, und tauchen Sie es kopfüber nach unten in die zweite Farbe Ihrer Wahl. **[A] [B]** Für den Anfang empfehle ich, nur etwa ein Viertel des Gefäßes mit der zweiten Glasur zu bedecken. Vorsicht ist besser als Nachsicht.

Nachdem Ihre Glasur vollständig getrocknet ist, wischen Sie den Boden sauber. Ihr Gefäß ist bereit zum Brennen.

Häufige Fehler beim Auftragen von Glasur:

- Zu viele Glasuren aufgetragen, wodurch die Schichten anfangen abzuplatzen.
- Weitere Glasurschichten nicht richtig gemischt, sodass der Glasurauftrag klumpig wird.
- Das Gefäß berühren, bevor die Glasur ganz trocken ist, sodass Flecken entstehen.

Wenn Sie einen Fehler gemacht haben, waschen Sie die Glasur mit fließendem Wasser und einem Schwamm vor dem Brennen ab und beginnen Sie von vorne. Danach lassen Sie das Gefäß vollständig trocknen, bevor Sie es erneut glasieren. In einem feuchten Klima kann dies mehrere Tage dauern. Sie können das Stück auch erneut schrühen, wenn Sie ganz sicher sein wollen, dass die Feuchtigkeit vollständig verdampft ist.

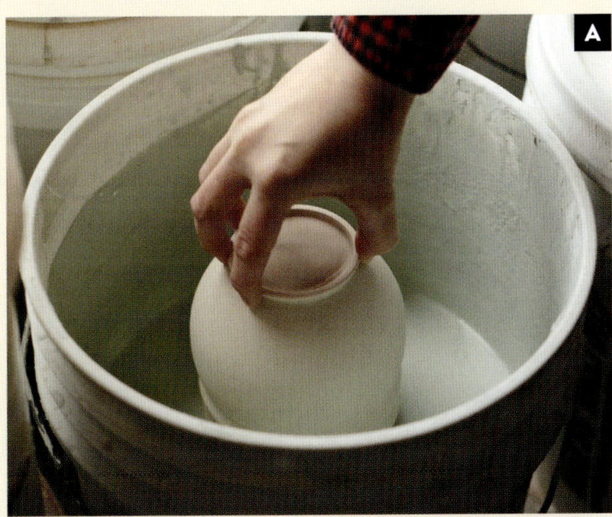

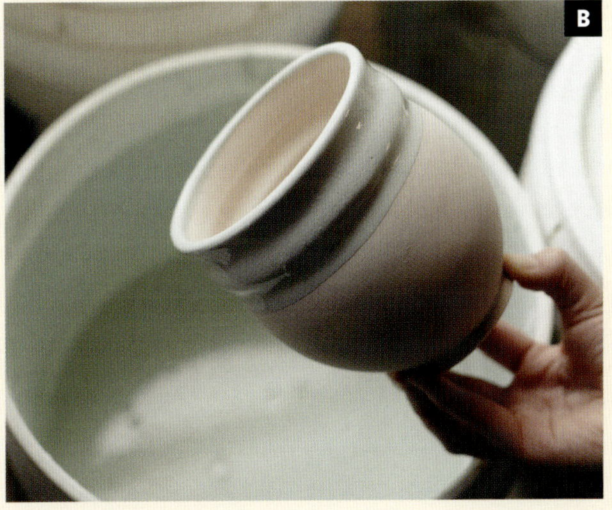

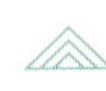

AUFGLASUR-SCHIEBEBILDER

Sie dachten, das Glasieren sei der letzte Schritt beim Töpfern? Weit gefehlt! Die Aufglasurdekoration gibt es seit Langem, sie umfasst Techniken wie Porzellanmalerei, Abziehbilder und Lüsterbrand. Natürlich kann ich kein Töpferbuch schreiben, ohne meine Favoriten zu erwähnen: die sogenannten Wasserschiebebilder oder Decals. Sie unterscheiden sich insofern von Abziehbildern (siehe Seite 103), da sie über und nicht unter der Glasur angebracht werden und ein spezielles Papier benötigen, die sogenannte Wasserschiebefolie.

Im College habe ich meine eigenen Abziehbilder im Siebdruckverfahren mit Porzellanfarben und einem Decal Medium hergestellt. Der Nachteil dieses Verfahrens ist, dass die Porzellanfarbe mit giftigen Materialien siebdruckfähig gemacht und das Sieb mit aggressivem Lösungsmittel gereinigt wird. Außerdem konnte ich mit dieser Methode immer nur eine Farbe auf einmal drucken. Das ist sehr zeitaufwendig!

Also holte ich Erkundigungen über über Decals ein und fand heraus, dass es zwei Möglichkeiten gibt, Decals zu drucken: mit einem handelsüblichen Laserstrahldrucker und mit einem speziellen Porzellanfarbdrucker.

Laserdrucker enthalten oft rotes Eisenoxid in der Tinte. Rotes Eisenoxid wird oft als Färbemittel in Ton und Glasurrezepten verwendet. Es brennt zu einem satten Sepiaton. Laserdrucker sind in der Welt der Decals sehr beliebt, weil sie erschwinglich und leicht erhältlich sind. Die Einschränkung ist die Farbe. Nur die schwarze Tinte enthält rotes Eisenoxid, sodass Sie auf Sepiatöne beschränkt sind. Diese Drucker erfordern Wasserschiebefolie, die speziell entwickelt wurde, um das Bild zu härten, damit es sich nicht auflöst, wenn Sie das Decal in Wasser tauchen. Die dünne Membran hebt dann das Bild von der Folie ab.

Drucker für Decals können entweder im CMYK- oder im RGB-Format drucken. Es handelt sich dabei um Grafikdesign-Drucker, die anstelle von Tinte Porzellanfarbe als Toner verwenden. Bei diesen speziellen Druckern vermischt sich der Toner mit einem pulverförmigen Medium, um vollfarbige Bilder auf Wasserschiebefolie zu drucken. Mit dem technologischen Fortschritt werden sie unter Keramikern immer beliebter, ihr hoher Preis macht sie aber für viele noch unerschwinglich. Lassen Sie sich davon aber nicht aufhalten. Es gibt mehrere Unternehmen, die fertige Decals anbieten und sogar Ihre eigenen Entwürfe für Sie drucken.

DECALS ENTWERFEN

Wenn Sie Ihre Decals selbst entwerfen wollen, können Sie zwar vor dem Glasurbrand planen und skizzieren, aber statt komplizierte Rechnungen über Schwindungen anzustellen, messen Sie nach dem Brand einfach nach. Bei Entwurf und Herstellung von Decals gibt es viele Möglichkeiten. Ich stelle Ihnen das Verfahren vor, das für mich am besten funktioniert hat. Da jeder Computer und jedes Designprogramm etwas anders ist, werde ich nicht auf diese Details der Gestaltung von Abziehbildern eingehen, aber ich hoffe, dass meine Zeichnungen und Überlegungen Ihnen das nötige Rüstzeug geben, allein weiterzumachen.

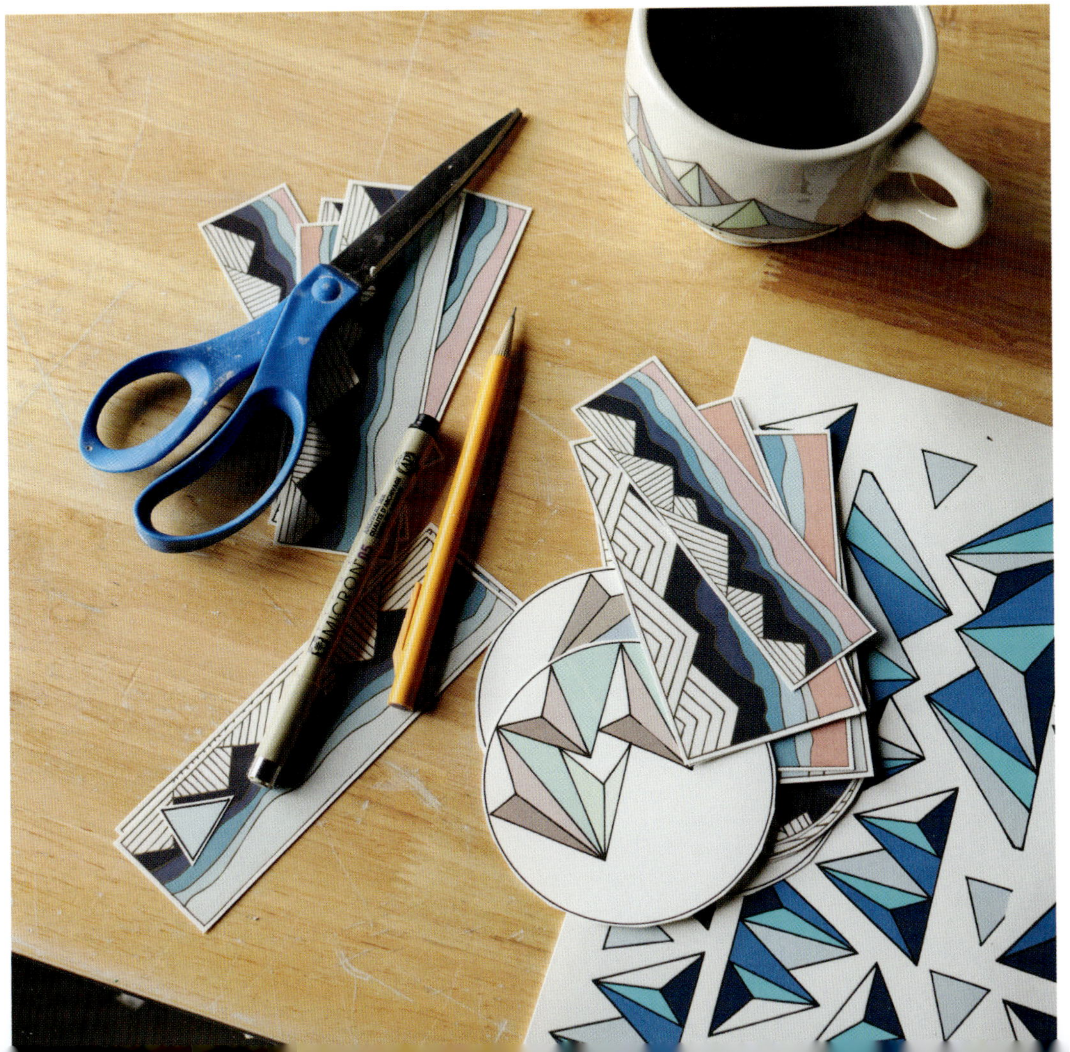

WERKZEUGE UND MATERIALIEN

Papier
glasiertes Gefäß
Bleistift
Fineliner
Transparentfolie
Schere
Scanner
Computer
Zeichenprogramm

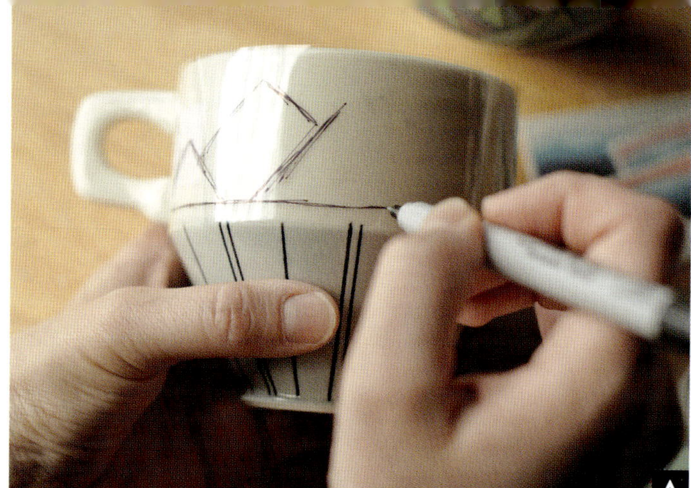
A

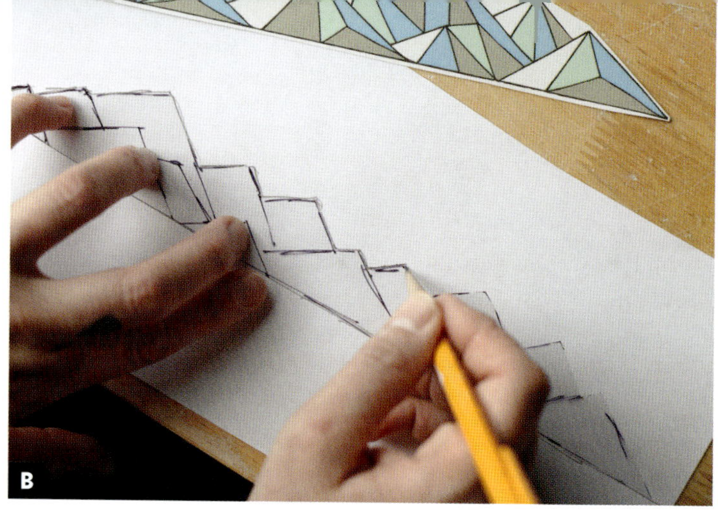
B

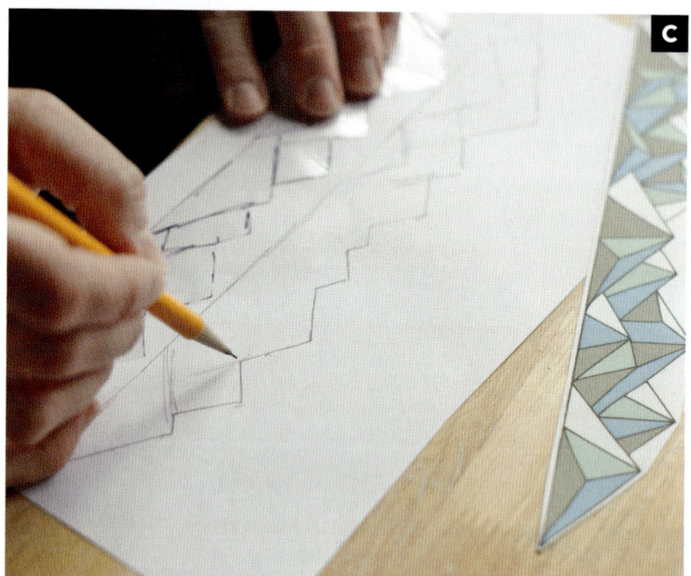
C

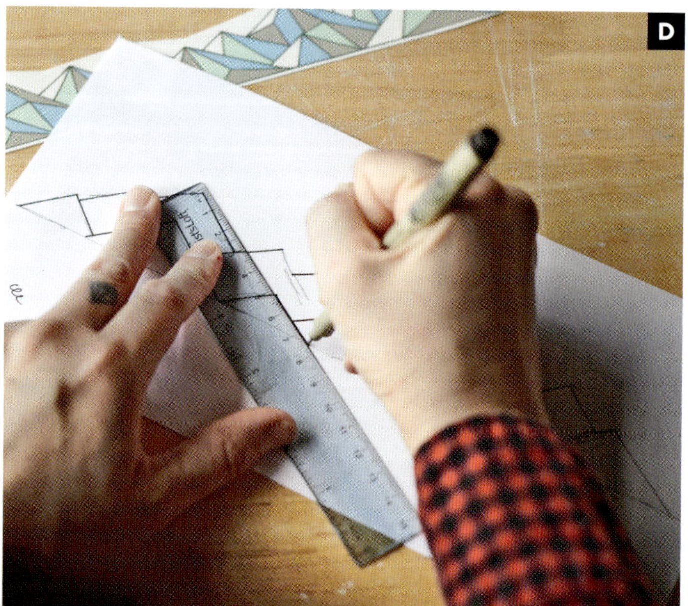
D

Anleitung

SCHRITT 1 Halten Sie die Folie an die Stelle, an der Sie das Decal anbringen wollen und zeichnen Sie die Konturen auf. [A]

SCHRITT 2 Schneiden Sie die Zeichnung aus und übertragen Sie sie auf Papier. [B]

SCHRITT 3 Skizzieren Sie Ihren Entwurf zunächst mit Bleistift. [C]

SCHRITT 4 Wenn Sie mit dem Entwurf zufrieden sind, ziehen Sie mit einem Fineliner die Linien nach. Wenn die Tinte getrocknet ist, radieren Sie die Bleistiftstriche aus. [D]

SCHRITT 5 Scannen Sie Ihr Bild ein und bearbeiten Sie es mit einem Zeichenprogramm. Wenn der Entwurf fertig ist, erstellen Sie einen Druckbogen. Dabei richten Sie sich danach, wo und wie Sie Ihre Decals drucken möchten. Die meisten Unternehmen haben ihre eigenen Formatvorgaben für Größe und Farbprofil. Es ist also eine gute Idee, das von Anfang an einzuplanen.

> **TIPP** *Auf Wunsch angefertigte Decals sind nicht billig. Daher empfehle ich, den Druckbogen gut auszufüllen. Lassen Sie genug Rand, um die Bilder auszuschneiden.*

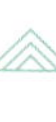

ANBRINGEN UND BRENNEN VON DECALS

Wenn Ihre Decals gedruckt sind, bringen Sie sie an. Dies ist bei weitem der befriedigendste Aspekt der Arbeit mit Decals. In diesem Moment geht eine Verwandlung mit Ihrem Gefäß vor.

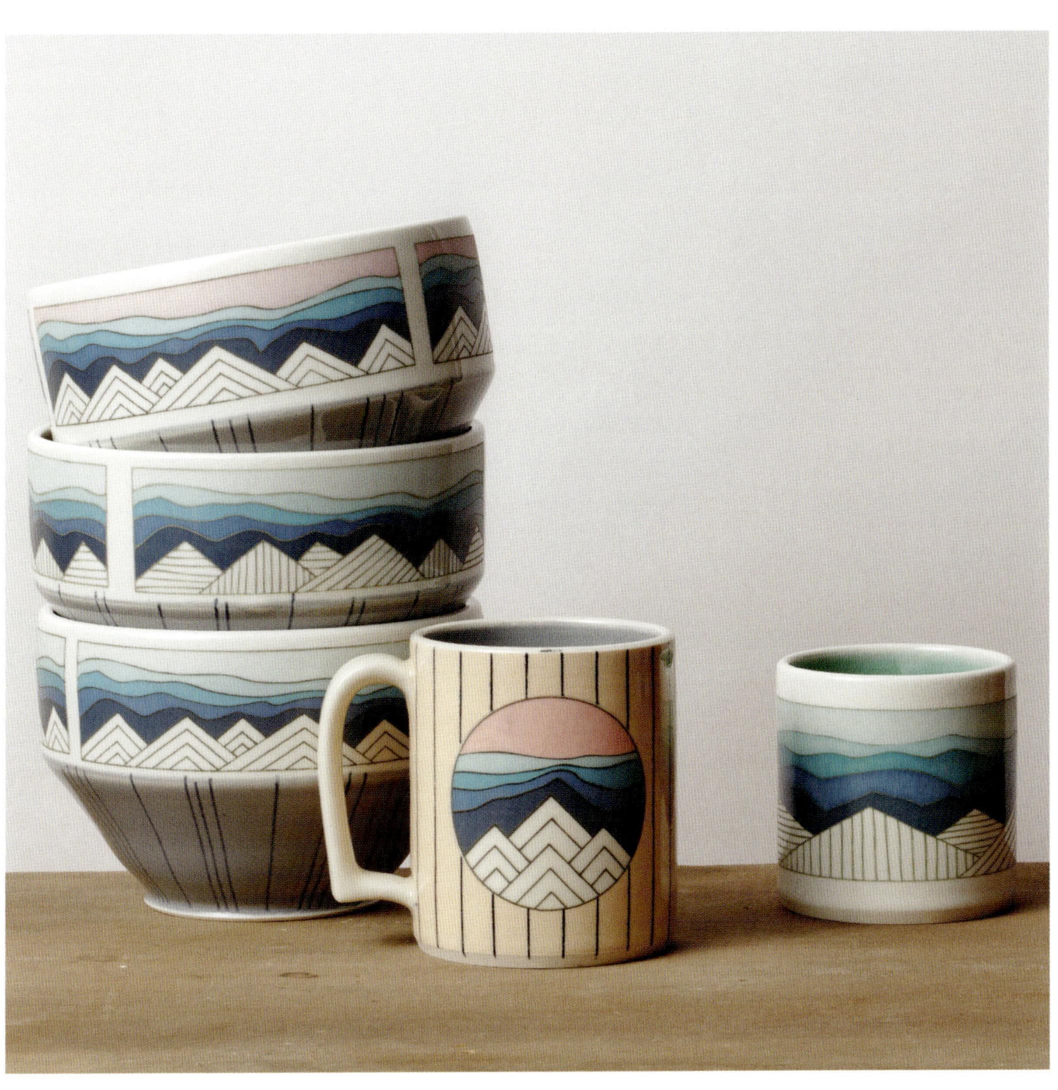

WERKZEUGE UND MATERIALIEN

Küchentücher
Schwamm
Reinigungsalkohol
Decal
Schere
Schale mit sauberem, warmem Wasser
glasiertes Gefäß

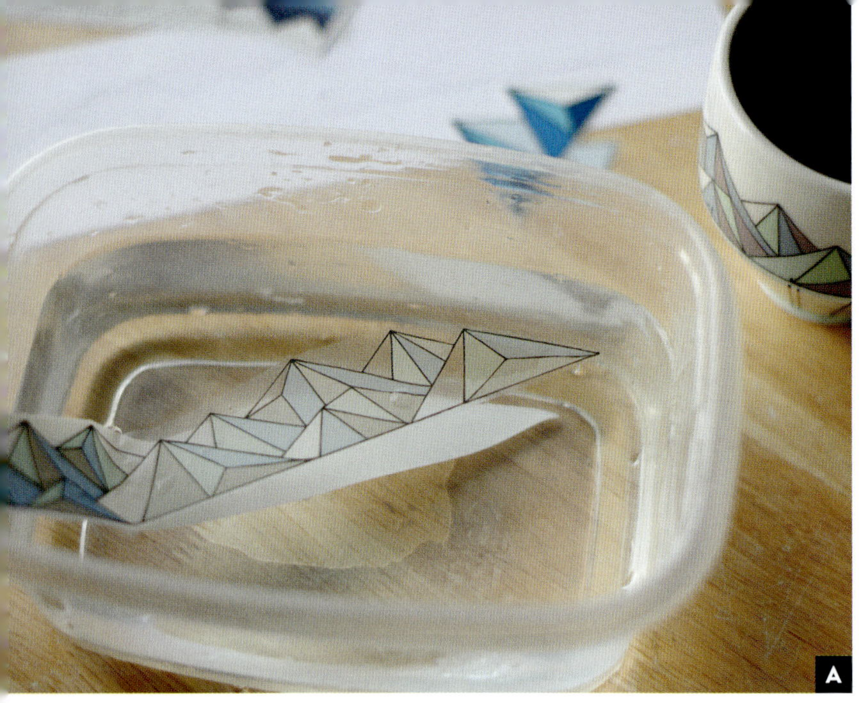
A

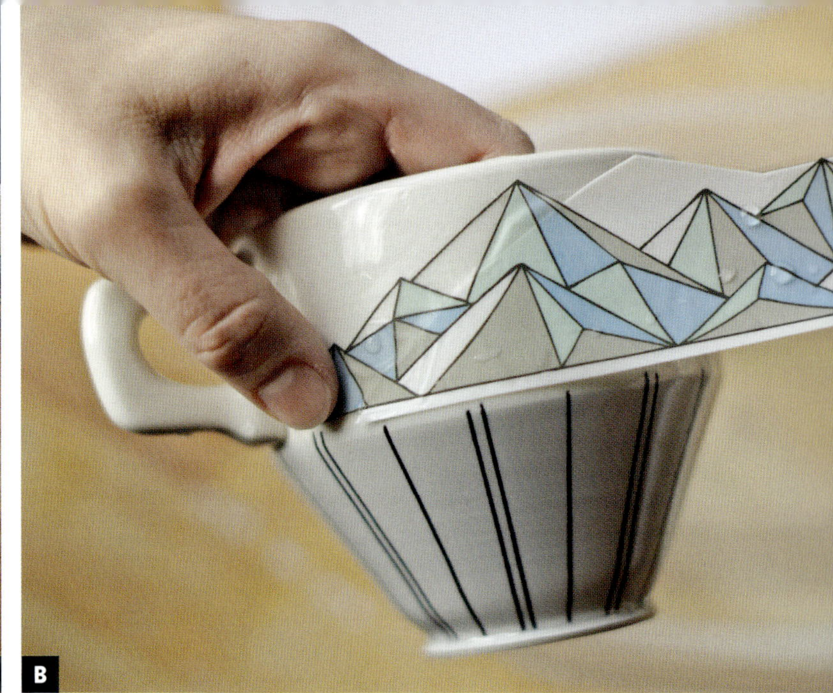
B

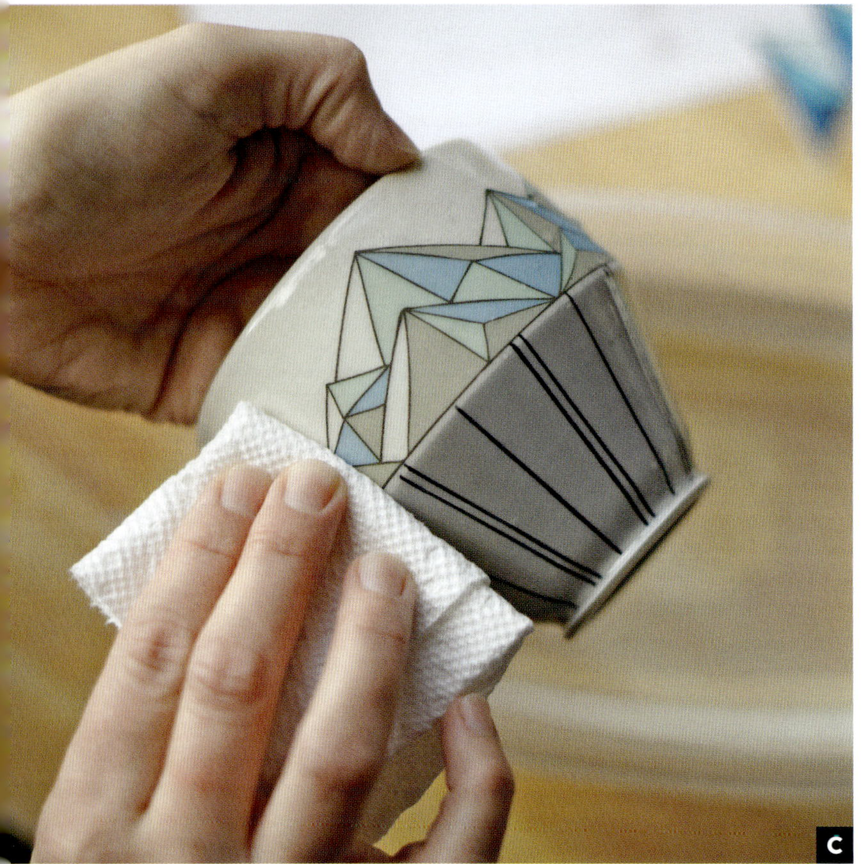
C

Decals anbringen

SCHRITT 1 Zunächst sollten Sie die Oberfläche des Gefäßes mit Reinigungsalkohol säubern, damit kein Schmutz oder Staub in die Glasur eindringt, wenn das Gefäß bei Decal-Temperatur erneut gebrannt wird. Tauchen Sie einen Lappen oder ein Papiertuch in Reinigungsalkohol und wischen Sie die Oberfläche ab. Das Tuch sollte leicht angefeuchtet, aber nicht zu nass sein.

SCHRITT 2 Wenn die Oberfläche sauber ist, schneiden Sie das Decal mit einer Schere oder einem Skalpell aus. Legen Sie es in warmes Wasser, damit es sich ein wenig dehnt.

SCHRITT 3 Es kann zwischen 15 und 60 Sekunden dauern, bis sich das Decal vom Papier löst, je nachdem, wie warm das Wasser ist. Wenn es sich vom Papier zu lösen beginnt, nehmen Sie es aus dem Wasser, lassen es aber auf dem Trägerpapier. Das gibt ihm zusätzlichen Halt und erleichtert den Transfer von der Wasserschale auf das Gefäß. **[A]**

SCHRITT 4 Schieben Sie das Decal vom Trägerpapier auf das Gefäß. **[B]**

SCHRITT 5 Entfernen Sie vorsichtig überschüssiges Wasser unter dem Decal. Streichen Sie von der Mitte zum Rand. Halten Sie mit einer Hand das Decal fest, während Sie mit der anderen mit einem Papiertuch oder Schwamm über das Decal streichen, um das Wasser aufzunehmen. **[C]** Nachdem Sie alles Wasser entfernt haben, kann das Gefäß gebrannt werden. Ich empfehle allerdings, die Decals über Nacht oder zumindest ein paar Stunden ruhen zu lassen, damit sie vollständig trocknen.

Decals brennen

Es ist Zeit für den nächsten Brand. Die Decals müssen in die Oberfläche der Glasur gebrannt werden, um sie haltbar zu machen. Dies geschieht bei einer niedrigeren Temperatur als beim Schrühen, denn die Glasur soll nicht vollständig aufschmelzen, sondern nur so weit aufgeweicht werden, dass das Decal in die Glasur einsinkt. Die meisten Hersteller von Decals geben Ihnen ein Brennprogramm oder einen bestimmten Kegelfallpunkt vor, also befolgen Sie die Anweisungen. Ich empfehle außerdem, zunächst einige Stücke probeweise zu brennen, denn jeder Ofen brennt unterschiedlich. Im Allgemeinen werden Laserjet-Decals zwischen Kegel 08 und Kegel 04, Decals aus Porzellanfarbe zwischen Kegel 018 bis Kegel 014 gebrannt.

Tipps bei Problemen

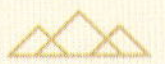

- Warum sehen meine Decals trocken aus und lassen sich abkratzen? Versuchen Sie, höher zu brennen. Haben Sie einen Testkegel verwendet? Mit einem Testkegel bei Ihren Stücken lässt sich am besten prüfen, ob Ihr Brennofen die gewünschte Temperatur genau erreicht. Manchmal machen ein paar Grad den Unterschied.
- Warum sind nach dem Brand auf der Oberfläche meiner Gefäße winzige Bläschen zu sehen, die teilweise aufgeplatzt und scharfkantig sind? Ihr Ofen wurde zu heiß. Versuchen Sie, mit einer etwas niedrigeren Temperatur zu brennen.
- Beim Brennen eines Decals beginnt die Glasur zu schmelzen, sodass sich das Decal fest mit der Oberfläche verbindet. Wenn Sie etwas zu heiß brennen, wirft die Glasur Blasen, weil sie nicht genug Zeit hat, sich wie beim Glasurbrand zu verflüssigen. Deshalb sind Testläufe eine gute Idee.
- Warum entstehen kleine Kreise, wo das Decal nicht richtig am Ton haftet? Diese werden durch Luft- oder Wasserblasen unter der Glasur verursacht. Entfernen Sie alle Flüssigkeit unter dem Decal.
- Kann ich Bilder aus dem Internet verwenden? Dies ist ein heikles Thema. Generell nein, Sie können nicht einfach ein Bild aus dem Internet als Ihr eigenes verwenden. Da die meisten Bilder urheberrechtlich geschützt sind, sollten Sie entweder für die Nutzung des Bildes bezahlen oder ein nicht urheberrechtlich geschütztes Bild verwenden. Es ist in Ordnung, wenn Sie sich von Bildern inspirieren lassen, aber Sie dürfen sie nicht kopieren. Stellen Sie sich vor, jemand verwendet Ihr Design und gibt es als sein eigenes aus, ohne Sie namentlich zu nennen. In der Welt der Kunst müssen wir alle aufeinander aufpassen.

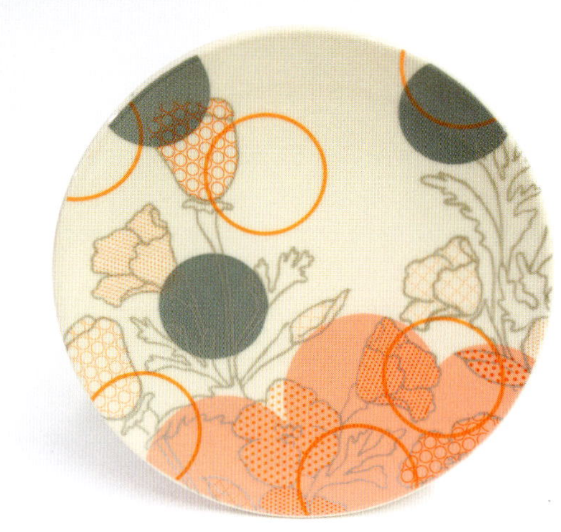

Meredith Host, Punkte und Blumen Kleiner Teller

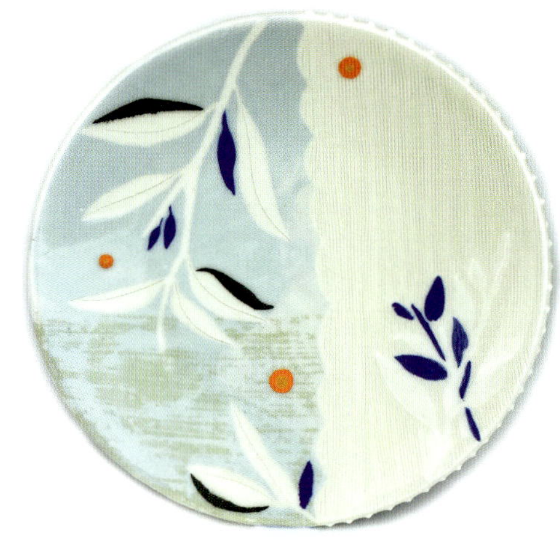

Liana Agnew, Teller

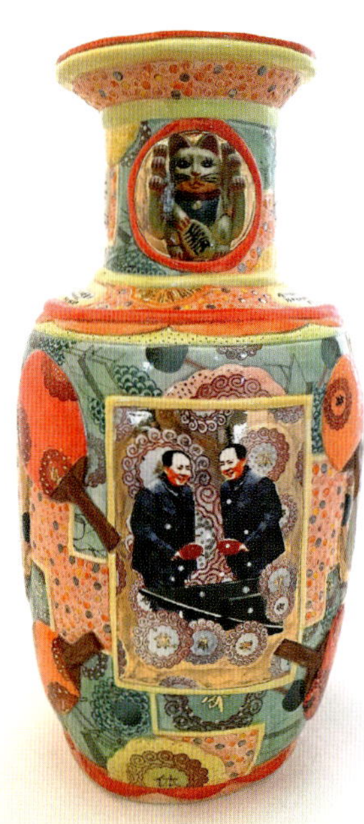

Mariko Paterson, Xi-Jinping-Vase

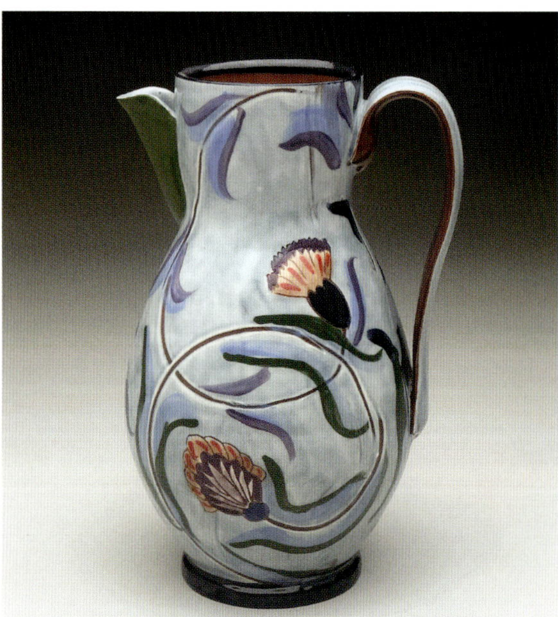

Ben Carter, Krug mit blauen Schlangenlinien
Frei gedreht, mit Engobe, Unterglasur, Sgraffito-Technik und Glasur dekoriert, Brand bis Kegel 4 im Elektroofen

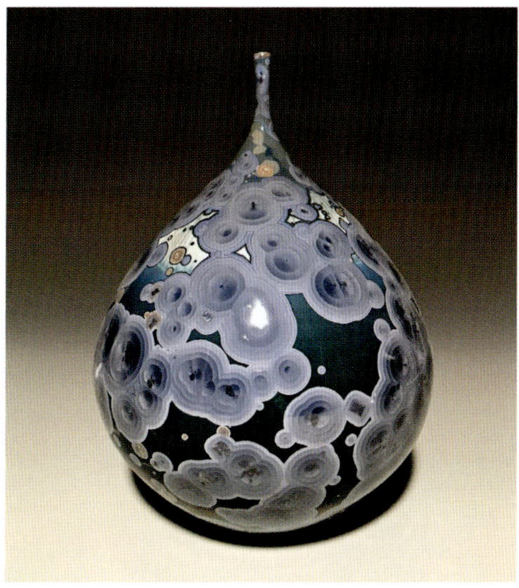

Ian Childers, Gefäß
blaue Kristallglasur, Porzellan

Kristallglasuren erfordern komplexe Brennverläufe, bei denen die Temperatur beim Abkühlen in bestimmten Abständen gehalten wird.

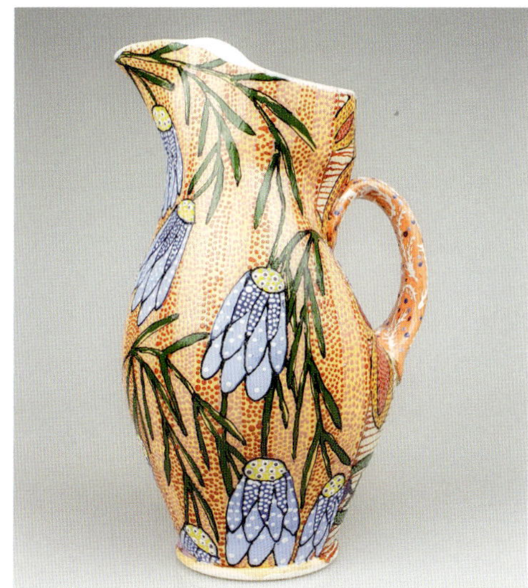

Matthew Schiemann

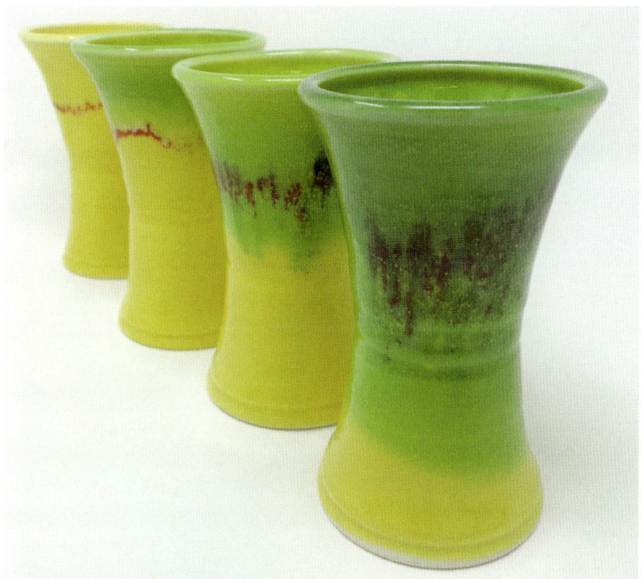

Gabriel Kline, Kelche Kegel 7

Gabriel arbeitet mit unterschiedlichen Glasurmethoden. Glasurschichten sind jedoch seine Spezialität.

KÜNSTLER DER GALERIE

Agnew, Liana
www.lianaagnew.com

Allen, Jen
www.jenniferallenceramics.com

Arnold, Mark
www.markarnoldceramics.com

Ballek, Sara
www.saraballek.com

Bartels, Anja
www.anjabartelsporcelain.com

Caffery, Laurie
www.lauriecaffery.com

Carter, Ben
www.carterpottery.com

Childers, Ian
www.ianchilders.com

Cinelli, Mike
www.artaxis.org/artist/mike-cinelli

Donner, Rachel
www.racheladonner.com

Doty, Gillan
www.gillandoty.com

Doyle, Luke
www.lukedoylepottery.weebly.com

Gisondo, Paul
www.odysseyclayworks.com

Eliades, Adrienne
www.adrienneeliades.com

Herspink, Eric
www.ericheerspinkceramics.com

Host, Meredith
www.meredithhost.com

Kline, Gabriel
www.ceramicartsnetwork.org/author/gabriel-kline

Levin, Simon
www.simonlevin.com

LoPresti, Renee
reneelopresticeramics.com

Paterson, Mariko
www.foragestudios.com

Riddle, Austin
www.austinriddlepottery.com

Schiemann, Matthew
www.schiemannceramics.com

Schwartzkopf, Deb
www.ratcitystudios.com

Spontak, Heather
www.heatherspontak.com

Tovey, Shannon
www.shannontovey.com

INDEX

ÜBER DIE AUTORIN

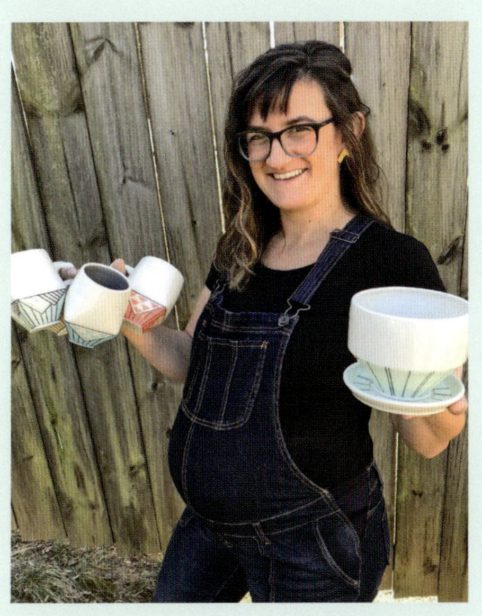

JULIA CLAIRE WEBER ist Vollzeit-Keramikerin (Julia Claire Clay) und Teilzeit-Galeriemanagerin. Bis vor Kurzem war sie Künstlerin-in-Residence bei Odyssey Clayworks, davor hat sie als Werkstattleiterin bei Clayspace in Erie gearbeitet. Sie hat den Studiengang Keramik an der Edinboro University of Pennsylvania absolviert und unterrichtet an Kunsthandwerks- und Kunstzentren im ganzen Land. Ihre Arbeiten wurden bereits mehrfach ausgestellt, unter anderem in der NCECA, bei Pottery Northwest, dem Houston Center for Contemporary Craft, Objective Clay und dem Touchstone Center for Crafts. Julias Arbeiten wurden u. a. in *Amazing Glaze, Creative Pottery, Ceramics Monthly und Ceramic Arts Daily* veröffentlicht.

DANKSAGUNG

Zunächst möchte ich mich bei meinen Eltern bedanken, die mich immer ermutigt haben, meinen Träumen zu folgen. Sie haben mich gelehrt, dass ein Talent mit harter Arbeit, Leidenschaft und Beharrlichkeit in eine berufliche Laufbahn münden kann. Ich war mir nicht sicher, wie sie reagieren würden, als ich im Hauptfach von Kunsterziehung zu Keramik gewechselt habe, aber als ich zu Hause anrief und sagte: „Ich weiß, was ich für den Rest meines Lebens machen will: KERAMIK!", waren sie unglaublich hilfsbereit. Was umso erstaunlicher war, wenn man bedenkt, dass ich zu jener Zeit bestenfalls unförmige Gefäße zustande gebracht habe! Sie benutzten meine klobigen Briefbeschwerer jedoch voller Stolz, fuhren mich zu meiner ersten NCECA-Ausstellung, weil ich so entsetzlich nervös war, und besuchten danach jede Ausstellungseröffnung. Mom und Dad, danke, dass ihr an mich geglaubt habt.

Meinen Professoren, insbesondere Lee Rexrode, danke ich dafür, dass sie den kreativen Funken in mir erkannt und meine Leidenschaft für Keramik gefördert haben. Mein Dank geht auch an Linda Cordell, die mich dazu gebracht hat, mich mit Oberflächen zu beschäftigen und über die Grenzen meiner Komfortzone hinauszugehen, und an die Studenten in den höheren Semestern, die meine zahlreichen Fragen beantwortet und meine ersten Brände Schritt für Schritt begleitet haben. Insbesondere danke ich Jason Stockman, den ich täglich ausgefragt habe!

Danke an Kristen Muscaro-Winters und Travis Winters, die mich ermutigt haben, mich für ein kurzes Aufenthaltsstipendium bei Odyssey Clayworks zu bewerben. Was wäre ich ohne eure unerschütterliche Unterstützung? Besonderer Dank gilt Gabriel Kline, dem Leiter von Odyssey Clayworks und außergewöhnlichem „Chef", Mentor und Freund, der genug an mich geglaubt hat, um mir einen langfristigen Aufenthalt als „Artist in Residence" anzubieten, der mich als Künstlerin, Pädagogin und als Mensch weitergebracht hat. Ein weiterer Dank geht an die Mitarbeiter und Kursteilnehmer bei Odyssey, die die Fotoaufnahmen zu diesem Buch geduldig über sich haben ergehen lassen. Sie haben sich nie beschwert, sondern haben mich mit ihrer Begeisterung und ihrem Zuspruch unterstützt!

Danke an Kristen Keiffer, Deb Schwartzkopf und Jason Burnett dafür, dass ich bei ihren Workshops assistieren und die Verbundenheit unter den Keramikern erleben durfte. Für diese Erfahrungen bin ich zutiefst dankbar. Auch den Künstlern, die Fotos ihrer Werke beigesteuert haben: Danke, danke! Eure Arbeit inspiriert mich und ich fühle mich geehrt, dass ich euch in dieses Buch aufnehmen durfte. Ein besonderer Dank geht an Mark Arnold für das Vorwort. Er ist ein prima Kumpel – ich kann ihm nicht genug danken.

Meinen zahllosen Kursteilnehmern im Laufe der Jahre danke ich dafür, dass ich sie unterrichten durfte. Eure Ausdauer und eure Bereitschaft, alles auszuprobieren, inspirieren mich. Das Lachen, die Gespräche und die Erkundungen mit euch haben mein Leben bereichert.

Danke an Jack Sorokin, den unglaublich talentierten Fotografen, der die Fotos für dieses Buch gemacht hat. Jack ist der Beste! Mit unendlicher Geduld hat er das Wesentliche des Buches perfekt eingefangen. Danke für seine Flexibilität und dafür, dass er bei mir zu Hause aufgetaucht ist, um den Abschnitt über das Beschicken des Brennofens zu fotografieren, während ich hektisch grüne Töpfe für den Transport nach Odyssey Clayworks verpackt habe!

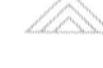

Zum Schluss möchte ich meinem Partner Micah Yaple danken, der nie aufgehört hat, an mich zu glauben, obwohl ich ihn fast in den Wahnsinn getrieben habe! Er war stets geduldig, aufmerksam und ermutigend. Danke, dass du meine handgeschriebenen Kapitel im ganzen Haus eingesammelt hast, danke, dass du bis spät in die Nacht geholfen hast und dass du früher von der Arbeit nach Hause gekommen bist, um meine verlorenen Dateien zu retten. Ich liebe dich und bin so dankbar für deine bedingungslose Unterstützung!